新版 身体心理学

身体行動（姿勢・表情など）から心へのパラダイム

春木　豊・山口　創　編著

高瀬弘樹・鈴木　平・岸　太一・菅村玄二・
佐々木康成・河野梨香　共著

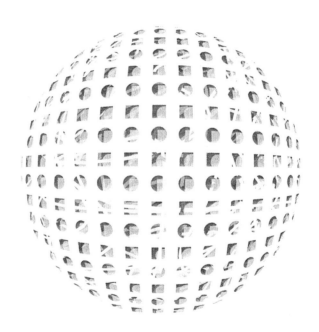

川島書店

新版にあたって

　このたび，『身体心理学』が出版されてから14年ごしに，新版が発行されることになった。その間，身体に着目した研究は大幅に増え，社会的にもマインドフルネスやボディワークといった，身体に焦点をあてた技法が脚光を浴びるようになった。

　その背景には，社会がハイテクな機器による便利さや効率性，そしてそのために必要な知性ばかりを優先させた結果として，人間性が阻害されるようになってきた事実がある。それはその反動として，感情や気分といった人間の動物的ともいえる本質的な部分を見直そうという大きなうねりが生まれていることと呼応している。

　14年前には想像さえしなかったような，このような大きな変化が起きる黎明期に旧版の『身体心理学』が発行されたことは，今さらながら驚かされる。むしろ『身体心理学』が世に出たことで，そのような変化を生み出す大きな契機となったと考えるべきであろう。

　当時は注目されていなかった「身体」や「動き」そのものを軸にした学問分野を開拓してきた春木豊先生の慧眼には改めて心から敬意を表したい。

　また現代のような人間性を見直す動きが活発化している時期に新版の編集に関わることができたのは，甚だ光栄に思っている。

　さて新版では，大きく次の2点について改訂を行った。
1．身体心理学の各分野については，総論的に書くことで統一し，各分野における研究のレビューや今後の展望などを述べることとし，最新の研究も追加した。
2．旧版の「化粧」と「服装」の章は割愛し，「筋反応」について新たに章

を設けた。より心との関係が深い身体についてテーマとするためである。

　旧版もそうであるが，本書は心理学のみならず，生理学，教育学，哲学，体育学など多岐にまたがる分野において，身体に視座を据えた稀有な書籍である。
　今後さまざまな分野の研究者や実践家にとって，この分野の道標として，長く読み継がれていくことを願っている。

　　2016 年 6 月

山 口　創

ま　え　が　き（第1版）

　本書で述べられる各章の内容は，われわれが過去10数年間にわたって研究してきたこれまでの成果をまとめたものである。これらの研究を身体心理学と称することにした。この名称は一般的なものではないが，新たに提唱するものである。この名称の意味は，心を理解するためのひとつのパラダイムの提案であるといえる。すなわち体の動きが心の基底部をなす気分や感情にどのような影響を与えるのかを検証し考察するものである。そもそもこのような発想が起こった起源には2つの理由がある。ひとつは本書の編者が長いあいだ行動理論の研究に携わってきたことである。動物を含み人間における行動の意味について明らかにしたいという願いがあったことである。もうひとつは人間の理解は心身や環境を含むホリスティックな観点からなすべきであるという考え方，換言するならば人間科学の思想を進めなければならないということである。人間にとって行動は心や体と同じように人間を理解するための重要な次元であり，また心を形成している基盤であるということである。そして人間を理解するための諸次元は相互依存の関係にあり，ダイナミックな因果関係をなしているということである。

　このような背景のもとで，体の動き（行動）を問題の中心にすえ，それを原因として，意識（主として気分，感情，情動）や生理にどのような影響（結果）がもたらされるかを明らかにする研究分野を身体心理学とするのである。体の動きについてはノンバーバル・コミュニケーションの研究において指摘されている体の動きを基準にした。そしてこれらの体の動きが他者に与える効果を対他効果とし，これはノンバーバル・コミュニケーションとして従来から研究されている。一方，自分に与える効果を対自効果として，これを身体心理学の研究とするのである。このことに関わる研究は，すでに感情心理学でなされているものであるが，身体心理学という枠組みのもとで，再構築しようとするものである。

　このような研究が人間にとってどのような意味があるのかは研究の成果に待つほかないが，心の形成やメカニズムを理解するために，また心の育成の方法を考える上で新しい知見をもたらすことができることを期待するものである。

　ここで提唱する身体心理学は完成したものではない。まずここで定義されている身体心理学は狭いものであるというべきであろう。上述のように体の動きの対自的な側面，すなわち心への機能のみを対象にしていることになるが，体の動きの機能を全体的に見るならば，対他的な側面，すなわちノンバーバル・コミュニケーションも体の動きの他者への機能を持つもの（人間関係の中に埋め込まれている身体）として，身体心理学の範疇に入れなければならないであろう。また身体心理学のパラダイムを体から心へという因果関係と規定しているが，このような線形の因果関係は堅苦しいものである。これらの問題点は今後の身体心理学の発展に待つことにしたい。

　本書は過去10数年間にわたって，編者とともにこのテーマに取り組んできた人達の協力によって成り立ったものである。執筆者は限られた人達であり，またわれわれが行なった全ての研究を取り上げることができなかったが，本書ができたのは編者のもとで学士論文，修士論文，博士論文の研究に取り組んだ人達全員の努力の結晶のたまものであるといえる。執筆していただいた人達はもとより，これらの人達全員に対し衷心より感謝する次第である。

　本書の各章の内容に関しては執筆者の自発性に任せたが，その結果各章間の構成に関して必ずしも統一が取れていないところがある。このことは編考の責任であることを付記しておく。最後になったが，本書の刊行に関して，いつも変わらぬ理解を示してくださる川島書店の加清あつむ氏と編集の労をとられた杉秀明氏に厚く御礼申し上げる。

編者　春木　豊

目　　次

第 Ⅰ 部

身体心理学の概要

第1章　身体心理学とは何か

春木　豊

1.　はじめに

　この章では，身体心理学の概念を説明するとともに，その意味と意義について論ずることにする。

　体に関する議論は体育の分野はもちろんのこと，さまざま分野でなされている。とくに哲学では身体論という分野があり，メルロ゠ポンティ［Merleau-Ponty, 1945］を嚆矢として，わが国には湯浅［1977］や市川［1975］という優れた身体論者がいる。

　心理学における体の問題は，心が体の反応にどのように表われるかということで問題にされている。1つは生理的反応としてとらえることであり，もう1つは表出（表情など）としてとらえることである。前者は生理心理学であり，後者は感情心理学あるいはノンバーバル・コミュニケーションとして知られている。しかし身体心理学はこれらとは異なる。

　身体心理学という言葉は，一般的なものではない。筆者の知るところでは，原口［1982 a, b, 1983, 1984, 1986］がこの言葉を用いて一連の議論をしている。われわれも 1995 年以来，この用語を用いて今日まで研究発表をしてきた［山口, 1995］。また最近久保隆司は『ソマティック心理学』［2011］という著書を出し，いわゆるボディーワークに関する膨大な研究をまとめている。

　ここではわれわれが考える身体心理学の概念を提案してゆくことにする。それは現在一般的なものではないが，心理学から人間を理解してゆくための1つの視点を提供するものになると考える。

2．生命の歴史

　以下，川上［2000］や丸山・磯崎［1998］の著書の文を引用してゆき，地球と生き物の歴史を理解することにする。

　地球の誕生は 46 億年前であるという。それから長いあいだ，熱と岩石の世界が続いた後，27 億年前に地球上で明確に化石として残る生命の誕生が確認されている。浅海で光合成によって生命を維持することのできるシアノバクテリア（原核細胞）が誕生したのである。しかし一説によると原始細胞（原核細胞）の誕生はこれより先の 35 億年前に化石として残されているという。また下等動物から人間まで共通にもっている DNA や RNA の出現は 40 億年前であるとされている（図 1-1 参照）。

　シアノバクテリアは光合成することによって，酸素を放出した。このようなシアノバクテリアの発生によって地球上は酸素に満たされることになった。もともとシアノバクテリアは嫌気性である。しかし地球環境の変化に応じて，このことに適応する細胞が出現した。このような状況のなかでさまざまな細胞が環境の変化によりよく適用してゆくために，細胞間で共生する現象が起こってきた。これは 21 億年前のことで真核細胞の出現である。原核細胞には核がなく，DNA は細胞のなかにそのままある。真核細胞は他の細胞と共生することにより核をもつようになり，DNA は膜で囲まれた核のなかに収められて守られている。また真核細胞はミトコンドリアと共生し，酸素呼吸を専門化した。植物では葉緑体との共生を果たした。真核細胞はこのようにしてその機能を複雑にし，その大きさも原核細胞の 100 倍にもなる。そして多細胞生物の出現のもとになった。

　多細胞生物の出現は 10 億年前になる。これらの生物は藻類や菌類に属するものであるという。またこの頃から単細胞の原生動物以外の多細胞動物の存在も指摘されている。そしてこれらの動物は他の生物を食べて生命を維持することも始めたらしいことが指摘されている。また有性生殖もこの頃から始まったらしい。このような多細胞生物は 6 億年前にかけて，エディアカラ生物群（南オーストラリアのフリンダース山脈のエディアカラ丘陵から産出される化石生

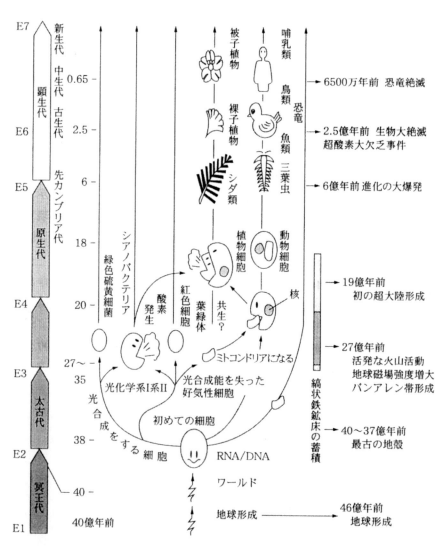

図1-1　生命の進化［川上, 2000］

物群）にみられるような多彩な生物を生み出した。これらの生物は体内で光合成藻類や光合成細菌や化学合成細菌と共生をした宿主と考えられている。さらに興味深いことに，これらの生物群のなかには左右対称の体型のものがあり，このような体型から長軸方向に沿った原始的な脊索が発達してきたと考えられるということである。すなわちこれに神経系の中枢ができると，それは大型動物の脳につながるものと考えられる［丸山・磯崎，1998；川上，2000］。

次に 5.5 億年前のカンブリア紀と称する年代にはいると硬骨格生物が出現し，多様な動物群を形成し，カンブリア期の爆発といわれている。この期の多様な動物の出現はさまざまな動物の可能性が試されたようなもので，うまく適応できたものがその後生き残ってきたといえる。この期の生物の特徴は次のように整理されるという。①現存するすべての後生動物のグループを含む多様な動物が短期間に出現したこと，②生痕化石（移動の痕跡）などから間接的に示されていた捕食（肉食）動物の最古の例を直接確認できたこと，③新しく出現した動物のグループに脊索をもった動物が含まれていること［丸山・磯崎，1998］。これらのことは現代の高等動物の生態の原型をみる思いがする。

5 億年前から 4 億 4000 万年前のあいだのオルドビス紀に始まり次のシルル紀（4 億 4000 万年前〜4 億 1000 万年前）にかけておきた大きな事件は生物の陸上への進出である。最初に上陸したのは植物であり，藻類であるという。それが苔類となった。植物はその後デボン紀（4 億 1000 万年前〜3 億 6000 万年前）にかけてシダ植物が繁茂し，森林を形成した。これに伴って動物も陸上への進出を果たすようになってきた。デボン紀には両生類が出現し，石灰紀には爬虫類が陸上を賑わすようになってきた。そしてはやくも哺乳類の祖先は中生代の三畳紀（2 億 5000 万年前）には出現したようである。

哺乳類自体のその後の経過については省略するが，長い歴史を経て人類につながる猿類が 5000 万年前に誕生し，猿類の中でも人類に近い類人猿の誕生は 2000 万年前のことである。そして霊長類は 1500 万年前に出現し，いよいよ人類の誕生に到ることになる。人類の起源については現在の段階でも次々に新しい発見があり特定はできない状況にあるようであるが，ほぼ 400 万年前頃から二足歩行の痕跡を残しているアウストラロピテクス類の出現がある。250 万年前ごろにはさらにこの類から分かれ原始的な石器を使っていたと想像されるホ

モ・ハビリス類の出現がある。そしてさらに高級な石器を使ったジャワ原人や北京原人として知られているホモ・エレクトスが出現した。この後10万年から4万年前にかけてネアンデルタール人として知られているホモ・サピエンスが出現した。ネアンデルタール人は文化と呼べる高度な生活様式をもっていたようである。まさに現代人の誕生であるといえる。ホモ・エレクトスからホモ・サピエンスへの変化は脳容量の急激な増大によって特徴づけられるという。

　以上，簡単に生命の歴史を太古代から現代に到るまでたどってきたが，このようなことを述べてきたのは，現代に生きるわれわれが40億年の歴史，すなわちそのときに発生した遺伝子を連綿と引き継いで生きているということである。このことの認識を踏まえて人間やその心について考えなければならないということである。ここで言えることは，現代人は中枢を中心にして考える傾向があるが，長いあいだほとんど末梢によって生きてきたということである。身体心理学はこの事実を尊重することにある。末梢自体の反応が主体となるだろう。

3．動きの種類

　動きにはいくつかの性質があり，それにはさまざまなものがあると考えられるが，その分類に関して心理学界で一般に知られているのは，スキナーのものであろう。

1）スキナーの分類
①　レスポンデント反応（respondent response）
　これはいわゆる反射といわれる反応である。無意志的反応ともいう。自律神経が主として関係している。長い進化の歴史の流れのなかで，動物が生きてゆくために培ってきた生得的な反応である。脊椎動物や人間にいたるまで，ほとんど共通に持っているものと言える。内臓の反応はほとんど反射でなされているし，外からの刺激に対する筋反応にも反射がある。痛刺激に対する反射は代表的なものであろう。生命の保持，安全に対して動物が持っている重要な性質である。レスポンデント反応は環境の状態とカップリングしていて，ほぼステ

レオタイプな反応である。反応それ自体は変容しない。

②　オペラント反応（operant response）

行動の主体者の主体的な反応である。意志的な反応である。体性神経が関係している。下等動物はほとんどレスポンデント反応で環境に適応しているのであるが，それには環境の変化に対して限界がある。これに対して高等動物ほどレスポンデント反応に頼る範囲は限られてきて，オペラント反応が占める割合が増える。それによって環境の変化に対して，柔軟に対応することができるのである。この反応は人間の場合は，常識的には意図的反応（意志による反応）であって，意図した結果，生ずるものであると考えられている。これは間違いではないが，必ずしもそれだけではない。たとえば熟達した反応は意図してやられているものではなく，自動化しているオペラント反応である。

このようにレスポンデント反応とオペラント反応は，とりあえず分けることができるものであるが，詳細に見るならば，この 2 分法は必ずしも正しくないことが指摘できる。

2）レスペラント反応という概念の提唱

少なくとも人間では，反応は反射的なレスポンデント反応と意図的なオペラント反応から成り立っているといえるが，しかしこの分類は反応の性質の全てを網羅したものであるとはいえない。つまり誰でも知っていることなのであるが，両方の性質を持った反応があるということである。無意志的なレスポンデント反応でありながら，同時に意志的なオペラント反応もできる反応群がある。たとえば代表的なものは呼吸反応である。呼吸は反射でなされている。したがって意志が働かない睡眠状態でも自動的になされている。それと同時に呼吸は意志的にもやることができる。反射では対応できないほどの空気を必要とするときには，意志的に行なうことで補うことができる。たとえば疾走しているときなどである。

このことを考えると，レスポンデント反応とオペラント反応のほかに新たな反応の存在を明確にする必要がある。そこでこの反応を新たに「レスペラント反応（resperant response）」と名づけることを提唱したい。これは respondentと operant を組み合わせた造語である。

　このことにより特に人間が行なう反応はレスポンデント反応，オペラント反応，レスペラント反応の3分類になる。繰り返しになるが，レポンデント反応は無意志的，反射的で自律神経が支配しており，生理的，身体的反応である。オペラント反応は意志的，意図的で体性神経が支配しており，心理的，精神的反応である。これに対してレスペラント反応は無意志的／意志的，反射的／意図的，で自律神経／体性神経が働き，生理的／心理的，身体的／精神的な反応であるということになる。

3）レスペラント反応の種類

　上述してきたようなレスペラント反応は詳細に観察するとかなりの数のものがあるように思われる。たとえば瞬き反応は反射であり，また意志的にも出来る。足の裏のくすぐりに対する反応は反射的でもあるが，意志的に我慢することも出来る。このように反射的で，意志的な反応はほかにも指摘できるであろうが，精神的にも身体的にも意味があると考えられる反応をとりあげると以下のようになる。

(1)　グループ1　呼吸反応，筋反応
(2)　グループ2　表情，発声，姿勢，歩行
(3)　グループ3　対人距離，対人接触

　それぞれについて，若干の説明をすることにする。グループ1の反応はレスペラント反応の基本的なものであるといえる。呼吸についてはすでに述べたが，呼吸はなんといっても生命の維持にとって最も重要なものであり，そのためにこそ反射のほかに意志的な反応も出来るようになっているともいえる。いわば二重回路になっているのである。筋反応は通常はあまり意識に上がらないところがある。ここでいう筋反応とは運動反応のことではなく（これはオペラント反応である），たとえば走ってきた自転車にぶつかりそうになって，避ける反応はオペラント反応であるが，その前に筋肉が反射的に硬くなるであろう。筋反応は基本的には反射的（レスポンデント反応）である。しかしこれも意図的に硬くしたり，緩めたりできるので，オペラント反応もできるのである。それ故に筋反応はレスペラント反応であるといえる。

　グループ2の反応群はグループ1を基礎にしているが，さらに複合的で全体

的な反応であるといえる。表情は筋反応の複合現象であるが，レスペラント反応であるという理由はまず反射的，本能的な性質を持っていて，たとえば怒りの表情は決まった筋反応のパターンをしており，喜びのパターンと混同されることはない。しかもこの表情パターンには文化差がないので，動物的であり，反射的，本能的なものであるといえる。しかし表情は意図的に作ることもできる。このように表情は反射的で意志的という二重の性質を持っているので，レスペラント反応であるといえる。

　発声は喉頭の筋反応であり，また呼吸反応も関与している反応でもある。この反応は昆虫や更に鳥類の鳴き声のように，体全体や喉頭を使って決まったパターンの発声をしていることを考えると，発声は本能的なものであるといえる。人間でも驚いた時の発声は「エッ」というようにほぼパターンは一定している。そして人間の場合は更にさまざまな意図的な発声もできるので，発声はレスペラント反応であるといえる。

　次に姿勢であるが，これは表情のように決まったパターンがあるようには見えないが，たとえばうつ気分をもたらす状況の時には，だいたいうつむきの姿勢になるであろう。あるいは闘争の時にはだいたい同じような構える姿勢になる。やはりパターンがあるといってよいであろう。しかし同時に姿勢は意志的に自由に変えることができるので，レスペラント反応であるといえる。

　歩行は体のバランスを保つために反射的に行われているものである。しかし同時に意志的にテンポや歩幅を変えることができる。歩行は反射的であり，意志的な反応でもあるから，これもレスペラント反応である。

　グループ３はこれまでの反応が個人的なものであるのに対して，対人反応であるところに特徴がある。対人距離とは人が接近した時にとる２者間の距離である。２者間の距離は反射的なもので，危険な相手に対しては反射的に距離をおくものである。反対に親しい人の場合には接近するのが普通であろう。そしてその距離は意図的にとることもできるので，レスペラント反応である。対人接触は対人距離がゼロの場合である。しかし対人接触はさらに本能的なもので，幼児の時代には母子間の接触は必須のものであるが，成人の場合には逆に少なくなる。成人間での対人接触は挨拶などを除いて通常は禁止される。しかしこれも意図的に接触することが出来るのでレスペラント反応である。

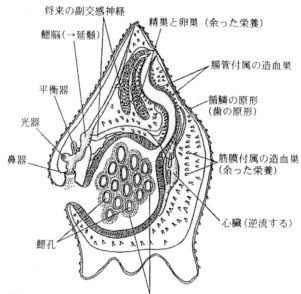

将来の副交感神経
鰓脳（→延髄）
精巣と卵巣（余った栄養）
腸管付属の造血巣
平衡器
循鱗の原形
（歯の原形）
光器
鼻器
筋膜付属の造血巣
（余った栄養）
心臓（逆流する）
鰓孔
鰓腸（赤血球・白血球造血巣と，腎臓排出系がここに共存する）
ホヤの成体

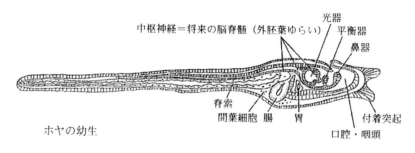

中枢神経＝将来の脳脊髄（外胚葉ゆらい）
光器
平衡器
鼻器
脊索
間葉細胞　腸　胃
口腔・咽頭
付着突起
ホヤの幼生

図 1-2　ホヤの構造［西原，1996］

4．体と動きの歴史

1）体の進化

　ここでは動物の進化の歴史について説明することが目的ではないが，心が体にもとづいていることを主張する身体心理学の根拠をすこしでも理解するため

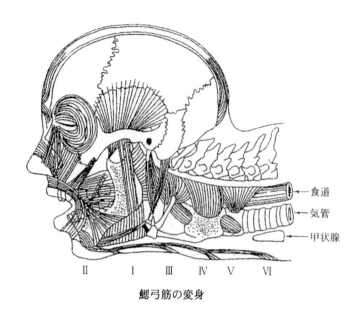

鰓弓筋の変身

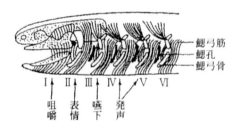

図1-3　鰓弓筋の進化［三木，1989］

に，簡単に体の構造をたずねることにする。

　比較解剖学の見解によると，人間をはじめとして多くの脊椎動物の構造は5億年前に始まったムカシホヤの構造にその始まりを見ることができるという［三木，1989］。たしかに図1-2に見るように脳や感覚器官の原始的なもの，消化器官，呼吸器官（鰓孔），など脊椎動物の主たる形態の元形を見る思いがする。進化は幼生進化（幼生のままで進化する）を遂げ，その後魚類という脊椎動物へと発展した。

　脊椎動物のその後の進化についてはここでは触れないが，ここで興味深いことは鰓の進化である。鰓は呼吸と食物取得の機能を1つにしているのであるが，それがその後鰓から食物を摂取するための顎が分化したため，鰓は呼吸に限られることになった。これが魚類の姿である。そして鰓はさらに肺へと進化する。一方で鰓はその後の動物の口をはじめとして首から前の諸器官の形成の元になったのである（図1-3参照）。

　上に述べたように，顔に含まれる諸器官はムカシホヤにその起源を見ることができるが，もうすこし具体的にその起源を理解することができるのは鰓からの変遷であろう。顔は解剖学用語では内臓頭蓋といい1つの臓器として考えられている［西原，1996］。それは顔のさまざまな器官が腸や鰓からおこってきていることによるのであろう。そして進化の過程で筋肉は内臓系筋肉と体壁系筋肉から構成されるようになった。しかし顔はムカシホヤの鰓腸に由来しているので，内臓筋がもとである。内臓筋は不随意筋である。感情が顔面反応に表れたり，同時に呼吸や心臓などの内臓反応に表れたりするのはこれらの臓器が同じ発生起源をもつことによると考えると理解しやすい。

2）動きの進化

　体の概念について厳密に定義することはしてこなかったが，上に述べてきた体は物質あるいは物体としての体であった。したがって体は化石として残り，体の進化はその形態の変化が主題であった。一方このような体の概念に含まれないものとして体の動きの概念があることを指摘したい。一般には体の動きを体に含めているが，体を物体とするならば動きは明らかに異なる。そこで本書では後にまとめるが，「体」と「動き」は分けて取り上げる。そして「動き」こそが本書の主題なのである。

　そこで動きの進化について取り上げたい。動きは体のように化石として残らない。わずかに移動の痕跡（生痕）が認められることがあるが古い年代においては明確に断定できるものではないようである。生命の歴史に見たように生命の発生（原始細胞）から植物と動物の分化がどのようになされてきたのかはさだかではないが，細胞のレベルでの違いは前者は細胞と葉緑素との共生，後者はミトコンドリアとの共生とに分けることができ，前者は動かず，後者は動く

という道をたどった。動くということについてはその発生起源は明確ではない。すなわち植物も動物もともに移動することがあったと思われるが，最初は潮まかせ風まかせであったであろう。しかし動物であるが故の移動は周りの状況に応じて自発的に動くということである。このような動きは原生動物から見られるわけであるが，上にも述べたように動きの進化は化石に頼るわけではなく，現代の動物において古いとされる動物と新しいとされる動物のそれぞれの動きを比較することによる。そこでとりあえず動きの進化を無定位運動と走性で見ることにする。

　無定位運動とは刺激に対する運動に一定の方向性がないものである。そしてこれには変速運動するものと変向運動するものとがある。変速無定位運動は刺激によって運動の速度または一定時間内の運動の回数が変化するものである。たとえばワラジムシは湿度が低くなると動き出す。それが高いと停止する。まわりの環境が低湿度になるとワラジムシの生存にとって不適切なのでそこから移動するために変速無定位運動を起こすのである。ランダムに運動していると偶然に湿度の高いところに遭遇するチャンスにぶつかるであろう。変向無定位運動とは刺激によって一定時間内の運動の方向転換の回数が変化するものである。たとえばゾウリムシは酸に対して反応するが，濃度が高くなると繊毛が逆方向に動き，そこから遠ざかる。しばらくすると再び前進し，往復運動をくり返す（図 1-4 参照）。

　無定位運動のような単純な動きに動物という「動く物」の意義を見ることができるであろう。すなわち，環境が生存にとって不適切になったときに，動くことによって生存の可能性を切り開いているのである。このとき動かなければ死ぬほかない。動くことは生存の可能性を飛躍的に高めたのである。動くことの本質は生きることにあるといえる。

　もうすこし進化した動きは走性である。走性は刺激に対して一定の方向をもった動きである。これにはいくつかのものがあるが，まず屈曲走性である。これはたとえばウジムシが光から遠ざかる運動である。ウジムシは頭部にあたるところに光覚器がありこれを左右にランダムに運動（変向運動）させて光に対して避ける方向に体軸を向けさせてゆく。

　次に転向走性がある。これはアブのように光を受ける受容器（眼）が 2 つあ

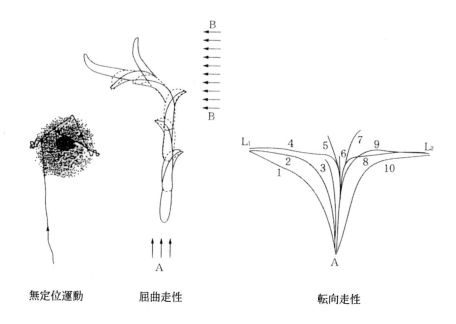

無定位運動　　　　屈曲走性　　　　　　　　転向走性

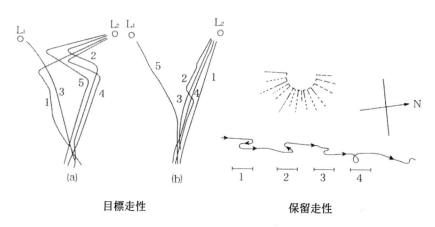

目標走性　　　　　　　　保留走性

図 1-4　無定位運動と走性［菊池，1948］

り，基本的には両眼に受ける光の量が等しくなるように運動するものである。夏の夜の街灯に群がる昆虫はこの性質によって光にすいよせられている。この性質をもった動物は，たとえば2つの光源に対してたまたまこれらの光源の中間を直進したとすると，両眼に照射される光の量が等しいのでどちらの光源にも行き着くことなくまっすぐ飛んでいってしまうことがおこる。これが転向走性の特徴である。

　次に目標走性がある。これは基本的には転向走性であるが，異なる点は2光点に照射されたとき両眼の光量が等しくなるような運動をするのではなく，どちらかを選択して光源に到達することができることである。ミツバチなどがこの例である。運動のあり方から見ると，同じ昆虫でありながら転向走性と目標走性のあいだには著しい飛躍があるように思われる。すなわち転向走性はあくまでも環境の刺激の関数としての運動であるが，目標走性は運動する主体の選択という主体性が関与していることである。この辺の生理学的なメカニズムの違いを明らかにする必要があるが，興味深いことである。

　最後は保留走性である。上述の光に対する走性は光源に対して体軸を一致させるものであった。保留走性は光源に対して一定の角度を保って運動するものである。たとえばミツバチやアリは太陽光線に対して一定の角度を保って帰巣することが確かめられている。往路と帰路では方向が反対になるので（両眼にあたる太陽光線は左右で反対になる）この辺のメカニズムもかなり複雑であろう。

　以上述べてきた動きは複雑な神経機構（大脳）をもたない動物の動きであることに注目すべきである。環境の状況に応じて動きが生まれているのである。動きはもともと潮の流れ，風の吹くままであったであろう。それが生活体に環境の状況を感知する特殊装置が特化するようになってから動きが方向性をもつようになった。すなわち走性のレベルではまだ大幅に環境の支配力が大きいといえるが，主体的な動き（自発的動き）になったといえる。このように動きは大脳がないときからすでに始まり，環境と生活体との交互作用の産物であるといえる。これが動きの原初形態である。ただし高等動物になると，生活体が環境を選択するという自由度が高まるようになる。そして更に人間の場合，生活主体が環境を変えてゆくという関係になると動きの意味が変わってゆくことは

いうまでもない。まとめると動きは，潮や風のままにという環境に全く依存した「自然的動き」，環境との相互作用による「自発的動き」，そして環境を選択するという「意志的動き」，更に環境を変えてしまうという「創造的動き」へと進化してきたのである。

5．動物と人間の動き

すこし飛躍するが，ここでは人間の動きが動物の動きといかにつながっているか，人間と近縁な動物の動きと比較しながら見てゆきたい。この場合の動きとは表情や姿勢のような微細な動きが主題である。

1）動物と人間の表情

動物や人間のやっている動きにはさまざまなものがあるが，後に主題となる動きと心の関係を考えるとき表情は重要な動きであるといえる。

顔は体の歴史で見てきたように，外のものが体のなかに入ってくる関門である。内臓頭蓋である顔は内臓に有害なものを入れないように監視し選択する器官である。もうすこし広く考えて，自己にとって許容できることか拒否すべきことかを選択反応する器官であるといえる。したがって顔にはこれらを監視する感覚器官と選択反応するための筋肉が備わっているのである。たとえば人間の表情の1つに嫌悪の表情があるが，腐った臭いがする食物を目の前にしたとき，まず嗅覚でこの事態をキャッチすると眼をしかめ（閉じる反応），口をしっかりと閉じるという嫌悪の表情をするに違いない。これはその食物を食べないという拒否の顔面反応である。このような意味で動物と人間では基本的に同じ表情が見られるのではないかと考えられる。

たとえば怒りの表情を取り上げてみよう。図1-5にみるように人間のものと動物のものとを比較してみた。怒りの典型的な表情には2種類あるようである。1つは口を固く結ぶもの，他は口をあけて大概は声が出る。激しいときは額に皺がよる。霊長類の表情についての研究でよく知られているヴァン・ホーフ[van Hooff, 1972] によるならば，霊長類の怒りの表情にも tense mouth face と staring open mouth face があり，これは上の2つの表情に相当する反応で

イヌの攻撃の表情
[Lorenz, 1953]

チンパンジーの威嚇の表情

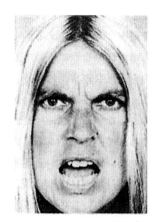

人の怒りの表情 [Ekman & Friesen, 1975]

図1-5 怒りの表情の比較

ある。図1-5ではイヌの攻撃の表情，チンパンジーの威嚇の表情，そして人の怒りの表情 [Ekman & Friesen, 1975] を比較の例にあげてある。人間と動物の表情は見た目には非常によく似ている。この類似が相似の現象なのか相同の現象なのかここでは決めることはできないが，ヴァン・ホーフの説に従うならば後者であるといえる。

　図1-6は人間の子どもとチンパンジーの子どもが遊んでいる場面のスケッチである。いずれも顎をリラックスさせて口を開けるという類似の表情をしている。この表情はヴァン・ホーフ [1972] によると relaxed open mouth face と

図 1-6　チンパンジーと子どもの友好の表情［van Hooff, 1972］

いわれているものであり，友好を表わす表情である。大人でもかわいい子ども
を見たときにはこの表情になる。

　ヴァン・ホーフ［1972］によると猿類の表情には進化の流れをみることがで
きるという。たとえば人間の微笑と笑いの表情は猿類の恐れの表情とそれから
分かれたなだめの表情，そして友好的なリラックスの表情が起源になっている
というのである（図 1-7 参照）。ただしアイブル＝アイベスフェルト［Eibl-
Eibesfeldt, 1974］のように笑いは集団的威嚇から派生したという意見もある。

　このような表情の進化については，ダーウィンの研究があり，それに続く表
情に関する理論があるがこのことに関する議論は後の節に譲り，ここでは現象
の比較だけを行った。

2）動物と人間の姿勢

　姿勢は動きの１つである。顔面表情と同じように外界の状況に対する，生活
体の対応反応であるということができる。身をちぢこませ硬くする表出の姿勢
は相手の攻撃から身をまもる反応である（ボクサーが相手の攻撃を防御する姿
勢）。このようなことから姿勢にも動物と人間とのつながりが見られるに違い
ない。

　攻撃や威嚇は姿勢に表われやすい。図 1-8 はダーウィン［Darwin, 1872］の

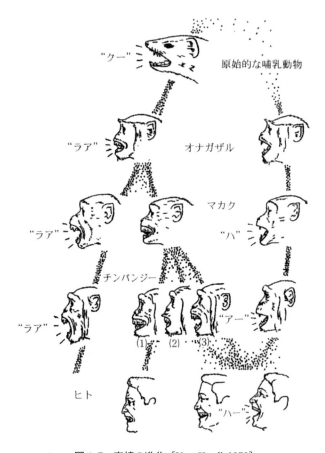

図 1-7　表情の進化［Van Hooff, 1972］

本に記載されているイヌの攻撃の姿勢とネコの恐れの姿勢である。イヌでは肩や背中の毛が立っている。ネコの顔は恐怖であるが，歯向かう表情であろう。背中が盛りあがっているのは大きく見せるためであるとダーウィンは言っている。背中に緊張が入った防御の姿勢といえるかもしれない。人間でいえば肩の筋肉の緊張である。話がすこし飛躍するが，バイオエナジェティックスというボディワークを提唱しているローウェン［Lowen 1990］は，怒りを蓄積している人は背中から肩にかけて筋肉が盛り上がってくるといっている。攻撃にお

怒り

恐怖

図 1-8　怒りと恐怖の表出［Darwin, 1872］

けるイヌと人間の肩や背中の反応の類似が相同現象であるかどうかは興味深い
ことである。
　ボスのチンパンジーの威嚇の姿勢は肩に見られる（図 1-9 参照）。すなわち
肩が張り体毛が立つ。プロレスラーは威勢を張るときには一様に肩を怒らす姿
勢をとる。このことについてアイブル＝アイベスフェルト［1974］は興味深い
観察をしている。すなわちさまざまな文化において，たとえば図 1-10 に見る
ように軍人（武士）は肩を飾るというのである。まさしくわが国の裃は肩を

図 1-9　威嚇の姿勢 [Jolly, 1972]

図 1-10　人間の肩の誇張
[Eibl-Eibesfeldt, 1974]

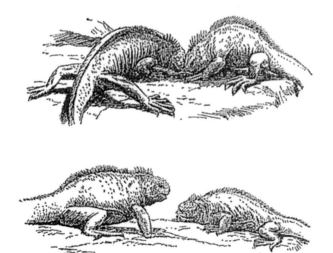

図 1-11　ウミトカゲの攻撃と服従の姿勢 [Eibl-Eibesfeldt, 1970]

図1-12　サルのおじぎ（服従）[Eibl-Eibesfeldt, 1970]

飾ったのであった。またどの国でも軍人の階級は肩章で表わした。チンパンジーと人間のあいだに見られる肩の反応には相同を感じさせるものがある。

　威嚇と反対の反応である恭順の反応についても興味深い姿勢がある。アイブル＝アイベスフェルト［1970］によるとウミトカゲは縄張り争いで喧嘩が起こったとき，両者は互いに背中を高くして頭をつき合わせて争うが，力の差が明らかになると弱いほうは体を低くして地面に這うような姿勢をとる（図1-11）。これは相手の攻撃行動をやめさせるリリーザー（解発因）と解釈されている。いわば相手の怒りをなだめる姿勢であるといえる。チンパンジーは上位の個体と出会ったときに図1-12にみるような挨拶をするが，これは相手をなだめる効果をもっていると解釈されている。このことは人間の，とくに日本人の挨拶行動を連想させる。古代からいろいろな文化や社会で身を低くする挨拶行動が見られる（図1-13）。動物と人間に見られるこのよく似た現象が相同現象かどうかやはり問題であるが，検討に値する現象であろう。

3）動きの意味

　以上，ながながと心とは関係のない議論が続いたが，これは人間が心をもつまでいかに長い歴史をたどったかを示したかったからである。細部の議論はともかくとして，現在では進化論的な世界観に立つのが常識であり妥当であろう。そうであるならば心が上に述べてきたような歴史を背景にして成り立っている

あいさつするラオス人。
G. ボック『白象の国』(*I'm Reiche des weißn Elefanten*)，ライプチヒ，1885，128ページによる。

支配者にあいさつするイフッェ人（ヨルバ族）。
O. フロベニウスによる。K. ラング（1926），265ページから。

ドイツの警官からあいさつを受けるフランス元大統領ド・ゴール。
報道写真による

図1-13 人間の服従の姿勢［Eibl-Eibesfeldt, 1970］

ことは疑いない。すなわち心は遺伝子を種子とし，体を土壌とし，その動きに芽を出して，ついに心という花を咲かせたのである。

　心の成立については後に述べるのであるが，ひとたびそれが成立した後には，心はそれ自体で発展の歴史をたどり膨大な世界を構築したため，心の前史が見失われがちである。比較行動学はこのような傾向に竿をさす役割を果たしているように見えるが，その研究はここに述べるような視点に欠けるところがあり，大きな展開がないままに過ごしてきた。最近現われた進化心理学［長谷川・長谷川，2000］はこの後を受けて，遺伝子の存亡という観点から人間の心や行動を理解しようとしているが，ここに述べるような人間観の構築に寄与することが期待される。

　心は動きのなかから生まれてきたのであるから，動きのなかに心の萌芽を見出し，動きから心の理解にせまり，また後に触れるが心と動きの関係を動きを原因として理解する試みがなされてもよいはずである。心理学にはいろいろな考え方があり，いろいろな分野があってよいのであるが，上に述べてきたような心の前史を踏まえた心理学観と研究があってもよいであろう。

6．心の発生

　動物の進化の過程においてどこからか心と称される現象が発生した。しかし動物進化のどのレベルからかを特定することはむずかしい。このむずかしさは1つには心について定義ができないことにある。急速に発展した大脳生理学の観点から，この種の定義が出てくることが期待されるのであるが，今のところ見られない。おおざっぱに大脳の有無で決めてしまうことも考えられるが，それでは脳をもつ小鳥に心があるかと問われると迷ってしまうであろう。それは心の定義しだいだという循環論に陥ってしまう。ここでは限りのないこの問題の議論をひとまず避けて，先に進むことにする。

　進化論からみて心は物質としての体の進化の結果であると見ることもできる。心は大脳と関係が深いと考えられているので，動物の大脳皮質を比較すれば明らかにすることができると考えやすい。ところがこの大脳皮質の変化はどのようにして生じたのであろうか。さまざまな理由があるであろうが，よりよく生

きるため，よりよく環境に適応するためであり，大きな大脳皮質をもつ動物ほどこのことが可能であることは明らかである。しかし，ここで重要なことは大きな大脳皮質はどのようにして成立したのであろうかということである。それは環境によりよく適応してきたので大きくなったのである。そして環境への適応とはよりうまく動くこと以外のなにものでもない。つまり動くことで環境に適応できたことの結果が大脳皮質の増大をもたらしたと考えるべきであろう。つまり大脳皮質が大きくなったので適応がよくなったのではない。それゆえに心の発生は大脳皮質からではなく，動きから考えなければならない。

　前節で述べたように心の発生以前に動きがあった。したがって心は動きから分化し発生したということには間違いない。それでは動きから心が発生するプロセスはどのようなものなのであろうか。このような重大な問題について意外なことに議論がなされていないようである。そこでここではこのプロセスについて1つの説明を試みてみることにする。

　動きから心の発生を説明するのに有効なパラダイムは条件づけの理論である。ここに条件づけの例を取り上げて説明しよう。条件づけの現象の発見とその理論化はよく知られているようにパブロフ（Pavlov, I. P.）によって創始された。そのメカニズムは次のようなことである。無条件刺激（うめぼし）に対して無条件反射（唾液反応）という生得的な反応が生起するのが基礎である。この反射は長い進化の過程で形成されたものである。次にこの無条件刺激が与えられる少し前に条件刺激（音）を反復対提示する。するとついにはこの条件刺激に対しても反射（唾液反応）が生ずるようになる。条件刺激と無条件反射の間に新しい結合（条件反射）が形成されたと説明される。この新しい結合（条件反射）は条件刺激と無条件刺激（したがって無条件反射の発生）の対提示がつづくかぎり存続するが，条件刺激に無条件刺激が対提示されないと消えてしまうのである。この条件づけは古典的条件づけ（レスポンデント条件づけ）といわれるが，この現象はかなり下等な動物（たとえば，プラナリア）でも可能である。この条件づけは単に無条件刺激と条件刺激の置換がなされたと説明され，心が介入する余地はない。

　条件づけには別の種類のものがありそれは道具的条件づけ（オペラント条件づけ）といわれる。その1つに回避条件づけがある。この条件づけを行なうた

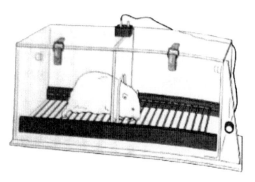

図1-14　シャトル箱

めに被験体にシロネズミを用い，実験装置としてシャトルボックスが用いられる（図1-14）。ボックスの床は通電できるようにグリッドになっている。ネズミは右から左へそして左から右へと中仕切りを越えて移動すれば電気ショックが切れるようになっている。条件刺激（光）が点灯され，数秒後に無条件刺激（電気ショック）があたえられるが，ネズミが今いる側から反対側に逃げたら光も電気ショックも切れるのである。

　上記のような対提示をくり返しやってみると，ネズミの動きはどうなるであろうか。最初は光がついても何の反応もしない。電気ショックがきてからあばれだし（無条件反射），最初は偶然反対側に移動することが起こる。そうすると光も電気ショックも切れる。このようなことを20回30回とくり返すと，ネズミの動きが変わってくる。すなわち光がつくとそろりと反対側に向かって動き出し，電気ショックをすこし受けてすぐに反対側に逃げるようになる。さらに50回60回とくり返すとついに光がついただけで反対側に逃げるようになる。これが回避条件づけの成立である。

　この条件づけは一見したところ上述のパブロフの条件づけ（古典的条件づけ）と同じように見える。しかしよく考えてみると似て非なるものであることがわかる。なぜならば逃避行動は無条件刺激（電気ショック）によって引き起こされたものであるが，条件づけられた行動（光に対する行動）は無条件刺激（電気ショック）を事前に避ける行動であり，無条件刺激（電気ショック）がこないようにする行動になっているのである。そして回避条件づけはいったん

成立すると無条件刺激がないにもかかわらず長い間持続されるのである。パブロフの条件づけの原理からすると無条件刺激がないと条件反応は消えてゆくはずであるから，回避条件づけはこの原理にそぐわないことになる。すなわち古典的条件づけのように条件刺激（光）と逃避反応との単純な結合とは考えられないのである。

　この矛盾を解決するための説明は次のようになる。すなわち光と電気ショックが反復対提示されているあいだにパブロフの条件づけの原理によって電気ショックがもっているある種の成分が光に条件づけられると考える。電気ショックは逃避行動を起こす成分のほかに，不快反応（人間が感ずる感情とは異なる）の成分をもっていると考えられる。そこで光は不快反応と条件づけられるようになる。不快反応はそれを除去するような行動を動機づけるので，光→不快（恐れ）→逃避行動→光と電気ショックの除去（不快からの解放）という連鎖が成立する。そして不快（恐れ）からの開放はオペラント行動の原理により，逃避行動を強化するので，電気ショックがなくても回避行動は持続することになる。もちろん電気ショックがないと光に対する不快反応はいつかは消えてしまうので，回避行動は永久に続くわけではない。

　光がつくという事態の後に電気ショックという危険な事態が生ずるという状況に対して，ある程度のレベルの動物は回避行動を形成することができる。もし上記の回避行動の説明が正しいとすると，その動物は恐れという心を経験していることになる。その経験が人間のものと同一かどうかはわからないが，ともかくネズミに心的なものが発生したということができるであろう。回避条件づけの例から考えられることは，原初的な心の状態とは情動であり，また予期（光の後に電気ショックが来る）であるということである。情動と予期が心の原型であるといえる。予期的な恐れの状態は不安である。動物も人間も回避行動を動機づけているものは不安であるということには異論はないであろう。

　ここで再び強調しておきたいことは動き（行動）から心が発生したということである。回避行動が持続されるということからネズミが恐れ（不安）を経験しているのではないかという仮説が立てられているのである。ネズミにもともと心（恐れ）があって回避条件づけが成立するのではない。電気ショックという刺激があり，これが不快感覚と逃避（暴れる）反応を起こし（これは生物的

生得的反応），それが光（手がかり）という電気ショックを予告する刺激と結びついて，予期的反応をするようになったのであるが，そこに心を見ることができるということである。心は刺激と反応を素材にして誕生したのである。ただしここで述べていることは人間の高度で複雑な心のことではなくて，心の原初的な姿のことである。

7．体（動き）と心の関係

　上記のような意味での心をもつことが可能な動物から人間までの心の進化の歴史はやはりとてつもなく長いものである。心の発展の歴史についてはここではふれないが，その過程を経て心は非常に複雑な様相をもつにいたっている。したがって心と体（動きを含む）の関係は複雑なものと考えられる。

1）人間のとらえ方

　人間の理解の仕方はよく知られているようにデカルト（Descartes, R.）によって提唱された心身を分けて考える二元論がある。すなわち体は物体と考え，機械のように理解してゆくというものである。このように体から心を追放することによって，縦横に自然科学のメスをふるうことができるようになり，体の理解が急速に進歩したことは疑いない。このことから心身の二元論は適切なものと考えられてきた。体は合理的な存在であるという考えに対して，心については長いあいだ非合理的なものと考えられてきたといえる。しかし現代に至り心も科学の対象になりうるとの考えが活発になり，心理学の発展をもたらしている。このような状況のなかで，体の科学の代表である医学と一方の心の科学である心理学の両方から，両者の関係を考えるいわゆる学際的研究についての関心が高まってきた。この動きは医学では心身医学あるいは行動医学という学際分野を生み，すこし遅れて心理学では健康心理学が出現した。それぞれは心と体の関係を追究しようとしている。

　心と体の関係を考えることが始まったのは，このような学問の成り行きもさることながら，人間のとらえ方そのものについての反省が背景にあることにも注目しなければならない。科学の急速な進歩とその華々しい成果は科学的思考

の万能観を生んできた。科学的思考の特徴は分析であり，要素主義である。これに対する考え方は全体主義である。全体は部分の集合ではないと考える考え方がある。とくに人間を考えるとき心は心，体は体として二分してしまうとそれぞれについての理解は深まっても，全体としての人間の理解は進まないという考え方がある。この考え方（全体観）は傾聴に値するものであるが，残念ながらこの考え方から過去においては要素主義や分析主義（科学）と比肩できる目に見える成果は何も出てこなかった。生きている現実の人間はたしかに体と心は分けることのできないものとして現象しているといえる。それが事実なのであるが，学問としてそれをとらえる方法が現在のところ存在していないという現実を考えるならば，全体としての人間をとらえるのには上に述べた体と心のあいだの学際研究に頼るしかない。しかし最近現われた複雑系の科学のような方法で将来はこの問題に挑戦できるかもしれない。

　体と心の問題を考える上で，もう1つ指摘しておかねばならないことがある。それは体と心の関係のあり方である。すなわち両者の因果関係である。心を原因とするか，体を原因とするかの問題であるが，当然両者ともに可能である。体から心へという因果関係にもとづいた学問は，たとえば生理心理学や神経心理学あるいは精神薬理学などがある。また心から体へという因果関係については，たとえば健康心理学，心身医学などがある。ここで確認しておきたいことはいずれのあいだの関係であっても，因果関係は両方向的であり，相互的であるということである。

2）動きと心の因果関係
A．人間を認識するための5つの側面（次元）

　動きと心の関係を考えるにあたって，動きの位置づけをしておく必要がある。先にも触れたように人間を心身の2元に分けることは一般的な常識になっている。しかしこれだと動きの位置づけができない。そこでここでは人間を考える次元としてもうすこし広く考えることとする。すなわち図1-15に示したように人間には5つの側面があると考えるのである。身体（体）と精神（心）はいうまでもないが，それに加えて人間を取りまく自然と社会を無視することはできない。ここでは詳細な議論は省略するが，ここで意味する自然と社会の概念

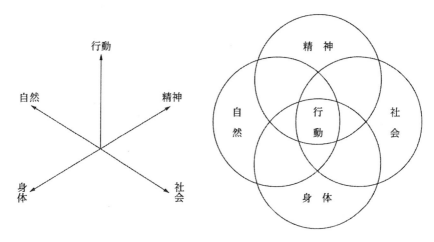

図1-15　人間のモデル

は，人間（身体と精神）とはかけはなれた環境としてのものではなく人間を構成する要素としてのものである。それらを含めて人間（身体，精神，自然，社会）である。そしてこれら4つのものに加えて行動（動き）という側面（次元）を加えたい。一般に行動は身体の動きと認識し，身体と分けない傾向がある。ところが物質としての身体の条件（たとえばアドレナリンの量）によって行動は変化するが，一方で情動（精神）の状態によっても変化する。身体にのみ依拠しているわけではない。行動は精神や物質や物体としての身体と区別できるものなのである。しかし行動は身体という場で現象しているため身体と区別しにくいところがあるが，行動は身体という場にのみ固有な関係があるのではなく，他の3つの次元とも本質的な関係をもっているといえる。すなわち行動は自然，社会，精神とも因果関係をもち，また行動は自然，社会，精神の場でも現象している。行動は環境の場でその意味が現われるものである。このようなことから，行動は他の次元とは独立した固有の次元であるといえるであろう。

　これら5つの次元のうちどの次元を価値づけるか（5つの次元のうち真中に立てるもの）ということに関しては，主観的なことになるであろう。筆者は今，ここに生きて現象している現実の人間は行動（動き）以外にはないと考えるの

a.　　　$B = f(P, E)$　　　　　　一方向説

b.　　　$B = f(P \longleftrightarrow E)$　　　　部分的二方向説

c.

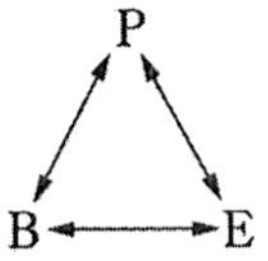

三者間相互作用説

相互作用過程を示す3つの図式　　B：行動，P：個人的要因，E：環境

図 1-16　相互決定論 [Bandura, 1978]

で行動を中心にしているのである。そしてこの思想が身体心理学を提唱する所以でもあるのである。

B．相互決定論

　行動と他の要因との関係を示したものに有名なレヴィン（Lewin, K）の公式がある。それは $B = f(P \times E)$ というものである。Bとは行動のことであり，Pとは人の条件であるが，生理状態や認知（精神）である。Eは環境（自然，社会）の条件である。この公式の意味は行動は人の条件と環境の条件によって決定されるということであり，行動を理解するための有名な公式である。この公式によるとBはPとEの従属変数であり，PとEは独立変数である。つまりPとEが原因であり，Bは結果である。したがってこの公式によるならば，行動は常に結果でしかない。行動に関する一般的な認識はこのようなものであろう。

　しかし，上に述べてきたように人間の諸要因間における因果関係は相互的である。したがって行動も独立変数となり，原因となり得る。このことについてバンドゥーラ [Bandura, 1978] は相互決定論（reciprocal determinism）をとなえた。それによるとレヴィンの公式ではPとEは独立変数としてそれぞれBに影響すると考える「一方向説」であるが，これに対してPとEが相互に影響し合って，Bを結果するということがある。たとえば知覚は環境のもつ物理的な性質そのものではない。PとEとのダイナミックな相互作用の結果であることはよく知られている。その結果としての知覚が行動を生むというこ

とである。バンドゥーラはこのような関係を「部分的二方向説」といっている。彼はさらに行動が環境を変えるという当たり前の事実があることを指摘し，B，P，Eの三者は相互にダイナミックな関係にあるとし，これを「相互決定論」とした（図1-16参照）。

　バンドゥーラはこのような発想を提案したが，その後認知（P）を重視し，認知による行動（B）の変容の研究に進んだ。スキナーはB＝ƒ（E）の因果関係の追及に一生を捧げたが，バンドゥーラはB＝ƒ（P）の追究に進んだのである。しかし身体心理学は相互決定論の立場をとるのである。

8．身体心理学の概念

1）身体心理学における身体の概念

　身体心理学ということばは一般的なものではない。先に述べたように原口［1982 a, b, 1983, 1984, 1986］や近年は葛西［2002］がこのことばを用いて身体の問題に関する心理学的な議論を行なっている。

　身体という概念についてはすでに述べてきたが，ここで改めて明確にしておく必要がある。身体についての常識的な概念は，肉体といってもよいものであろう。これは物質であり物体である。そのようなものがある形態をなし，全体として統一ある組織をなしているものが身体である。これを有機体ともいう。生理学や医学はこのような身体を対象にしているといえる。

　身体心理学の主題は，物体としての身体が環境を舞台にしてそこに展開する「動き」である。動きは統一ある組織をもった形態である身体（有機体）とは異なるものであるといえる。動きは身体のように客体化できないものであり，それは精神がそうであるのと似ているが，精神よりは客観的にとらえることのできるものであろう。動きは身体と精神の中間に位置するものといえる。身体心理学でいう身体は「動き」である。したがって動き心理学，あるいは行動心理学，動作心理学とでも称すべきところかもしれないが，他の類似の概念と紛らわしいところがあり，また後に述べるように動きにもさまざま水準（種類）があるので，真意を伝える概念ではないが身体心理学と称することにする。

2）身体心理学のパラダイム

　身体心理学のもう1つの特徴は主題である「動き」に関する因果関係について である。すなわち動きを独立変数とする考え方をとることである。バン ドゥーラの相互決定論によるならば，$P = f(B)$ というパラダイムをとるこ とであり，行動（B）の結果，精神（P）が変わるということである。同様に 行動が環境を変える，すなわち $E = f(B)$ ということもしばしば起こるが， 身体心理学は行動と精神のあいだの関係を主題とする。動きと心の関係をここ で述べたようなパラダイムで考えることは，一般的な常識ではないかもしれな い。普通は心が働いて行動が起こると認識している。$B = f(P)$ である。し かし行動（動いてみて）してみて，気持ち（心）が変わるということは日常誰 でもが経験していることである。実はこのことをさまざまな事実を通して示し てみるというのが身体心理学の目的なのである。そして $P = f(B)$ は人間を 理解するための1つのパラダイムであり，これにもとづいて人間を追究し，人 間に関する新しい知見が得られることを期待するものである。

A．行動の水準（種類）

　行動（動き）といってもさまざまな種類がある。ここでは人間の行動に限っ て次のように分けておきたい。

①反射：自律神経系の反応である。無意志的反応ともいう。内臓の反応であ る。原始的な反応ともいえるが，生命の維持にとって欠かせない反応であ る。

②体動：これは聞きなれない言葉であるが，たとえば，表情，姿勢，目の動 きなどのように身体の微細な動きである。これらは動作というにしてはお おざっぱすぎるので，新しい造語をあてることにする。

③動作：体の四肢を含む全体の動きをさす。ジェスチャーや歩行である。体 幹の大きな動きもこれにはいる。

④行為：上記の動きは主として身体の動きに注目したものであるが，行為は 環境との関係に重点がおかれている。動きはすべて環境（刺激や他者）と の関係で生ずるものであるが，行為は環境との関係なくしては成り立たな いものである。たとえば，けんかかボクシングかは動作を見るかぎり区別 はつかない。環境の状況によってのみ判断できるものである。また行為は

身体動作を必ずしも必要としない。たとえば，私はあの人とけんかしているというとき，身体動作を必要としない。

「行動」という概念と「動き」という概念は，これら4つの上位概念として使うが，これも使用する文脈によって必ずしも厳密にいかないことがある。とくに行為と行動は区別して使えないことが多い。

以上行動の概念を分類してみたが，身体心理学ではこれらのうち①から③までの動きを主として問題にするのである。④は行動心理学として長い伝統をもっている。

B．身体心理学の定義

身体心理学は心理学のなかでは新しい分野である。そのため定義を明確に定める必要がある。まず言いたいことは，人間を考えるための諸カテゴリ（精神，身体，環境）のなかで行動を1つの独立した固有の次元であることを認識しなければならないことである。また，他の次元と同じように，独立変数として用いること，相互決定主義の立場に立つことを認める必要がある。身体心理学は行動（動き）のなかでは特にレスペラント反応を取り上げて，研究と実践を行う。ただし，他の反応を排除するものではない。以下に列挙するようなことで，身体心理学の定義としたい。

1. 身体心理学は「動き」の心理学である。動きをテーマとする。
2. 身体心理学は動きの構造ではなく機能を調べる。動き（行動）の構造論はたとえば伝統的な行動心理学がなしてきたことである。意識の機能主義から行動心理学が誕生したが，行動の機能主義が身体心理学である。
3. 身体心理学は動きを原因とするパラダイムに基づく。動きを独立変数とする。
4. 身体心理学は動きと主として情動や気分との関係を調べる。動きからどのように情動や気分が発生し，またどのように変容するかを調べる。

以上，定義をしてきたが，身体心理学はこれに限られるものではないかもしれない。春木［1987］によれば，ここでいう体動や動作は，一般にはノンバーバル行動といわれているものであり，この行動は，その行動をしている当人に対する効果（対自的効果，すなわちここでいう身体心理学）のほかに，他者に対する効果（いわゆるノンバーバル・コミュニケーション）も考えなければな

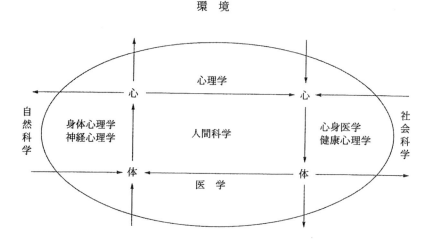

図1-17 身体心理学の位置づけ

らない。ノンバーバル・コミュニケーションもコミュニケーションにおける身体の問題であるといえるので，将来は身体心理学の課題はノンバーバル・コミュニケーションを含んで考えていくことになるであろう。その場合，身体心理学の定義は上記にとどまらず，さらに広いものになるといえる。しかし，このことは今後の問題であり，ここでは上記の定義にとどまり，それに基づく研究に限ることにする。

3）身体心理学の位置づけ

このような身体心理学は学問上どのように位置づけられるのかについて述べておきたい。

図1-17に示したように，心を原因として心の結果を追求する多くの学問がある。心理学をはじめとした精神に関わる諸学問である。

一方，体を原因として体の結果を追求する学問は医学をはじめとして多数ある。これらに対していわゆる学際的な学問もたくさんあるといえる。そのうち心を原因とし，体を結果とする学問は，たとえば心身医学や健康心理学などがある。また体を原因とし，心を結果とする学問は精神薬理学，神経心理学など

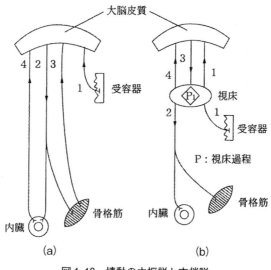

図1-18　情動の中枢説と末梢説

多数あるといえるが，身体心理学は正確にはあてはまらないところがあるとしても，ここに位置するものと理解しておきたい。

　このほか，心と自然の関係や体と自然の関係を追究する学問，また心と社会の関係や体と社会の関係を追究する学問がありうる。これらは先に述べた5つの諸側面から理解される人間に関わる学問群であるといえるであろう。

9．身体心理学の理論

1）身体心理学の理論の前提
　身体心理学の理論という既存の理論があるわけではない。ここでは上述してきた身体心理学の考え方と同じくする理論を心理学のなかから取り上げ，身体心理学の筋道を立てるための理論としたい。このような理論は感情心理学の理論のなかに見出すことができる。それは感情とその表出（ここでいう体動）に関する議論である。この議論は感情と表出の因果関係に関するものであり，感情が原因で表出が結果するとする立場，これを大脳生理学の言葉でいうならば，

大脳の興奮（感情）があって末梢の変化（表出）が表われると考える中枢説と，末梢の変化（表出）が原因で大脳の興奮（感情）が結果するとする末梢説である。この論争は図 1-18 に示されている。これはジェームズ（James, W.）説（末梢説）とキャノン（Cannon, W. B.）説（中枢説）の比較を示したものである。簡単に説明すると，末梢説（図 1-18(a)）ではまず感覚器官で刺激がキャッチされるとその情報は大脳皮質を経て，ただちに末梢に伝わり興奮を導く。たとえば危険な刺激から逃げるといった行動が起こる。次にこの末梢の興奮が大脳に伝わり，そこで情動が発生するとするものである。これに対して中枢説（図 1-18(b)）では感覚器官で刺激がキャッチされるとその情報は古皮質の視床に伝えられ，そこが興奮するとそれは大脳皮質と末梢に伝わる。末梢に伝わった興奮はたとえば逃げるといった行動を起こす。情動は末梢の反応とは関係なく（図 1-18(a) に見るように末梢から視床に帰るフィードバックはない），視床での興奮が情動なのである。すなわち情動は大脳のなかだけのことである。

　この 2 つの説は長いあいだ，情動に関する代表的な説として話題になってきたが，中枢説についてのキャノンの詳細な実証的な研究に説得力があり，中枢説のほうが正しいものとして評価されている。しかしすでに述べてきたことからもわかるように，身体心理学は末梢の動きを原因として心（情動・気分）を理解しようとするものであるから，これはジェームズの末梢説に立つことになる。キャノン説の学問的な厳密さは尊重するとしても，常識的に考えたとき両方の説はそれぞれ妥当な面をもっているように見える。泣けば泣くほど悲しくなるという経験は誰しも持っているであろう。ここではこの論争に参加するのが目的ではなくて，身体心理学の理論としてふさわしいと考えられる末梢説について概観することにする。

2）ダーウィン説

　ダーウィンは彼の進化論を証明するための 1 つの証拠として，人と動物の表情の類似について観察した。その業績は『人と動物の表情について』［1872］という書物に残されている。この著書は表情（表出）研究に関する古典的なものであり，比較行動学的な研究として傑出したものであるといえる。

　表情に関するダーウィンの考え方の骨子は，動物の表情は環境のさまざまな状況に適応してゆくための反応に他ならないとするものである。たとえば攻撃や怒りの表情ではしばしば歯をむきだしにする。これはまさに相手に噛みつく（歯は攻撃の道具）ことに他ならない。ネコはけんかのとき耳を後ろに引く。これは相手に噛まれないようにするためであるという。また恐怖のとき（相手に攻撃されるとき）背中を丸めるのは体を大きく見せるためであると考えられている。あるいは防御する姿勢ともいえる。このような動物の表情と姿勢は状況に対応するために必要な反応である。また人間についての攻撃の（怒り）の表情とか，肩の様子（姿勢）について動物との類似はすでに指摘した。表情のこのような性質をダーウィンは「有用な連合的習慣の原理」と名づけた。すな

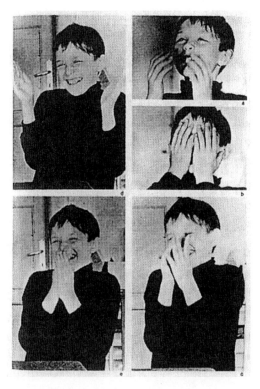

図1-19　先天盲の少年の表情［Eibl-Eibesfeldt, 1973］

わち動物における表情は状況に対応するための有用な反応であり，人間の表情も動物の反応と起源を同じくするものであるとするのである。ダーウィンはこのほか表情のメカニズムを説明するものとして，「正反対の原理」と「神経系の構造による反応の原理」というのをつけ加えているが［Darwin, 1872］，身体心理学の主旨とは関係がないのでここでは省略する。

　ダーウィンのこのような考え方を支持する証拠は，反証も含めてその後感情研究として多数なされてきた。たとえばアイブル＝アイベスフェルトによって顔面表情がいかに生得的であるかが示されている。写真（図1-19）は先天性の盲目の少年（他人の表情を見た経験がない）に「ガールフレンドはいるかい」という質問に答えたときの表情である。われわれはこの表情を充分理解することができる。表情の発達研究においても，それがいかに生得的なものであるかが示されている。それらの研究の1つは微笑の発生の年齢であった。微笑反応の基準が明確でないこともあって，観察記録が一致しないこともあるが，おおむね3ないし4週間であるという。また新生児においても嫌悪刺激に対して大人と同じようなしかめ面が見られるという。先に笑いの進化について述べたが，笑いは4ヵ月の乳児に観察されるようである。このように発達の最初期に大人と同じ反応が観察されるということは，やはりこのような表情は生物的，生得的なものであり，他の動物と共有するものであることを示すものであろう。他の証拠として引用できるものに，表情の文化差の問題がある。この研究はエクマン（Ekman, P.）やイザード（Izard, C. E.）によって精力的になされた。エクマンとオスター［Ekman & Oster, 1979］によってまとめられたレビューによると，表情写真や映画をみて何の感情かを判断する調査において，文明化された文化間，あるいは原始的な文化のなかに住む人たちとの比較において，基本的には表情判断には差異がないことが指摘されている。また刺激を与えてどのような表情が表われるかを文化間で比較したところ，同じ刺激に対して同じ表情が表われることが確かめられている。これらのことは表情が生得的反応であることを示している。

　批判的な事実も出されているのであるが，以上のような諸事実からダーウィンの主張した表情の進化論的な考え方は支持され得るものであるといえるであろう。すなわち人間の表情は心以前に存在した動きであるということである。

表情は感情から発することの以前に環境の状況に適応するための直接的な反応であると見ることができるということである。

3）ジェームズ説

　身体心理学の観点と直接関係のある学説はジェームズ［James, 1892］の唱えた情動に関する理論である。この説はランゲによっても同時に唱えられたのでジェームズ－ランゲ説ともいわれている。その説とは次のようなものである。「われわれがこれらの粗大情動について考えると，自然な考え方は，ある事実の心的知覚が情動と呼ばれる心的感動を喚起しこの状態が身体的表出を惹き起こすと考えることである。わたしの説はこれに反して，身体的変化は刺激を与える事実の知覚の直後に起こり，この変化の起こっているときのこれに対する感じがすなわち情動であるというものである」［今田訳, p.204］。そしてあの有名なせりふが続くのである。「われわれは泣くから悲しい，殴るから怒る，震えるから恐ろしい，ということであって，悲しいから泣き，怒るから殴り，恐ろしいから震えるのではないというのである」，「われわれが森林のなかで不意に黒い動く物影をみると，心臓は鼓動を止め，即座に呼吸が止まる。しかも何ら明瞭な危険の観念が起こる暇のないうちにである。友人が断崖の端に近寄ると，彼が安全であることをはっきりと知っていて，墜落することなど想像もできないのに，誰でもよく知っている『ぞっとするような』感じを起こして後退りする」［今田訳, p.204-205］。またジェームズ説での身体反応と情動との関係で，傾聴に値すると思われることは，次のような説明である。「さらに進んでここで私の説全体のもっとも重要な点を主張する。われわれがもし何か強い情動を想像して，次にその意識のなかからその身的兆候の感じをすべて抜き去ってみようとすれば，後には何ものも残らないことを発見する」，「動悸の高まりも浅い呼吸も，震える唇も力の抜けた四肢も，鳥肌も内臓の動揺も，これらの感じが全く無いとしたならば，どんな恐怖の情動が残るだろうか，私にはまったく考えることができない」，「もし自分が身体的に無感覚になったならば，激しい感動だろうが穏やかな感動だろうが，感動の世界とは無縁になり，単に認知的あるいは知的形式の存在を長らえることになるだろうと私には思われる」［今田訳, p.209-210］。この説は身体反応と情動とは切っても切れない関

係にあることを述べているものと理解できる。

　ジェームズの説の是非については，すでに述べたのでくり返さないが，環境の状況に対して即応的に身体が反応し，その反映が情動として経験されるという考え方はジェームズもいっているように，常識的な考えと矛盾するように見える。しかし情動は人間の心的現象の基底を形成しているものであり，身体反応を基礎にした，身体と密着した反応であるといえる。したがってジェームズの主張は一考に値するものであり，この考え方こそ身体心理学の主張でもあるのである。

　このジェームズ説は先にも述べたようにキャノンによって激しく批判されたが，ジェームズを支持する人たちの研究は現在まで続いている。研究が盛り上がったのは 1970 年代から 1980 年代にかけてであって，いくつかの研究グループが精力的にジェームズ説の立場に立った調査，実験，理論の構築を行なった。これらの研究の概観はエックマンとオスター［Ekman & Oster, 1979］，レアードとブレスラー［Laird & Bresler, 1990］，アデルマンとザイアンス［Adelmann & Zajonc, 1989］，コーネリアス［Cornelius, 1996］などによってなされており，またわが国においては余語［1993a, 1993b］が優れた概観を行なっている。また本書の第Ⅱ部ではジェームズ説にもとづくさまざまな事実を紹介している。したがってここではジェームズ説についての研究の詳細な説明は避けて，研究の流れについて大まかな概観をすることにとどめる。

　レアードとブレスラー［Laird & Bresler, 1990］はジェームズの考え方を実証しようとしたさまざまな実験を簡潔にまとめている。ジェームズは末梢の変化が情動を惹き起こすと論じているわけであるが，その末梢反応は表出行動，自律神経覚醒，道具的行動や言語行動に分けて諸研究をまとめることができる。まず表出行動であるが，それを操作することで気分に変化をもたらすことができるかというジェームズの主張を直接検証しようとする実験が多数行なわれた。これらの研究は「フィードバック仮説」の検証といわれている。これは顔面表情，姿勢，歩行，視線などについて行なわれてきたが，後の章で見るようにおおむねジェームズが主張したことを支持する事実が観察されている。自律神経を覚醒させることによって，情動を惹き起こすことができるかという研究も多数行なわれた。この種の研究は身体心理学が目指す動きと気分の変化の関係と

いうパラダイムと合致しないので第Ⅱ部ではとりあげていないが,たとえば自律神経を興奮させる薬物(アドレナリンなど)を投与すると不快感や怒りの情動を感ずるという。もっともこのとき薬物の効果について間違った情報(誤った原因帰属)を与えると,本来薬物がもたらす情動効果が現われないという情動に関する認知説の可能性についても指摘されている。しかし一般的にいって高い覚醒は恐怖,怒り,愛情を惹き起こし,低い覚醒は悲しみを惹き起こし,中程度の覚醒は感情を惹き起こさないということである[Laird & Bresler, 1990]。道具的行動や言語行動が情動に及ぼす効果についての研究は少ない。たとえば電気ショックから逃げる実験においてショックがきたらすばやく逃げる条件の場合と,ショックを受けてからゆっくりと逃げる条件とで,どちらがショックを苦痛と思うかたずねたところ,前者のほうがショックを受ける量が少なかったにもかかわらず大きかった。これは逃げれば逃げるほど怖くなるということで,行動が情動を促進しているということになる[Bem, 1967]。またたとえば怒りの感情は,それを言語的に表出するとやわらぐとか,悲しい文章をくり返し読んでいると悲しい気分がわいてくるといった事実が指摘されている[Velten, 1968]。このことは最近,自己教示や自己開示として認知行動療法で応用されている。

レアードとブレスラーは上記の論文で諸研究を概観した後,ジェームズ説には修正が必要であると言っている。情動の喚起は行動だけではなく,それが起こる文脈を考慮しなければならないという。そして行動の手がかりに敏感な人と文脈に支配される傾向のある人があり,この個人差を考慮する必要があるとしている。前者の人がジェームズ説にあてはまる結果が出るということであるらしい。

ジェームズ説に関する事実の検証のほかに,ジェームズ説に関する理論的な発展もあった。ジェームズ説は先にも述べたように,キャノンによって生理学的に根拠が無いものとして批判されたのであるが,トムキンス[Tomkins, 1962]によって新たに感情喚起に関する生理メカニズムの理論が提唱された。それは外部からの刺激によって皮質下中枢が興奮するとそこにプログラムされた特定の表情筋や皮膚感覚の反応を起こし,それらの感覚フードバックが感情経験を生じさせるというものである[余語, 1993a]。またザイアンスらは「顔

面遠心性」理論,「感情血管」理論を提唱した［Zajonc et al., 1989；Adelmann & Zajonc, 1989］。この理論を証明する実験的な事実は第Ⅱ部で述べられるが,感情はまず表情筋の活動に端を発し,この活動によって顔面の静脈血流量が変化し,顔面の温度が変わる。この変化は視床下部の上にある海綿静脈洞を流れる静脈の血液の温度に影響する。この脳内の温度の変化が,感情の変化をもたらすとするものである［余語, 1993a］。

　以上のようにジェームズの情動に関する発言に端を発した研究は賛否両論があり,まだ決着がついたわけではないが,それなりの根拠があるように思われる。心理学史的に見てもジェームズはダーウィンの影響を受けていることは間違いない。ジェームズの情動についての発言は情動が外界の状況への対処反応であると理解していることを示している。これはダーウィンの考えに他ならない。したがってここに身体心理学の理論として,この2つのものを取り上げたのは,すでにくり返し主張してきたように,心の現象は外界に対する適応行動である(機能主義心理学の考え方であるといってもよいが)ということであり,そのような心の働きを直截に示してくれるのが情動なのである。心理学ではダーウィン説もジェームズ説も表情あるいは感情の理論として理解されているが,ここではそうではなくて体(動き)が心を動かす,あるいは動きは心に他ならないということを主張するためのバックボーンとなる理論として,この2つの学説を取り上げているのである。

10.　身体心理学にみる諸事実

　身体心理学の定義にもとづいて動きの諸事実を明らかにしてゆくのであるが,これも定義にあるように,動きが情動や気分に及ぼす効果を分析してゆくのである。

　動きについてであるが,定義にみたように体動や動作が取り上げられる。ここでは動きの範疇にある反射や行為については省略する。前者は生理心理学,後者は行動心理学で研究されている。体動と動作について参考になるのは,ノンバーバル・コミュニケーションにおいて取り上げられている行動である。その動き(体動,動作)は以下のようなものである。

①呼吸，②表情（視線を含む），③姿勢，④動作，⑤音声，⑥化粧，⑦服装，⑧対人距離，⑨対人接触，である。

　初版の身体心理学ではこれらの動きを取り上げたが，本書においては，若干の修正を行なった。すなわち動きの⑥，⑦は省略した。それらは動きとは趣きが異なるからである。更に変更したことは，動きとして重視しなければならない筋反応を取り上げたことである。その理由については11章で述べられる。取り上げられた動きについては，第Ⅱ部の各章において詳細に解説される。

11.　身体心理学の応用

　身体心理学の理論を心身の健康のために活用することを考えなければならない。このことに関連してボディワーク（あるいはソマティックス somatics）といわれているものがある。これはさまざまな考え方から成り立っているものであり，その技法もさまざまなものがあるが，いずれもここで展開してきた身体心理学とは関係なくなされてきたものである。ボディワークは医学や精神分析，または体育，演劇などさまざまな起源をもっているが，技法のかなりのものは東洋の身体技法（たとえばヨーガ，坐禅）に起源がある。ボディワークは現在のところ心理療法に比べてそれほど盛んではないが，心身の健康のための方法として活用されるべきものである。今後，ボディワークと身体心理学とを結びつけ，ボディワークの心理学的根拠として身体心理学が位置づけられることが期待される。身体心理学としてのボディワークに関しては，久保［2011］の著書に詳しくとかれている。

　本書では第Ⅱ部の第9章で，ボディワークの諸技法について解説される。

12.　なぜ身体心理学なのか

1）心の現況

　現代の状況を眺めてみるとき，心の問題を素因とするさまざまな事件が多いことに暗たんとした気持ちにならざるをえない。社会における犯罪の多発やモラルの崩壊，学校における子どもの問題，家庭における親や子どもの問題など

枚挙にいとまがない。このような問題はいつの時代にも大なり小なりあったことではあるが，現状は目に余るものがある。

この状況は一口に語られるものではなく，さまざまな原因からきているものであろうが，現代に生きるわれわれ人間の心の問題からきていることは誰でも気づいていることである。問題は心だけのことではなく，社会や環境の問題にも起因していることではあるが，心について考えてみたとき，1つ指摘できることは知に走り過ぎた心のあり方にあるのではないかと考えられる。わが国では心を知，情，意と分けて認識するのが昔からの習わしであった。このことからいうならば，現在の心の状態はこれら3つのバランスが著しく欠けているということではないかと思われる。知のみの価値が先行し他がないがしろにされているのである。他の見方でいうならば科学万能の時代精神から，合理主義の価値観が優先されているのである。このことは間違っているのではなく，他とのバランスが問題なのである。知性のみ優先され，情操や意志の欠如が問題なのである。ひところ話題になった IQ ではなく EQ の問題であるといえる。

知が優先する時代の状況とはどのようなことなのであろうか。現代はよくいわれるように，情報の時代である。そして情報を得るため，あるいは情報を学習するためにはほとんど文字を通してなされている。手段としては書物であり，最近はそれがコンピューターになってきた。逆にいうと書物やコンピューターを通して学べるものは知的なものに限られているともいえる。

われわれが知，情，意について学ぶ手段はこれだけであろうか。歴史的にみるならば，コンピューターのなかった時代にはさまざまなものがあったといえる。ここでは2つだけ指摘してみたい。1つは人間を介しての学習であったことである。知識の伝達は人の口を通じてなされた。知識の伝達に限るならば，現代においてはコンピューターに勝るものはないが，人間関係のなかで学習されるものは知識の伝達以外のものを含んでいるであろう。情的なもの，意的なものが学習される機会でもあるといえる。そして書物やコンピューターでの学習はほとんど知の学習に限られているが，たとえば人間関係のとり方といったことの学習は日常生活における生身の人間関係のなかでのみ学習できるものであろう。

2つ目は体験という学習であった。直接経験である。コンピューターも最近

バーチャル・リアリティーということで，現実に近づけることを試みているが，あくまでもバーチャルでしかない。直接経験とは身体感覚を通しての経験ということである。身体感覚とは五感による環境の感覚（外受容刺激の感覚）である。身体感覚はこのほかに内臓の感覚（内受容刺激の感覚）と身体の動きの感覚（自己受容刺激の感覚）がある。このような身体的経験（体験）を通して学習するものは，知的なもの以外に感情的なもの，意志的なものが含まれている。

　現代では，知識，そしてそれを運ぶ文字，書物，コンピューターの操作に心の働きが限られているので，人間の知，情，意という心のバランスが崩されてしまっているのではないか。この問題に立ち向かうためにはどのようにすべきか，真剣に考えるべきところにきているといえる。

２）体（動き）に根ざした心
A．体（動き）から心へ

　すでに再三述べてきたように，心は初めからなかった。「初めに言葉ありき」という聖書の文言はあてはまらない。初めに有機体があり，そこに動きが生じ，動きから心が生まれてきた。心が生まれてからの心の歴史についてはふれなかったが，その経過は現在に見るように心の肥大化の歴史であった。そのために心について語るとき心だけについて語られることが多い。心に心をもって対応するのが常識になっている。このことは間違いであるということではないが，心の問題をそのルーツに戻って考える必要もあるのではなかろうか。すなわち体（動き）に立ち戻るということである。現在の心理学では心を体に関係づけるというと大脳生理学や神経心理学あるいは生理心理学のテーマとされる。たしかに大脳は心と関係があることは間違いないが，ここでは中枢ではなく末梢のことを問題にしたいのである。

　体の末梢と心の問題となるとそのあいだの関係はほぼないように見受けられるが必ずしもそうでないことが示されている。たとえば佐々木［1984］，佐々木・渡辺［1983，1984］の研究はこの観点から興味深い。漢字を思い出すとき中国人や日本人の大部分（10歳以上）は指なぞり（空書という）をするという。実験的に部分の漢字（たとえば耳と王と口）から全体の漢字（聖）を思い出すという作業をさせたとき，空書するのを許した人と許されなかった人とで

はその成績は前者の人は後者の人より2倍よかったということが実証されている。この作業の過程は複雑なものであると想像されるが，記憶されている漢字の想起において空書という手の動きが少なくとも重要な役割をもったことを示したことになる。そしてこのことは筆記するという作業を通して漢字を学習した結果であるということである。このことは末梢の動きが，認知（記憶）に深くかかわっていることを示したものであるといえる。ここではこれ以上ふれないが認知と動きのかかわりに関しては佐々木［1987］の名著で知ることができる。

　同じことであるが，言葉が始まる前の幼児の「指さし」動作が話題になっている。指さしや目線についてのジョイントアテンションは「心の理論」の問題として霊長類から子どもに至るまで研究が進んでいるが，ここではむしろジェスチャー（動き）が言語の前駆的意味をもっているという観点での指さし動作は興味深い。佐々木［1987］によるならば，このような観点はすでにヴント（Wundt, W.）によって「指示的ジェスチャー」として取り上げられており，また心理言語学としてマクニール［McNeill, 1992］によって詳細な分析がなされているという。また麻生［1992］の幼児の身ぶりの詳細な観察と思索は，動きと心の関係について同じような興味深い問題提起をしている。

　このように末梢の動きは心の形成と心の働きにとって欠かすことのできないものであると考えることができる。

B．からだ言葉

　ここでは体の意味を上記とは違った観点からみることにする。日本語にはからだ言葉と称される一群の言葉がある（p.282参照）。これについてはいくつかの著書がある［秦，1984］が，春木［1988］はこの言葉を身体に根づいた心のあり方を示すものとして取り上げた。からだ言葉とは体の部位あるいは器官を含んだ言葉で心の状態を表現しようとするものである。これは日本語にかぎらず英語にも存在するが，日本語にはとくに多いように思われる。

　からだ言葉のなかには心理的なこととは関係のない言葉もある。たとえば「頭取」という言葉は銀行の社長ということであるが，これは頭が体の一番上にあることからきたものであろう。同じように「年頭」や「初頭」という言葉も頭の位置から連想されたものである。最後という言葉として「末尾」（人間

には尻尾はないが）がある。

　ここでは心の状態を表現するからだ言葉が興味の焦点になる。呼吸にかかわる言葉は〈息〉という言葉を用いて多数ある。〈息詰まる思い〉とは緊張した場面での心の状態を表したものである。緊張した状態を表現するのになぜ息という言葉が使われるのかという疑問に答えるのが身体心理学であるといってよい。これの回答は誰でも簡単にできるであろう。緊張状態では呼吸が抑制されるからである。「そのとき緊張した」と表現するよりも「そのとき息詰まる思いをした」と言ったほうが現実感がある。逆に「息抜きしたい」というのは，休みたいという気持ちの表現であるが，息を詰めた後は呼気（息を吐く）をしようということである。

　表情にかかわるからだ言葉もある。たとえば最近はあまり使われないが〈愁眉を開く〉という言葉がある。これは困った状態からなんとか脱出できそうだという心の状態を表現するものである。ここになぜ眉毛が出てくるのか。困ったときの表情に〈渋面〉というのがある。これは眉毛と眉毛のあいだに縦皺をよせる表情である。能面の小面と中尉の面を想像してもらえるとよい。このような眉毛の状態を「愁眉」（憂いの眉毛）という。困っている状態のときには額に緊張が入り渋面になっているが，問題が解決しそうだということで緊張が解けると眉毛の縦皺も解ける（愁眉が開く）ということである。〈歯を食いしばって頑張る〉という表現もストレスに耐えてゆく強い意志を表わしているが，このようなときには明らかに顎を引き締めて歯に力が入っているであろう。ただ「頑張る」というよりは「歯を食いしばる」と表現するほうがその状態がよく伝わるといえる。

　〈手の内を見せる〉という表現は手を用いたからだ言葉である。すべてを開けっぴろげにして隠すものはないということである。このようなことになぜ〈手の内〉という体が使われるのであろうか。このことを理解するためには若干の体感の鋭さが要求されるかもしれない。〈手の内〉とは〈手のひら〉のことである。「手の内を見せる」とは「手のひらを見せる」ということになる。そこで手のひらを外に見せて，手を広げてみる。このとき重要なことはその体感である。手のひらを隠しているときと，見せたときとの気持ちの違いを感ずることができるならば，この言葉の意味を実感することができる。ちなみに

〈手のひら〉のことを〈たなごころ（手の心）〉というが，手のひらは心と直結しているといえる。

　〈腹がたつ〉という腹に関するからだ言葉がある。怒るという意味である。怒るという情動と腹の関係は体感的にはかなり困難なものである。ここにおける「たつ」というのは「動く」という意味である「湯が沸きたつ」のたつである。したがって〈腹がたつ〉は〈腹が動く〉である。ヒステリー患者が怒ったときに腸捻転を起こした例があるという報告があるが，最近では心身医学において情動と内臓反応とのあいだに深い関係があることが示されている。〈腹がたつ〉はこの感覚をいったものであろうか。われわれはほぼこの感覚を失っているが，「私はそのとき怒りました」というよりは「私はそのとき腹がたちました」といったほうがなんとなく現実感があると感ずるのは筆者のみではないであろう。

　〈腰の低い人〉というからだ言葉がある。へりくだった態度の人，遠慮深いていねいな人ということである。姿勢を低くすることの意味についてはすでに述べた。強者に対する弱者の態度であるということになる。しかし〈腰の低い人〉という表現には，弱者というよりは油断のならない人，ただ者でない人というニュアンスがただよっていないであろうか。このニュアンスはどこからくるのであろうか。この理解にも若干の体感の訓練を要するかもしれない。両足をやや開いて立った後，上半身を直立したままひざを曲げて腰を低くしてみる。この姿勢と直立の姿勢との気分を比較してみると，腰を低くしたほうが落ち着いて充実した気分になるはずである。日本の伝統武術や相撲では腰を低くすることが推奨される。つまり下から攻めるほうが強いのである。そこで〈腰の低い人〉は攻撃力を秘めた油断のならない人物なのである。

3）身体感覚と感情の意義

　ヴントは意識（心）の根源は感覚であるとした。視覚，聴覚，嗅覚，味覚，触覚である。すでに述べたように感覚にはこのほかに内臓の感覚と動きの感覚がある。これらを含めて身体感覚とする。心の活動が生き生きとしているという感覚は，基盤となっている身体感覚が覚醒してこそ成り立つものであろう。身体感覚は物体としての体と複雑な現象をする心とをつなぐものであり，また

身体感覚は動物と人間とで共有しているので両者をつなぐものでもあり，従って，それは人間を悠久の根源とつなぐものであると考えることもできる。

　そして身体感覚の覚醒は，情動，感情，情感，気分などと表現される情という心の活動を活性化することに直結していることは再三述べてきたとおりである。情はそれ自体固有の心の領域であるが，高度な心の活動の基盤と位置づけることができるものでもある。このことに関してダマシオ［Damasio, 1994］の見解は非常に興味深いものがある。詳細は原著にゆずるが彼の研究領域は神経心理学というものであり，要するに大脳皮質の前頭葉の部分に損傷を受けた人の心理や行動に関する研究であった。前頭葉は感情のコントロールにかかわる部位であると考えられている。この人の行動の特徴は心理テストで調べた結果，その論理能力や注意力や作動記憶などについては一切劣ることはなかった。しかし感情はいたって平坦で無感情であり，意思決定に困惑するというものであった。したがって一見普通の人なのであるが，日常生活に不都合があり，正規の就業ができなかったということであった。ダマシオの見解によるならば，たとえばある状況で将来を予期して行動を選択（意思決定）しなければならないとしたとき，多数ある選択肢から1つを選ぶ作業は知的判断がなされる前に，直感的にある程度選択肢が狭められることがないと不可能であるという。そしてこの直感はその状況で感じられる気分や感情であるため，感情に不全のある前頭葉の損傷者は日常生活に困難を経験するのだとしている。そして彼はまた感情は身体感覚なしには存在しえないとし，ジェームズ説に賛同しているのである。

　ダマシオは直感ということで感情の機能について触れたが，直感という心の作用については現在あまり分かっていない。ただ1ついえそうなことは，それは知的（認知的）な現象ではないであろうということである。もちろんそれをすべて排除する考え方は正しくはないが，ダマシオがいうように知的操作が加わる前に何かがあると考えられる。今は断定しかねるが，それは身体感覚を含む知性以前の心の作用（情動や気分）であると考えられる。

　このことについてもうすこし考察するならば，上では「直感」といってきたが，「直観」ということもできる。両者には若干のニュアンスの違いを感ずる。前者は情的であり，後者は知的である。この差異は「ちょっかん」に関する見

解の差異を暗示する。前者は上に述べてきた感情論であり，後者は今は明らかでないが記憶を含めた複雑な認知作用の結果であるという見解を導くであろう。あるいは両者が関与すると考えることもできる。この議論は今後の展開に期待することにしよう。

認識について「論理的」と「非論理的」に分けることがある。「非論理的」には「論理的ではない」ということのほかに「論理を超えた」という意味がある。興味深いのは後者であるが，これには「言葉で表現できる限界を超えた」という意味があるであろう。「語りえぬもの」[黒崎，1991]として，哲学でも議論されていることではある。しかし滑稽なことは言葉の限界についての議論を言葉でやっていることである。心理学ではコミュニケーションについて，2つのチャンネルを考えている。1つはバーバル・コミュニケーションであり，もう1つはノンバーバル・コミュニケーションである。前者は言葉によるものであり，後者は言葉によらず表情やジェスチャーによるものである。「私は悲しい」というとき，どんなふうに悲しいかは，いかに形容詞を重ねて表現するよりも，表情を見たほうがよくわかることがある。体の動きとそこに感ずる身体感覚や気分こそ言葉を超えたものの分かり方なのである。

〈身にしみてわかる〉という言葉がある。この分かり方は〈わかる〉とは異なるであろう。両者の違いを言葉で表現することは困難である。心理療法で人が変わるのは前者のような認知変容が生じたときだろう。それは単なる論理の組み換えだけではないように思われる。それには体感や感情が加わり，実感のこもった経験であるはずである。

4）体を耕し，心を育てる

齋藤［2000］は大変刺激的な著書（『身体感覚を取り戻す』）を出版している。その著書の副題に「腰・ハラ文化の再生」と記されている。身体心理学の意図するところと同じくするものである。現代の心の状態を省みるとき，心は風船のように浮遊していて，地に着いていないといえる。心は知的な働きのみ突出して感情や感動が失われている。現代の人間はダマシオが取り上げた前頭葉損傷者のようである。身体感覚や感情を喪失し，日常生活をまっとうできない人間になってしまっているのではないか。最近の異様な犯罪はこのような現代の

人間の心の状況を反映しているといえる。今こそ直接経験（体験）の重要性を認識し，身体感覚を活性化し，感動を呼び覚まし，生きた心をとりもどさなければならない。ひとりひとりの命は 40 億年の歴史を背負い，生きとし生けるものとの共生のなかで生きているのだという実感をもつことのできる教育が切に望まれる。身体心理学はこのことに貢献できることを目指しているものである。

〔引用文献〕

Adelmann, P. K., & Zajonc, R. B.　1989　Facial efference and the experience of emotion. *Annual Review of Psychology*, **40**, 249-280.

麻生　武　1992　身ぶりからことばへ——赤ちゃんにみる私たちの起源——　新曜社

Bandura, A.　1978　The self system in reciprocal determinism. *American Psychologist*, **33**, 344-358.

Bem, D. J.　1967　Self-perception: An alternative inerpretation of cognitive dissonance phenomena. *Psychological Review*, **74**, 183-200.

Cornelius, R. R.　1996　*The science of emotion: Research and tradition in the psychology of emotion*. Prentice-Hall.

Damasio, A.　1994　*Descartes' error: Emotion reason and the human brain*. Penguin Books.〔田中三彦（訳）2000　生存する脳：心と脳と身体の神秘　講談社〕

Darwin, C.　1872/1998　*The expression of the emotions in man and animals*. Oxford University Press.〔浜中浜太郎（訳）1991　人及び動物の表情について　岩波書店〕

Eibl-Eibesfeldt, I. 1970　*Liebe und Hass. Zur Naturgeschichte elementarer* Verhaltensweisen. R. Piper & Co. Verlag.〔日高敏隆・久保和彦（訳）1974　愛と憎しみ 1，2　みすず書房〕

Eibl-Eibesfeldt, I. 1973　*Der Vorprogammierte Mensch*. Verlag Fritz Molden.〔霜山徳爾・岩渕忠敬（訳）1977　プログラムされた人間——攻撃と親愛の行動学——　平凡社〕

Eibl-Eibesfeldt, I. 1974　*Grundriss der vergleichenden verhaltensforshung: Ethologie*, R. Piper & Co. Verlag.〔伊谷純一郎・美濃口　坦（訳）1978　比較行動学 1，2　みすず書房〕

Ekman, P., & Friesen, W. V.　1975　*Unmasking the face*. Prentice-Hall.〔工藤　力（訳編）1987　表情分析入門——表情に隠された意味をさぐる——　誠信書房〕

Ekman, P., & Oster, H.　1979　Facial expressions of emotion. *Annual Review of*

Psychology, **30**, 527-554.

長谷川寿一・長谷川眞理子　2000　進化と人間行動　東京大学出版会

原口芳明　1982—1986　身体心理学ノートⅠ—Ⅴ　愛知教育大学研究報告

春木　豊（編著）　1987　心理臨床のノンバーバル・コミュニケーション　川島書店

春木　豊　1988　「からだ言葉」の心理行動学——身体分析と体動訓練——　人間科学研究．**1**, 73-82.

秦　恒平　1984　からだ言葉の本　筑摩書房

市川　浩　1975　精神としての身体　勁草書房

James, W.　1892　*Psychology.* Briefer course.〔今田　寛（訳）1992　心理学　上下　岩波書店〕

Jolly, A. 1972　*The evolution of primate behavior.* Macmillan.〔矢野喜夫・菅原和孝（訳）1982　ヒトの行動の起源——霊長類の行動進化学——　ミネルヴァ書房〕

川上紳一　2000　生命と地球の共進化　日本放送出版協会

葛西俊治　2002　身体心理学の展開に向けて——「腕の立ち上げ」レッスン　北海道工業大学研究紀要, **30**, 143-150.

菊池健三　1948　動物の行動　河出書房

久保隆司　2011　ソマティック心理学　春秋社

黒崎　宏　1991　「語り得ぬもの」に向かって——ヴィトゲンシュタイン的アプローチ勁草書房

Laird, J. D., & Bresler, C.　1990　William James and the mechanisms of emotional experience. *Personality and Social Psychology Bulletin*, **16**, 636-651.

Lorenz, K.　1953　Die Entwicklung der vergleichenden Verhaltensforschung in den Ietzten 12 Jahren. *Zoologischer Anzeiger*, **16**, Suppl., 36-58.

Lowen, A.　1990　*The spirituality of the body.* Macmillan.〔村本詔司・国永史子（訳）1994　からだのスピリチュアリティ　春秋社〕

McNeill, D.　1992　*Hand and mind: What gestures reveal about thought.* University of Chicago Press.

丸山茂徳・磯崎行雄　1998　生命と地球の歴史　岩波書店

Merleau-Ponty, M.　1945　*Phenomenologie de la perception.*　Paris : Gallimard.〔中島盛夫（訳）　1982　知覚の現象学　法政大学出版局〕

三木成夫　1989　生命形態の自然誌　第一巻　解剖学論集　うぶすな書院

西原克成　1996　顔の科学　日本教文社

齋藤　孝　2000　身体感覚を取り戻す：腰・ハラ文化の再生　日本放送出版協会

佐々木正人　1984　空書行動の発達——その出現年令と機能の分化——　教育心理学研

究，**32**, 34-43.

佐々木正人・渡辺　章　1983　空書行動の出現と機能―表象の運動感覚的な成分について――教育心理学研究，**31**, 273-282.

佐々木正人・渡辺　章　1984　空書行動の文化的起源――漢字圏・非漢字圏との比較―― 教育心理学研究，32・182・190・

佐々木正人　1987　からだ：認識の原点　東京大学出版会

Tomkins, S. S.　1962　*Affect, imagery, consciousness: Vol.1. The positive affect.* Springer.

湯浅泰雄　1977　身体――東洋的身心論の試み――　創文社

Velten, E.　1968　A laboratory task for induction of mood states. *Behavior Research and Therapy*, **6**, 473-482.

van Hooff, J. A. R. A. M.　1972　A comparative approach to the phylogeny of laughter and smiling. In R. A. Hind (ed.), *Non-verbal communication.* Cambridge University Press.

山口　創　1995　座席配置が気分に及ぼす影響―身体心理学の研究 I ―　日本心理学会第 59 回大会発表論文集，162.

余語真夫　1993a　表情と感情のメカニズム　吉川左紀子・益谷真・中村真（編）顔と心――顔の心理学入門――　サイエンス社

余語真夫　1993b　情動と身体徴候の特異性――心臓血管系・皮膚温度に関する研究をめぐって――　人文学，**153**, 23-44.

Zajonc, R. B., Murphy, S., & Inglehart, M.　1989　Feeling and facial efference: Implications of the vascular theory of emotion. *Psychological Review*, **96**, 395-416.

第 **II** 部

身体心理学の諸領域

第2章　呼　　　　吸

高瀬弘樹

　呼吸には，主に2つの制御機構がある。1つは，睡眠中にも絶えず続いているような自発的（不随意的）な呼吸である。もう1つは，深呼吸のような意図的に変化させる呼吸である。本章では，後者の呼吸，つまり身体心理学的アプローチにおける呼吸について述べる。

　授業中に先生から指名されるとき，その答えがわからないような場合，われわれは息を潜め自分が当てられないように体を小さくしたことはないだろうか。そのようなとき，他の人に当てられるとホッと息を吐くことが，身体の緊張をほどき，安心した気持ちにさせてくれる。

　また，演奏の発表をするとき，まず息を大きく吸い込み，それから比較的ゆっくりと息を吐きだすことによって，心臓のドキドキを静め，演奏に集中しようとしたこともあるだろう。オリンピックの100メートル競走で，走者がスタートラインに立つとき，大きく息を吐きだし，ゴールに向かって集中した表情になった場面をテレビで見たという経験もあるだろう。

　このように，われわれは緊張した場面において，それを打ち破り安心の場面を作りだすために，柔軟に呼吸を調整している。ストレスフルな状況，ネガティブな感情が喚起された場面では，呼吸は浅く速いものとなり，不規則なものになることがわかっているが，そのような状況を打開する方略としての機能も呼吸は持っている。この章では，このような身体心理学的な呼吸の機能に焦点を当てた研究を総説する。

1．呼吸調整の心理・生理的研究

1）テンポを変えた呼吸

　経験的に，われわれは呼吸を意図的に操作することによって，何らかの心理的または生理的状態の変化を導くことができるようである。これらの現象を実験的に解明しようという試みが，その数は多いとはいえないが行なわれている。これらの実験での呼吸の操作は，主にそのテンポを変えることである。

A．ゆっくりとした呼吸

　まず，意図的な呼吸調整によって心理状態が変わったという研究を見てみよう。

　アイゼンら［Eisen et al., 1990］は20名の大学生に2種類の呼吸数で呼吸するように教示し，その呼吸調整が心理状態に及ぼす効果を検討した。実験場面では，ゆっくりとしたテンポの呼吸（1分間に10呼吸）と速い呼吸（1分間に20呼吸）を行なわせる教示が含まれた5分間の2本の瞑想テープをそれぞれ聞き，被験者はテープ中のテンポに合わせて呼吸をコントロールした。呼吸調整を行なう前後に4つの心理質問紙（State-Trait Anxiety Inventory の State: STAIS, Anxiety Symptom Questionnaire: ASQ，主観的不快尺度ユニット：SUDS，主観的リラクセーション尺度ユニット：SURS）に回答した。その結果，ゆっくりとした呼吸を行なった場合のほうが，速く呼吸を行なった場合よりも不安得点が低く，リラクセーション得点が高かった。

　また，マコールら［McCaul et al., 1979］は，電気ショックが与えられると教示された被験者に，普段の半分の呼吸数で呼吸する，普段の呼吸数で呼吸する，呼吸を調整せず自発的呼吸をする，という3つの課題を与えた。その結果，普段の半分のテンポで呼吸する群は，有意に不安が低下した。

　また，ゆっくりとした呼吸を行なわせたときの肩の2点閾値を調べたユニークな研究もある。2点閾値とは触覚的な敏感さの指標であり，その値が小さいほど筋肉の緊張度が低下していることを示すものである。坂野ら［Sakano et al., 1993］は，被験者を，通常の呼吸のペースで数息観（息を吐くたびに1つと数えていく）をしながら呼吸をしてもらう群（NOP-Group）と，通常の

ペースより遅いペース（3分の1）で数息観をしながら呼吸をする群（SNC-Group）と，呼吸には注意しないでビデオを見る群（統制群：C-Group）とに分け，この3群の被験者について，肩の2点閾値について呼吸調整の効果を比較した。その結果，統制群との比較から，呼吸調整によって2点閾値がストレス事態より低下することが示された（図2-1）。また，呼吸調整によって2点閾値が減少した被験者の数は，SNC群が最も多かった。前述したように，2点閾値はリラックスすると小さくなることが指摘されており，呼吸調整は筋弛緩をもたらし，その際，ゆっくりとしたテンポの呼吸が，より効果が大きいことが示された。

　これらの実験から，ゆっくりとしたテンポの呼吸運動を行なうことによって，不安や不快といったネガティブな感情が低下し，リラックスした状態というポジティブな感情が高まるといえる。しかし，このような知見と一致しない実験結果も報告されている［eg., Stark et al., 2000］。

　次に，呼吸調整によって生理状態が変わったという研究を見ることにする。生理心理学の分野ではこれまで，ストレス事態時の生理学的指標として，心臓血管系の機能について多く研究されてきた。なかでも呼吸性不整脈（呼吸性洞性不整脈：Respiratory sinus arrhythmia，以下RSA）は，代表的な指標である。RSAは呼吸周期内の心拍変動であり，一般には，心拍数は吸気中に増加

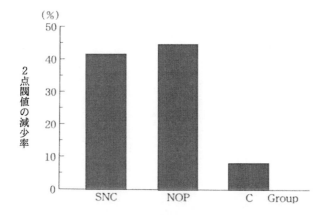

図2-1　ストレッサー暴露から呼吸調整後にかけての2点閾値の減少率
［Sakano et al., 1993］

し，呼気中は減少する。このように RSA は，心臓の活動が呼吸運動によって影響を受けることを示している。つまり，心臓血管系の機能は呼吸の活動と密接であるということがわかっている。自律神経の応答，とくに迷走神経活動の指標とされている［廣田ら，1994：澤田，1996］。このような生理心理学的な関係の背景から，呼吸運動を意図的に変化させたときの心臓血管系の変化を調べた研究が行なわれている。

　リングら［Ring et al., 1999］は，被験者に 1 分間に 6 回の呼吸といったゆっくりとした呼吸運動を被験者に行なわせたときの心拍変動について調べた。一般的にストレス事態では心拍変動が減少することが確認されている［廣田ら，1994］。リングら［Ring et al., 1999］の研究では，ゆっくりとした呼吸時に心拍の変動性が高まり，副交感神経系の活動が活発になることがわかった。副交感神経系が優位に働いているときはリラックス状態とされているため，リングら［Ring et al., 1999］の実験では，ゆっくりとした呼吸がリラックス状態をもたらすことを示唆した。

　前に述べたアイゼンら［Eisen et al., 1990］の実験では，呼吸調整が生理指標に及ぼす効果を調べるために，呼気終末二酸化炭素（PetCO$_2$）と心拍数が測定された。その結果，PetCO$_2$ は，ゆっくりとした呼吸を行なった場合のほうが速く呼吸を行なった場合よりも高く，また，心拍数はゆっくりと呼吸を行なった場合のほうが少なかった。PetCO$_2$ はその値が低いとストレス状態にあるとされ，また心拍数はその値が高いとストレス状態にあることがわかっている。アイゼンら［Eisen et al., 1990］の研究では，ゆっくりとした呼吸は不安を低下させ，リラクセーションを増加させる機能があることを示唆したといえる。

　呼吸のテンポを操作した心理生理学的実験では，アイゼンら［Eisen et al., 1990］の研究のように，主に（普段の呼吸よりも）ゆっくりとした呼吸に焦点が当てられている。それらの研究では，ゆっくりとした呼吸を行なうことによって，上記以外のさまざまな生理指標が変化することがわかっている。ゆっくりとした呼吸によって血圧が低下するといった知見［Allen & Crowell, 1990］や，皮膚電気反応や指尖容積脈波の値から生理学的覚醒が低下すること［McCaul et al., 1979］が明らかにされている。ゆっくりとしたテンポの呼

吸運動は，心理指標と同様に，生理指標からも，リラックスした状態を導くといえるであろう。

B．速い呼吸

　一方で速い呼吸を行なったときの心理生理的な効果を検討した研究もある。スタークら［Stark et al., 2000］は，ゆっくりとしたテンポの呼吸運動から若干速いテンポの呼吸運動まで幅広いテンポ（0.15, 0.20, 0.25, 0.30 Hz とテンポを指定しない条件）で呼吸運動を行なったときの心拍の変動性について検討した。その結果，意図的に速いテンポの呼吸をしたとき心拍変動は減少した。また，テンポを指定せず自発的な呼吸を行なう条件（統制条件）では，呼吸のテンポが被験者間で個人差が大きかったが（0.05 ～ 0.31 Hz の範囲で平均は0.20Hz），呼吸調整を行なった場合と同じように，自発的呼吸のテンポが速いと心拍変動は減少した。意図的に操作する場合であれ自発的な呼吸の場合であれ，呼吸のテンポを変えることが第一のキーポイントであることを示唆している。

　また，サカキバラとハヤノ［Sakakibara & Hayano, 1996］は，ゆっくりとしたテンポ（1分間に8呼吸）で呼吸する群，速いテンポ（1分間に30呼吸）で呼吸する群，呼吸調整をせず自発的呼吸をする群の3群を設けた。それぞれの被験者は，まず2分間の安静時の後，割り当てられた群の課題（呼吸調整または自発的な呼吸の維持）を行ない，その直後に電気ショックが与えられると教示された脅威の状況に置かれた。その結果，ゆっくりとしたテンポの呼吸調整を行なった直後の脅威状況における心拍変動の高周波成分の振幅（HF）が安静時のHFから変化しなかったが，速いテンポ群と自発的呼吸群は，安静時から脅威状況にかけてHFが有意に減少した。HFは副交感神経系機能を示す指標であるとされている［廣田ら，1994］ことから，速いテンポの呼吸および自発的な呼吸は副交感神経機能を低下させるといえる。

　このように速いテンポの呼吸調整は，ゆっくりとしたテンポの呼吸調整と比べて，覚醒させる機能を持つと考えられる。

C．呼気時間を長くする呼吸

　そもそも普段の呼吸パターンでは，吸気時間と呼気時間は等しくない。安静であれば，吸気時間よりも呼気時間のほうが長く，さらに呼気後から次の吸気

が開始されるまでには短いポーズ時間がある。このような吸気と呼気の非対称性に焦点を当て，それを操作した実験がある。カッポとホームズ［Cappo & Holmes, 1984］は，単に呼吸のペースを変えるだけでなく，吸気時間と呼気時間の相対的な長さを変化させたときの心理生理的な効果を検討した。被験者は，吸気を速く（2秒間）呼気をゆっくりと（8秒間）する群，吸気をゆっくりと（8秒間）呼気を速く（2秒間）する群，吸気と呼気ともに等しい長さ（5秒間）で呼吸する群の3群に割り当てられた。それぞれのパターンで呼吸調整を行なった結果，速い吸気とゆっくりとした呼気を行なった群の被験者が，他の群に比べて，皮膚電気反射の値が有意に低かった。

　同様に，鈴木ら［2000］は，呼気を重視し，吸気時間よりも呼気時間を長くさせたときの心理生理的効果を調べた。鈴木ら［2000］は，タイプA型行動傾向が高い被験者に，その傾向を高めるような作業課題（クレペリンテスト）を行なわせた。課題中に呼吸調整を行なう介入群とクレペリンテストだけを行なう統制群の2群を設けた。介入群を行なった呼吸調整は，息が苦しくならない程度に呼気時間を長くするというものであった。その結果，統制群と比較して呼吸調整を行なった群の被験者は，副交感神経系機能が相対的に優位になり，また，怒りの状態や時間切迫感の低下（図2-2），焦燥感の改善（図2-3）が認められた。このとき，呼吸調整群と統制群のあいだに，クレペリンテストの成

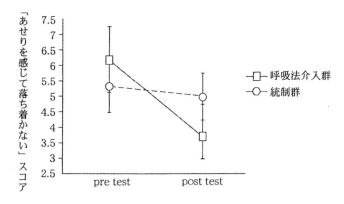

図2-2　呼吸法介入群と統制群の「あせりを感じて落ち着かない」スコアの変化
［鈴木ら，2000］

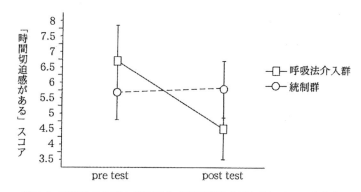

図 2-3　呼吸法介入群と統制群の「時間切迫感がある」スコアの変化
［鈴木ら，2000］

績の差はなかった。鈴木ら［2000］は，呼吸調整群がクレペリンテストと呼吸調整の2つの課題を同時に行なわなければならないにもかかわらず，テストの成績に影響することなく，呼気時間を長くするといった比較的簡便な方法で心理生理的に健康な状態をもたらすことができるとした。

　これらの結果から，呼吸運動のテンポをゆっくりさせることと同様に，吸気に比べて呼気時間を長くすることがポジティブな心理状態を導くための重要なポイントのようである。

2）腹式呼吸

　口や鼻から空気を取り入れたり排出したりするといった空気の流れは，胸郭の内圧を増減させることによって達成されている。この内圧の変化は，主に肋間筋と横隔膜の運動によってもらたされ，これらはそれぞれ胸部，腹部の膨張と収縮として観察することができる。この胸部と腹部の呼吸運動を操作したときの心理生理的な変化を検討した実験が行なわれている。

　ベーコンとポッペン［Bacon & Poppen, 1985］は，被験者に胸部の呼吸運動を優位に運動させる胸式呼吸と腹部の呼吸運動を優位に運動させる腹式呼吸を行なわせ，それぞれの心理生理的効果の比較を行なった。3名の被験者のうち2名は，胸式呼吸を行なったときには体温が低下したが，腹式呼吸を行なったときには体温は低下することなく安定していた。これと同様の研究を，ボイ

ヤーとポッペン［Boyer & Poppen, 1995］が行なったが，腹式呼吸によって
僧帽筋の緊張が低下し，胸式呼吸を行なったときには筋緊張が増加した。腹式
呼吸はリラックス状態を引き起こすものであり，逆に胸式呼吸は生理的覚醒を
高めるものであるといえる。

　また，調和道丹田呼吸法という日本に独特の呼吸調整法の心理生理的効果を
検討した研究もある。安東［1993］は，15名の健常な大学生を，腹式呼吸長
息群，腹式呼吸短息群，一般的深呼吸群の3群に分け（各群5名ずつ），4日
間にわたって，その呼吸法による生理的，心理的な効果を検討した。生理指標
として心拍と血圧，心理指標としては，主観的な気分の変化をみるための気分
評定（12対の形容詞による評定）を用いた。この実験で用いられた呼吸法は
調和道丹田呼吸法を参考にしたもので，腹式呼吸長息とは，前屈しながら息を
長くゆっくりと吐いてゆく呼吸であり，腹式呼吸短息とは同じく前屈しながら
息を短く急速に吐いてゆく呼吸である。一般的深呼吸群とは，深く吸入する深
呼吸（吐くことについては自分流でやる）をする群で，他の群との比較の意味
でもうけられた群である。結果は，最高血圧に群差がみられ，長息群の被験者
が訓練後に下がる傾向が大であり，また訓練後もその傾向が持続することがみ
られた。気分については，緊張－くつろぎではいずれの群もくつろぐ方向に変
化しているが，長息と深呼吸でくつろぎは大きく，落着－興奮では同様にいず
れの群も落着の方向に変化しているが，長息と深呼吸でその傾向が大きかった。

　しかし，これらの研究はいずれも被験者数が少なく，また腹式呼吸に心理生
理的指標に効果が見られなかったという知見［Winslow & Stevens, 1983］も
あるので，今後の追試実験が待たれる。

3）快適な呼吸の探究

　意図的に呼吸を調整することで心理生理的な状態が変化することは，これま
で述べてきた研究で明らかである。しかし，それぞれの研究では，たとえばポ
ジティブな心理状態を引き起こそうとする場合でも，用いられる呼吸パターン
はそれぞれの研究によってさまざまである。このような状況で，調整しようと
する呼吸パターン自身にも研究の興味が向けられている。それは"快適な"呼
吸パターンとはどんなものかという探究的研究である。澤田［Sawada, 2000］

は，被験者に快適と感じる呼吸を行なうよう教示し，そのときの呼吸パターンや心臓血管系の指標の測定を行なった。結果は，自己のペースで行なう呼吸がもっとも快適であり，そのときの呼吸パターンは，安静時に比べて，1回換気量が2倍，呼吸数が半分になるというものであった。また，快適な呼吸パターンのときは，呼吸性不整脈と心拍数の値から，心臓迷走神経の活動の低下が認められ，$PetCO_2$ の値からは不安の低下が認められたが，それらの効果は小さかった。

2．呼吸調整の臨床的適用

　1節では，意図的な呼吸調整の心理・生理的な影響について総説した。そこで得られた知見は臨床的にも利用されている。例を挙げると自律訓練法の第4公式は呼吸調整練習であり，また瞑想でも呼吸調整が用いられているものが多く，呼吸調整はリラクセーションにおいて重要視されている。また，認知行動療法では呼吸調整が治療パッケージにおけるリラクセーションとして用いられている。

1）パニック障害
　パニック障害の治療では，呼吸調整は認知行動療法において大まかに分けると2とおりの方法で用いられる。1つ目は意図的に過呼吸を行なうことで身体感覚の変化を引き起こし，パニック発作を誘発する方法である。2つ目はリラクセーション法として，ゆっくりとした呼吸を用いる方法である。両者とも他の技法と組み合わせて，一連の治療プログラムのなかに組み込まれて用いられることが多く，呼吸調整は付属的に扱われている。しかしながら呼吸調整を中心に治療を行なった研究もあり，以下に紹介する。
　クラークら［Clark et al., 1985］は18人のパニック障害患者男女を対象に短い随意的な過呼吸を行なわせ，軽いパニック発作を引き起こした。被験者は過呼吸の効果や，パニック発作の原因を過呼吸に再帰属することが説明された後，ゆっくりとしたペース呼吸の訓練を受けた。その結果，2週間に及ぶ治療後にはパニック発作頻度と恐怖感の確かな減少が認められた（図2-4）。これらの

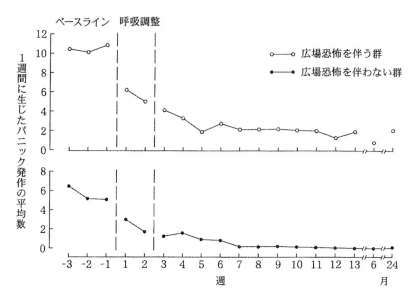

図 2-4　パニック発作に関する呼吸調整の効果〔Clark et al., 1985〕

結果は恐怖場面への暴露なしに起こり，呼吸調整の主たる効果が認められた。パニック発作頻度は 6 ヵ月，2 年後のフォローアップでさらに減少しており，長期的効果に対しても有効であることが示唆された。

　1 事例の報告ではあるが，ラピー〔Rapee, 1985〕は女性パニック障害患者に呼吸調整訓練を行なった。まず意図的に過呼吸を引き起こし，普段起こる発作と類似していることを確認させた。次に呼吸のペースを遅くし，呼吸数を声に出して数える訓練を 4 週間行なった。質問紙における恐怖感・不安得点を治療前後で比較した結果，呼吸調整訓練はパニック発作の頻度や強度を減少させることがわかった。

　また，サルコフスキら〔Salkovskis et al., 1986〕は，パニック発作治療における呼吸調整について，9 人の患者の事例を報告した。過呼吸によって生み出された感覚の破局的認知が，パニック発作において重要な役割を果たすと仮定したうえで，認知行動療法を行なった。治療には 1 分間に 12 回のペース呼吸が用いられ，さらにパニック徴候は過呼吸が原因であるという説明が行なわれた。その結果，パニック発作の頻度と恐怖感が短期間で大幅な減少を示した。

　また，レイ［Ley, 1991］は，呼吸調整訓練・認知再体制化，エクスポージャー，短縮された呼吸調整訓練・認知再体制化・エクスポージャーを行なう3群を設け効果を比較した。呼吸調整訓練の概要は以下のとおりである。まずは意図的に過呼吸を行ない認知再体制化を図る。次に呼吸調整促進のため漸進的筋弛緩法を行ない，だんだんとゆっくりとした腹式呼吸になるように練習するというものである。その結果，呼吸調整訓練はパニック発作の頻度を大きく減少させることを明らかにした。これらの知見は初期のパニック発作における過呼吸の中心的な役割を支持している。

　一方，呼吸調整がもたらすパニック障害の治療効果に疑問を示した研究もある。ヒバートとチャン［Hibbert & Chan, 1989］は，40人のパニック障害外来患者を呼吸調整訓練またはプラセボ治療を行なう2群に分けて実験を行なった。呼吸調整訓練では自発的に過呼吸を行ない，発作との類似性を自覚した後，しだいに各自のペースへと誘導するようなペース呼吸訓練を行なった。続いて両群は不安に対する治療を受け，過呼吸群と非過呼吸群に分けられた。観察者による不安評価では，呼吸調整訓練を受けた群に，より大きな改善が見られたが，患者自身の自己報告では変化は見られなかった。過呼吸群と非過呼吸群においても，呼吸調整訓練の効果に差はなかった。

　上記の研究が主なものである。呼吸調整を主に扱った治療の結果，不安や恐怖感，パニック発作の頻度や強度の減少が認められたが，効果にばらつきがあり今後の検討が必要である。

2）過呼吸症候群

　過呼吸症候群の治療では，より適した呼吸パターンを再習得する方法や，意図的に過呼吸することで身体感覚の変化を学習する方法などが挙げられる。

　グロスマンら［Grossman et al., 1985］は25人の過呼吸症候群患者に対して，ゆっくりで規則正しい呼吸パターンを指導する治療手続きを行ない，部分的な治療手続きを行なった統制群22人と比較した。過呼吸症候群に関連する生理指標と，心理指標として過呼吸の自覚症状チェックリスト，身体症状の自覚に関する神経症的傾向，特性・状態不安，セルフエスティームを，初診時と4週間に及んだ治療後に測定した。その結果，実験群では統制群とは対照的に心理

面，症状の訴え，換気量において大きな改善が見られた。

　また，ハンら [Han et al., 1996] は 92 人の過呼吸症候群患者を対象に，不安と呼吸パターンの愁訴に対する呼吸統制の影響を調べた。なお，そのうち 53 人の患者は不安障害の基準に適合していた。治療はまず自発的な過呼吸を行ない，日常生活での愁訴を再現した。次に過呼吸症状の原因の再帰属を行ない，治療の合理性の説明を行なった。さらに呼気を減速する腹式呼吸パターンを獲得することで過呼吸を減らし，心理療法家による 2 〜 3 ヵ月の呼吸調整訓練を行なった。その結果，16 の愁訴のうち 10 が改善され，特性・状態不安レベルはわずかに減少し，呼吸パターンは訓練後に顕著に変化した。相関分析において，愁訴の改善は主に呼吸頻度の減少に相関があることが示された。

　ペパーとクレーン゠ゴフレイ [Peper & Crane-Gochley, 1990] は 34 歳の女性過呼吸症候群患者に 9 セッションにわたる治療を行ない，次の 4 つのスキルを教えた。①呼吸パターンの自己観察と，関連する生活状況，②腹式呼吸，③腹式呼吸を開始する合図としてのため息の利用，④吸気量の気づきとコントロール，である。その結果，ため息が増えるほど不快感が増すことが示された。また，吸気量への気づきは 5 セッションのうちに獲得されることがわかった。6 ヵ月後のフォローアップでは症状が軽くなり，セルフエフィカシーが増加した。また，訓練が成功するために重要な要素は頑張り，観察，フィードバックであることが示唆された。被験者は，確かな症状の減少と，セルフエフィカシーの増加を報告した。

　過呼吸症候群においては最終的には適切な呼吸パターンを習得することが望ましく，呼吸調整訓練が有効であることが示唆された。

3）不安

　クラークとハーシュマン [Clark & Hirschman, 1990] は高い特性不安を示す 36 人の男性アルコール依存入院患者を対象に，ペース呼吸の効果を調べた。被験者はペース呼吸群と，統制群である注意コントロール群にランダムに振り分けられ，それぞれ 10 分間のゆっくりとした呼吸訓練，一定の速さの音を数える訓練を受けた。その後ペース呼吸群は 1 分間に 10 回のゆっくりとした呼吸をするよう求められ，注意コントロール群はリラックスするよう指示された。

その結果，ペース呼吸群は注意コントロール群と比較して緊張の自己評価，状態不安，皮膚コンダクタンス水準において顕著な減少を示した。

　不安に対してはリラクセーション法としての呼吸調整に不安低減効果が認められ，基礎的実験からも効果が実証されているものの，現時点では臨床的に利用した研究は少ない。方法も簡便であることから今後幅広く活用していくことが望まれる。

4）その他

　呼吸困難においても，呼吸調整を行ない適切な呼吸パターンを習得することで気分にも改善がみられている。

　息切れ感について，トィーデルら［Tweeddale et al., 1994］は息切れ反応を呈する患者10人と，慢性疲労に関連して息切れ反応を呈する患者12人について，不安とうつにおける呼吸調整の効果を調べた。その結果両群は呼吸パターン，過呼吸に関する症状において改善を示した。息切れ反応のみを呈する群において不安とうつが減少した。しかし慢性疲労に由来する群においては，不安とうつに有意な変化はみられなかった。なお，慢性疲労に関する症状にも変化がなかった。

　また，グレバルら［Grewal et al., 1987］は呼吸筋に異常がある慢性肺閉塞疾患成人患者に対して腹式呼吸訓練プログラムの評価を行なった。4人の被験者がプログラムを終了し，呼吸困難に対する耐性，主観的な快調感，息切れの減少において大きな改善を報告した。

　一方，呼吸調整をリラクセーション法として筋弛緩に併用した例もある。榊原ら［1993］は自律訓練法の習得が困難であった痙性斜頸の2症例に対して，呼吸法を筋弛緩方略とした筋電図バイオフィードバック訓練を行なった。その結果，胸鎖乳突筋の筋電位の有意な減少がみられ，筋電図バイオフィードバック訓練の後，呼吸法のみにおいても筋弛緩が可能となった。これらのことから，呼吸法は筋弛緩方略として利用できること，また，日常場面での筋弛緩練習法としても活用できる可能性のあることが示された。

3．まとめと展望

　呼吸のパターンを変えることで，心理的または生理的状態を変えることができるようである。このような呼吸調整の機能を記述してみると，生命あるあいだ，止むことなく続く呼吸運動は絶えず心理生理的状態に対して機能しているように思える。授業中に欠伸をしているところを先生に見つかり，注意された経験を持っている人は少なくはないであろう。退屈な気分が欠伸を引き起こすと考えられがちだが，身体心理学的な観点に立つと，退屈な心理状態が引き起こすと考えられている欠伸も，覚醒し集中力を高め，その状況に適応しようとする無意図的な‘身体の努力’とは考えられないだろうか。

　また，臨床的な場面でも呼吸の調整は有効であるようである。呼吸に関わる疾患だけでなく，心理的な疾患をもつクライエントにも呼吸調整は有効なリラクセーション方略であり，認知行動療法等においてもそのなかの一技法として用いられている。

　意図的な呼吸調整を体系化したのが，東洋的行法の1つである‘呼吸法’であるといえるが［春木・本間，1996］，呼吸法を習得するには長い年月がかかるとされている。過度な注意を必要とすることなく，スムースにやわらかく呼吸をコントロールすることが比較的短時間でできるプログラムを創ることが，呼吸調整の研究や臨床での必須条件であると思われる。そのヒントは古のときから東洋で実践されてきた呼吸法に求めることができるのではないであろうか。

〔引用文献〕

Allen, M. T., & Crowell, M. D.　1990　The effects of paced respiration on cardiopulmonary responses to laboratory stressors. *Journal of Psychophysiology*, **4** (4), 357-368.

安東　荘　1993　呼吸に関する実験的研究　早稲田大学人間科学部平成四年度卒業論文

Bacon, M., & Poppen, R.　1985　A behavioral analysis of diaphragmatic breathing and its effects on peripheral temperature. *Journal of Behavior Therapy and Experimental Psychiatry*, **16** (1), 15-21.

Boyer, B. A., & Poppen, R.　1995　Effects of abdominal and thoracic breathing upon multiple-site electromyography and peripheral skin temperature. *Perceptual and Motor Skills*, **81** (1), 3-14.

Cappo, B. M., & Holmes, D. S.　1984　The utility of prolonged respiratory exhalation for reducing physiological and psychological arousal in non-threatening and threatening situations. *Journal of Psychosomatic Research*, **28** (4), 265-273.

Clark, M. E., & Hirschman, R. 1990 Effects of paced respiration on anxiety reduction in a clinical population. *Biofeedback and Self-Regulation*, **15** (3), 273-284

Clark, D. M., Salkovskis, P. M., & Chalkley, A. J. 1985 Respiratory control as a treatment for panic attacks. *Journal of Behavior Therapy and Experimental Psychiatry*, **16** (1), 23-30.

Eisen, A. R., Rapee, R. M., & Barlow, D. H. 1990 The effects of breathing rate and pCO-sub-2 levels on relaxation and anxiety in a non-clinical population. *Journal of Anxiety Disorders*, **4** (3), 183-190.

Grewal, J. K., Tan, W. C., & Sim, M. K. 1987 Evaluation of a diaphragmatic breathing exercise program for COPD patients. *Clinical Biofeedback and Health*, **10** (2), 98-102.

Grossman, P., de Swart, J. C., & Defares, P. B. 1985 A controlled study of a breathing therapy for treatment of hyperventilation syndrome. *Journal of Psychosomatic Research*, **29** (1), 49-58.

Han, J. N., Stegen, K., de Valck, C., & Clement, J. 1996 Influence of breathing therapy on complaints, anxiety and breathing pattern in patients with hyperventilation syndrome and anxiety disorders. *Journal of Psychosomatic Research*, **41** (5), 481-493.

春木　豊・本間生夫　1996　息のしかた　朝日新聞社

廣田昭久・三浦恵里・小林能成・高原光恵　1994　呼吸性不整脈：副交感神経機能の新たな指標　上智大学心理学年報, **18**, 61-75.

Hibbert, G. A., & Chan, M. 1989 Respiratory control: its contribution to the treatment of panic attacks: A controlled study. *British Journal of Psychiatry*, **154**, 232-236.

Ley, R. 1991 The efficacy of breathing retraining and the centrality of hyperventilation in panic disorder: A reinterpretation of experimental findings. *Behaviour Research and Therapy*, **29** (3), 301-304.

McCaul, K. D., Solomon, S., & Holmes, D. S. 1979 Effects of paced respiration and expectations on physiological and psychological responses to threat. *Journal of Personality and Social Psychology*, **37** (4), 564-571.

Peper, E., & Crane-Gochley, V. 1990 Towards effortless breathing. *Medical Psychotherapy*, **3**, 135-140.

Rapee, R. M. 1985 A case of panic disorder treated with breathing retraining. *Journal of Behavior Therapy and Experimental Psychiatry*, **16** (1), 63-65.

Ring, C., Carroll, D., Willemsen, G., Cooke, J., & Ferraro, A. 1999 Secretory immunoglobulin A and cardiovascular activity during mental arithmetic and paced breathing. *Psychophysiology*, **36**, (5), 602-609.

榊原雅人・藤井滋樹・舌津高秋 1993 呼吸法を併用した筋電図バイオフィードバック ——痙性斜頸の 2 症例における検討 心身医学, **33**, 332-335.

Sakakibara, M., & Hayano, J. 1996 Effect of slowed respiration on cardiac parasympathetic response to threat. *Psychosomatic Medicine*, **58** (1), 32-37.

Sakano, Y., Murai, A. & Haruki, Y. 1993 Self-regulation of respiratory response with number counting and psychological self.control. *Japanese Health Phychology*, **2**, 37-42.

Salkovskis, P. M., Jones. D. R., & Clark, D. H. 1986 Respiratory control in the treatment of panic attacks: Replication and extension with concurrent measurement of behaviour and pCO_2. *British Journal of Psychiatry*, **148**, 526-532.

澤田幸展 1996 心臓迷走神経活動 生理心理学と精神生理学, **14** (2), 77-88.

Sawada, Y. 2000 A preliminary study of the comfort of paced respiration. *Japanese Psychological Research*, **42** (2), 123-127.

Stark, R., Schienle, A.,Walter, B., & Vaitl, D. 2000 Effects of paced respiration on heart period and heart period variability. *Psychophysiology*, **37** (3), 302-309.

鈴木 平・江上 静・春木 豊 2000 呼吸法によるタイプ A 的状態の改善 健康心理学研究, **13**, (1), 1-12.

Tweeddale, P. M., Rowbottom, I., & McHardy, G. J. R. 1994 Breathing retraining: Effect on anxiety and depression scores in behavioural breathlessness. *Journal of Psychosomatic Research*, **38** (1), 11-21.

Winslow, C. D., & Stevens, L. 1983 Paced abdominal breathing and EMG responsivity. *Perceptual and Motor Skills*, **56** (1), 107-117.

第3章　筋　反　応

鈴木　平

1．はじめに

　身体心理学の基本的なスタンスは，身体がこころをつくるということにあるといえるだろう。この場合の身体とは，「動く身体」であるということを身体心理学を提唱した春木［2002, 2011］は強調する。動く身体とは，生きる身体であり，死んだ身体や動かない身体を意味するものではない。動く身体という表現は，実に含蓄のある言葉である。動く身体というものを考えるとき，身体が動くためには，筋の持つ役割は実に大きいと言わざるを得ない。身体が動くには，筋が中心となることは言うまでもないことである。

　ところで，筋はその機能や存在する部位によって，大きく3つに分類される。随意運動で骨と連動して働く骨格筋，心臓を構成する心筋，内臓や血管を構成する平滑筋である。骨格筋は随意運動で用いられることからわかるように，主に運動神経の支配下にある。心筋と平滑筋は不随意筋であり，自律神経系の支配下にある。心理学の研究で扱われる筋は主に骨格筋のことであり，身体心理学では独立変数操作可能な身体行動や動作に注目することから，本章で扱う筋とはとくに断りがないかぎり，骨格筋の話である。

　心理学史を振り返ってみると，筋と心的現象との関連性は古くからよく知られていた。心理学史で古くから有名なものとしては，ジェームズ（James, W. 1842-1910）の情動の末梢起源説が挙げられる。ジェームズは，身体から分離された感情は存在しないと主張した。この主張は，以下の有名な文章に端的に

現れている。「ある精神状態は他の精神状態によって直接誘発されるのではなく，そのあいだに身体表出が介在しなければならない。より合理的な説明としては，われわれが残念だと感じるのは泣くからであり，怒るのは殴るからであり，恐れるのは震えるからである。そして，身体変化は，事実の知覚の直後に生じ，その変化を感じることが感情である」[James, 1884]。ジェームズのいう身体変化とは何かということが重要であるが，近年の研究者は交感神経系活動の増加とそれによる内臓変化 [Grings & Dawson, 1978；Shields & Shields, 1979] や，姿勢や顔面表情の変化 [Izard, 1990；Laird & Bresler, 1990] と捉えている。ジェームズ [James, 1884] 自身は，ある特定の感情と関連した姿勢や表情，その他の行動をとるなら，その人はその感情を経験するようになると主張した。このようなジェームズの主張は，身体心理学の主張とたいへん類似している。感情以前に身体的な変化とその知覚が存在するという点では，ジェームズの理論は進化論の影響があるといえる [Cornelius, 1996]。身体心理学も進化論的視点から，感情以前に身体と行動の存在をあげている。

　ジェームズの説は，同時代に同様の学説を主張したランゲ（Lange, C. G. 1834-1900）とあわせて，ジェームズ‐ランゲ説と呼ばれている。ジェームズ‐ランゲ説は，キャノン（Cannon, W. B. 1871-1945）の批判を受け，心理学で主要な地位を占めることはなくなったとされることが多い。キャノン [Cannon, 1927] の批判は，以下のようなものであった。中枢神経系から内臓を完全に分離しても，感情の変化は生じないこと。異なる感情状態でも，同じ内臓変化が生じること。内臓は感覚を生じにくい構造であること。内臓変化の速度は遅いため，感情の発生源にはなりえないこと。ある感情に特有の内臓変化を人為的に起こしても，感情変化が生じないこと，などである。キャノンの批判は，内臓からのフィードバックに関するものが中心であるが，この機能を重視したのは，ジェームズではなく，ランゲであった [Mandler, 1990]。先にも述べたように，ジェームズは感情の起源について，内臓のみではなく，身体のさまざまな部位からのフィードバックにあると考えていたといえる。その後，ジェームズの理論を支持する研究として注目されたのは，表情フィードバックの研究であった。フェイシャルフィードバックとは，トムキンス [Tomkins, 1962] によると，顔面筋からのフィードバックが感情を生み出しているとす

るものである。レアード［Laird, 1974］の定義では，顔面の表出活動のパター
ンは，何らかの主観的経験に先行し，その原因となるというものである。フェ
イシャルフィードバックは，内蔵筋と異なり，反応が早く，感情経験に匹敵す
るほどの多様性がある［Cornelius, 1996］ことから，キャノン派の批判をかわ
し，ジェームズの説を支持することとなった。（表情フィードバックの研究に
ついては，第 4 章の表情を参照のこと。）

　筋を含む身体末梢が変化することが情動を左右するというジェームズ－ラン
ゲ説では，自律神経系の機能の介在も重要であることが指摘されている。自律
神経系は交感神経系と副交感神経系の 2 つの拮抗する機能システムからなる。
交感神経は活動的，活発的なときに優位になる。たとえば，運動や活動をして
いるとき，怒っているとき，緊張や興奮をしているときなどである。生理反応
としては，瞳孔の拡大，心拍数の増加，血圧の上昇，消化活動の抑制，発汗，
体温上昇などがあげられる。一方，副交感神経系は休息的，安静的なときに優
位になる。たとえば，心身が落ち着いてリラックスしているとき，のんびりし
ているとき，ゆったりしていて眠いときなどである。生理反応としては，瞳孔
の収縮，心拍数の減少，血圧の低下，消化活動の活性化などがある。交感神経
系と副交感神経系とは相反する，言い換えると拮抗する機能であり，両者が相
補的にはたらくことによって心身の健康が維持される。ここで心身の健康と述
べたのは，自律神経系は身体的，生理的機能だけではなく，心理的・精神的機
能とも密接な関連性があり，いわば心身をつなぐ重要な機能を有するものであ
るためである。実際に，心理的，精神的な不調やストレスは自律神経系の機能
に悪影響を与え，これがひどくなるといわゆる自律神経失調症と呼ばれる機能
障害を起こし，さまざまな身体的，精神的症状の原因になることはよく知られ
ている。
　では，筋と自律神経との関係はどのようになっているだろうか。たとえば，
交感神経系の緊張が筋緊張を引き起こすことはよく知られている。このため，
心理的ストレスが自律神経失調症，とくに交感神経系の機能亢進を引き起こす
とともに筋緊張を引き起こし，慢性的なコリや疼痛の原因となることもある。
実証的な研究の一例をあげると，ヒェムダルら［Hjemdahl et al., 1989］は，

　10名の被験者を対象に単語識別試験とカラーワードテスト（ストループ課題）の２つのストレス課題を課した結果，脚の筋の交感神経活動が増加したと報告している。ウォーリンら［Wallin et al., 1989］は，同じく10名の被験者を対象に，最大の30％の力でハンドグリッパーを制止した状態で保ちながら暗算を行なうというストレス課題を与えた結果，筋交感神経活動が上昇したことを報告している。松川ら［1994］は，5名の成人男性を対象に Delayed auditory feedback test（本の音読時に時間遅れで被験者に音声が伝わる課題）をストレス課題として課した結果，筋交感神経活動が亢進したことを報告している。松川らの研究では，ストレス課題によって筋交感神経活動が抑制された先行研究結果も引用されているが，比較的長期的なストレス状況においては，心理的ストレスが筋交感神経活動を高めるということは実証されているといえる。

　心理的なストレスが（筋）交感神経系の活動を高めるなら，逆に，副交感神経系機能を高めるようなリラクセーション技法（後述）により，筋緊張の緩和を促進することも可能である。このように，自律神経系と筋とは相互に密接な関係がある。先に自律神経系は心的状態とも密接な関係にあると述べたが，筋も含めて三者は密接な関係にあるともいえる。

　筋反応が情動喚起や心的状態の原因になっている可能性について，生理学的な見地からの説明を加えておきたい。骨格筋は全体重の約40から45％を占め，人体組織のなかで全体重に占める割合が最も大きいことが明らかとなっている。この骨格筋は運動器官としての側面ばかり注目されるが，実は同時に感覚器官であることは忘れられがちである。身体心理学の見地からも，感覚作用としての筋の機能は重要である。筋に分布している神経線維の30％，ないしは70％が知覚神経線維であり，筋から中枢神経系に感覚情報が送られている。筋緊張があると，神経線維を興奮させやすくなり，筋が弛緩し，リラックス状態にあると感覚情報も弱まる［Steinhaus, 1963］。したがって，筋を弛緩させれば，心身のリラックス効果が得られることになる。たとえば，スタインハウス［Steinhaus, 1963］はリラクセーション技法（後述）による筋弛緩を試みた結果，筋電計による筋緊張が30から50％低下し，これに伴い血圧の安定，不眠や頭痛，神経過敏状態の改善，神経症的症状の改善，集中力の増加などが見られることをレビューしている。

2．筋緊張と関係する身近な健康問題（腰痛と肩こり）

　日本人は身体的な健康に関する症状として筋骨格系の症状を訴えることが多い［竹内ら，2007］。たとえば，厚生労働省の平成 22 年国民生活基礎調査の報告によると，身体症状に関する訴えのうち，男性では 1 位が腰痛，2 位が肩こり，女性の 1 位は肩こり，2 位が腰痛であった［厚生労働省，2011］。この順位は，平成 19 年の調査でも同じであった。図 3-1 に資料を示したが，男性よりも女性の訴えの方が多いことが分かる。

A. 腰痛

　腰痛は罹病率が高く，約 60 ～ 80 ％の人間はその生涯一度は腰痛を経験し，20 ～ 30 ％の人は数回の腰痛を経験するといわれている［元文・伊藤，2006］。精密検査をしても原因のはっきりしない腰痛が，「いわゆる腰痛症」と総称されており，広義には以下のものを含む。不良姿勢による筋力のバランスの乱れ，椎間関節の負担が増強したりして腰痛が発生する姿勢性腰痛，椎間板変性による椎間板の内圧の変動が疼痛を引き起こす椎間板性腰痛，椎間関節内圧の亢進や，変形性関節症変化による椎間関節性腰痛，筋肉，筋膜に由来する筋膜性腰

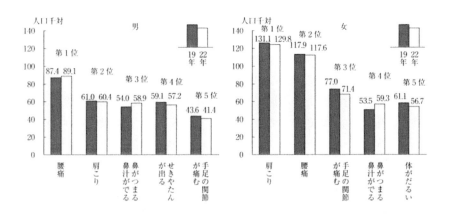

図 3-1　男女有訴者の上位 5 症状［厚生労働省，2011］
注）有訴者には入院者は含まないが，分母となる世帯人数には入院者を含む。

痛などである［元文・伊藤，2006］。ここでは，筋力バランスの乱れ，姿勢の乱れと腰痛が関係している点に注目しておきたい。いずれも筋のあり方と関連しているからである。紺野［2012］は，腰痛の85％は原因を特定できていないという有名な先行研究から，腰痛の背後にあるさまざまな要因について述べた。そこで注目されたのが，腰痛の心理社会的要因であった。紺野［2012］によると，腰痛の発症や経過には心理社会的な要因が多分に関与しており，たとえば，椎間板ヘルニア手術適応例と無症状例との差は，神経根の被圧迫度の他，仕事に関する認知（仕事上のストレスや集中度，満足度，失職など）や心理的要因（不安，抑うつ，自制心，結婚生活など）が関与していること［Boos et al.,1995］。また，仕事中の精神的ストレスは脊椎への負担と損傷リスクを増すこと［Davis et al., 2002］，うつや病気への不安などが腰痛の発症や憎悪に関連していること［Carragee et al., 2000］，腰痛の発生や持続と心理学的苦痛には関連があること［Birrell et al., 2000］などの研究も報告された。紺野［2012］は，腰痛患者の総合的医療（リエゾン医療）の視点から心理社会的な問題にも取り組んでいる。腰痛には神経を圧迫し，症状を悪化させる筋緊張の問題もあるため，心理社会的ストレスは筋緊張を介して複雑に関与しているかもしれない。心理的な介入に加えて，筋弛緩などの介入が加わると，より効果的かもしれない。このことは，今後の研究課題であろう。

B.　肩こり

　肩こりについてであるが，この発生機序には器質的，または精神的要因が複雑に関係していることが多く，交感神経の緊張状態と強い関係があるともいわれている［立石，1984］。石川［1980］は，心療内科に通院している患者には肩こりの訴えが多いことを指摘しており，身体症状や訴えを説明できるような臨床的所見は得られないとしている。肩こりを訴える精神疾患・障害はうつ病であり，仮面うつ病の形をとることが多いという指摘もある［久保木，1987］。平林［2001］は，肩こりの原因は不明な点が残っていることを認めつつ，筋力の低下，血行不良による疲労物質の蓄積，頸椎の老化などに加えて心身の緊張を指摘している。頸椎周辺は自律神経が密に分布していることに加えて，姿勢保持などのために筋緊張を自動的に調整するγシステムを介する緊張性頸部反射にとっても重要な部位である。姿勢，筋緊張，自律神経が複雑に関係してい

るユニークな身体部位であるといえる。

　肩こりは心理学的にも重要な研究テーマだと思われるが，この研究はあまり行なわれていないのが現状である。この背景には，日本でいう「肩こり」の概念が諸外国で通じるとは限らないということもある。日本の肩こりという概念には，肩や頚部の筋緊張やコリ，不快感だけではなく，心理的な緊張，不快感などの心理的状態や人間関係でのストレスなど多様な症状・訴えが含まれる。たとえば，アメリカや中国などでは日本語の肩こりに相当する概念やこれを表す適切な言葉が見当たらないようである。日本では重視されている心理的な現象が含まれず，単に肩や頚部周辺の痛みという認識である。このことはすなわち，肩こりは生理・心理学的な問題であると同時に，社会文化的な現象であることを意味している。

　肩こりに関する数少ない心理学的研究をいくつか紹介したい。深沢［1997］は，「気分肩こり」と「状態肩こり」の2因子からなる心理尺度を開発し，肩こりが抑うつ感などの心理状態や生活，生理変数などと関連することを明らかにした。アメリカではランドバーグら［Lundberg et al., 1999］が，スーパーのレジで勤務する人の僧帽筋痛と仕事上のストレスに正の相関があることを報告している。田中・鈴木［2012］は，大学生を対象とした調査で，「肩こり感」が特性不安や抑うつ感と弱から中程度の正の関連性があることを見出した。判別分析の結果では，特性不安と抑うつ感，対人恐怖に関する心理尺度だけで，肩こり感の高低2群の80％以上が判別できることが示された。また，同研究では，ストレッチによる肩こりの治療的介入を行なった結果，状態不安と抑うつ気分状態が有意に改善したと報告されている（図3-2，図3-3参照）。これら一連の研究は，肩こりが筋緊張と共に心理社会的なストレスや不安，抑うつ感などと関連していること，そして肩こりに伴う筋緊張をほぐすことで不安やうつなどの心理状態が改善することを意味している。これは肩こりという日本人にとってたいへん身近な健康問題を材料としつつも，身体心理学のパラダイムを実証する研究であるといえる。

　これまで述べてきたように，腰痛や肩こりという日本人に最も身近な健康問題に心理的な現象が深く関与しており，同時に筋緊張とも深く関連していると

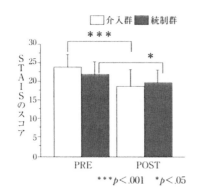

図 3-2　肩こり介入後の状態不安（STAI-S）
の変化［田中・鈴木，2012］

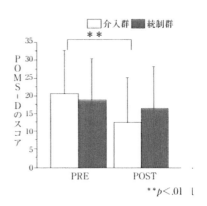

図 3-3　肩こり介入後の状態不安
（POMS-D）の変化［田中・鈴木，2012］

いえるだろう。ストレスによる筋緊張は条件づけの原理でも説明されるが，骨
格筋が収縮し，緊張が高まると中枢神経も興奮し，このことが自律神経系を介
してさらなる筋緊張を生むという悪循環を形成することにつながる。このよう
な状態の改善や予防のためにリラクセーションが必要になってくる［松原，
1999］。リラクセーション技法による筋緊張の弛緩については，次に述べるこ
ととする。

3．リラクセーション技法による筋緊張の緩和

　生物は捕食のときや敵や危険な状況から逃げるときなどには，必然的に筋緊
張を伴うものである。進化論的に考えるなら，筋緊張は生物の生存や環境適応
のために必要な生体機能であるといえる。この意味で，緊張は体の自然な機能
であるが，緊張は本来一過性のものであり，時間が経つと自然に鎮まっていく
ものである。しかし，このような興奮状態を抑えられずに緊張が持続すると慢
性緊張や異常緊張として，健康を損なうことになる。異常緊張は，必要に応じ
てその度合いが強まる［佐々木，1976］。不安，恐怖，緊張などの陰性情動は，
長時間に渡って刺激が持続し，慢性緊張を引き起こす。このような慢性緊張や

異常緊張によって，発汗や心拍・血圧の上昇，筋肉収縮，末梢皮膚温の低下などの交感神経系の生理反応が伴う。一方，リラックスした状態では，心拍や血圧の低下，筋肉の弛緩，末梢皮膚温の上昇がみられる［小川ら，2004］。

　筋緊張の背後にある心理的な緊張や不安を低下させることで，ネガティブな状態を改善させるのが心理療法的なアプローチであるといえるだろう。一方で，心理的な状態や問題には直接介入せずに，筋などの緊張状態を緩和させることによって，心身の健康を回復させる技法も発達した。筋弛緩が心身のリラクセーションにつながる生理学的なメカニズムは十分に解明されているわけではないが，効果に関する研究は十分に検証されている。筋緊張は誰でも容易に起こすことができるが，筋を弛緩させるのは必ずしも容易ではない。筋緊張は意志によっても起こすことはできるが，意志によって筋弛緩を起こすことは困難である。これがなぜなのかは説明困難である［春木，2011］。筋弛緩は筋緊張が自然に緩和した状態であって，筋を積極的に弛緩させる方向に働く機能はない。さまざまなストレスなどの原因によって，筋緊張が緩和せず，筋弛緩が生じにくくなることがあるが，このような状態を改善させるのが各種のリラクセーション技法である。

　リラクセーション（relaxation）とは，心身がリラックスした状態を得る手法を指し，リラクセーショントレーニングとも呼ばれる。心身のリラックスとは，一般に気分や感情状態がよいこと，安心していることなどの主観的な心理面と自律神経系で副交感神経系が優位になっている生理学的な安定状態とにあることを指す。リラクセーションは，心理的ストレス反応の緩和法として用いられてきたという歴史を持つが，不安障害や適応障害，心身症，あるいは身体表現性障害などの治療や予防に用いられてきた。心理学分野で良く用いられる代表的な技法としては，筋弛緩法（漸進的筋弛緩法），自律訓練法，系統的脱感作法などが挙げられる。いずれの技法でも筋緊張の緩和が重要な位置を占めている。

1）筋弛緩法（漸進的筋弛緩法）

　漸進的筋弛緩法はジェイコブソンによって提唱された［Jacobson, 1938］。これは，筋緊張を弛緩させることによるリラクセーション効果を積極的に活用

するものである。具体的には，身体の一部の筋緊張を弛緩させ，徐々にその範囲・対象を広げていき，ついには全身の筋緊張を弛緩させていくものである。漸進的筋弛緩法では，筋の弛緩を得るためにいったん筋緊張を体験させ，次に弛緩させるという方法を用いる。これは，筋を弛緩させることで普段は気づきにくい筋緊張そのものに気づかせ，弛緩状態を作ることで緊張と弛緩の違いを体感させることに狙いがある。筋緊張と弛緩状態の違いを体験させることで，自然と筋弛緩状態へ移行しやすくなる。これはバイオフィードバックの原理にも類似するものである。しかしながら，ジェイコブソンのオリジナルの方法は長時間を要するため，通常は簡略化された手法が用いられる。簡易法にもさまざまな工夫が加えられているが，世界的にはウォルピ（Wolpe, J.）の簡易法が有名である。わが国でもいくつかの簡易法が用いられている。たとえば，成瀬［1988］の自己コントロール法によるもの，原野［1987］の自己弛緩訓練法，松原［1983］の手法などがあり，最近では，五十嵐［2001］もわかりやすく解説している。

　筋弛緩法は，通常は仰臥位か座位で行なう。身体各部位に力を入れ，筋緊張を数秒程度味わった後，一気に脱力させる。力の入れ方は全力の 60 ％～ 70 ％程度が良いとされている。力を入れて緊張した感じを味わうことと，力が抜けた感じを味わうことが重要である。生体には筋を弛緩させる機能がないため，緊張時と弛緩時の違い，ギャップを感じることで身体は自然と筋弛緩の感じを学習するのである。意図的に筋弛緩をしようという態度ではなく，自然と力が入っていない感じを味わうだけで良い。これを繰り返すだけで自然と力が抜け，リラックスができるようになる。

2）自律訓練法

　自律訓練法はフォークト（Vogt, O.）の催眠研究を基にシュルツによって1932 年に体系化されたたいへん有名なリラクセーション技法である［e.g., Schultz & Luthe, 1969 ; Luthe & Schultz, 1989］。自律訓練法は言語的・心理的暗示と生理的変化の 2 つの面が重視され，用いられる。心理的には受動的注意集中状態からあるがままの自己を受容する状態に導く。生理的には筋緊張の低下とこれに伴う四肢末梢の血流量の増加から中枢神経系の興奮を鎮静化させ，

リラックス状態へと導くことになる。心理面と生理面のアプローチはそれぞれ
が独立しているというよりは，相互に影響を及ぼしあっており，心身の総合的
なリラックス効果が得られると考えられている。具体的には，座位，もしくは
仰臥姿勢で言語的な暗示効果を持つ公式を唱える。背景公式として，「気持ち
が落ち着いている」から始まり，「両方の腕が重たい，両方の足が重たい（第
一公式：四肢の重感訓練）」，「両方の腕があたたかい，両方の足が重たい（第
二公式：四肢の温感訓練）」，「心臓が規則正しくうっている（第三公式：心臓
調整訓練）」，「自然に楽に呼吸している（第四公式：呼吸調整訓練）」，「お腹が
あたたかい（第五公式：腹部温感訓練）」，「額が涼しい（第六公式：額部涼感
訓練）」などの公式が用いられる。ただし，第二公式までで自律訓練法の大部
分の効果は習得できるとされており，一般には第二公式の訓練までが用いられ
ることが多い。これには，第三公式以降の訓練には副作用や禁忌の問題が生じ
ることもあるということが関係している。また，初心者では第一公式と第二公
式の練習では「右の腕が重たい」など片手，片足から始めることが多い。注目
すべきは，重感訓練で用いられる四肢が「重たい」という公式である。重たい
という暗示効果がある語りかけを自分自身に行うことで自然と四肢の重さに受
動的に注意が向き，その結果として四肢の重さが感じられるようになる。四肢
の重感を感じることができるということは同時に四肢の筋弛緩を感じているこ
とでもある。また第二公式の温感練習で感じる四肢のあたたかさは，筋が弛緩
したことによって血管への筋の圧迫が減少し，血管が拡張したこととこれに伴
う血流の増加によるものと考えられている。このように自律訓練法の効果は筋
緊張の弛緩による生理心理学的なメカニズムによるものが大きいといえる。

3）系統的脱感作法

　系統的脱感作法は，ウォルピ［Wolpe, 1958］によって提唱された臨床的リ
ラクセーション技法である。基本的な考え方に逆制止（Reciprocal Inhibition）
の理論がある。逆制止とは，緊張や不安状態とリラックスとは同時に体験しえ
ないという原理（拮抗反応）から，緊張や不安状況・場面に対して緊張緩和状
態を体験することでリラックス状態を獲得することを目指すものである。緊張
の緩和を獲得する手法としては，ジェイコブソンの筋弛緩法を用いることが多

い。臨床的には，自律訓練法もよく用いられる。不安階層表を使うイメージ上の脱感作と，現実的な緊張・不安場面に直面させながら行う脱感作とがある。系統的感作法は筋弛緩法や自律訓練法の応用という位置づけで理解しても良いと思われる。

4）リラクセーション技法と身体心理学

　以上のように，代表的なリラクセーション技法を簡単に紹介してきたが，いずれの技法においても筋緊張が心理的な緊張やストレス反応と対応しており，心身両面のリラックス状態を求めるためには筋緊張の弛緩を独立変数的に扱う，すなわち筋緊張から心理的リラックスを目指すという面が含まれていることに注目したい。これはまさに身体心理学のパラダイムと共通する点である。ただし，自律訓練法においては筋緊張の弛緩と心理的・言語的暗示効果とは必ずしも明確に分離されておらず，心身両面からのリラクセーションアプローチになっている。とはいえ，自律訓練法においても筋緊張の弛緩状態を意図的に作り出すという点では筋緊張を独立変数的に扱っている面が多いともいえるだろう。このように，代表的なリラクセーション技法は身体心理学のパラダイムと共通していると見なし得るが，若干の問題点も指摘される。それは，これらの技法が真の意味で筋緊張を独立変数として扱っているといえるかという点である。たとえば，筋緊張を弛緩させようとはしているが，筋緊張の弛緩が本当に生じているかという厳密な検証は行なわれてこなかったのではないかという疑問がある。換言すると，筋緊張が弛緩したかのような主観的体験に心身のリラックス効果が随伴していただけかもしれないという反論は生じるかもしれない。

この問題に対する回答があるとすれば，それはバイオフィードバック（Biofeedback）技法によるリラクセーション研究が参考になる。バイオフィードバックの基本的な原理は，普段は客観的に認識できない身体的・生理的情報を測定機材によって知覚させ，同時に身体的・生理的反応をコントロールすることができるようになるというものである [e.g., Miller, 1978]。たとえば，筋弛緩反応，末梢皮膚温，皮膚電位反応などが良く用いられる。バイオフィードバック技法における筋弛緩訓練では，実際の被験者（クライエント）自身の筋

緊張を測定することができるため，実際に筋緊張が生じているかの客観的な検証ができる点が先に述べた自律訓練法などの他のリラクセーション技法と異なる長所であろう。

　以下に，筋弛緩に注目したリラクセーションの心理学的な効果に関する実際の研究をいくつか紹介したい。

4．筋弛緩法を用いた身体心理学的研究

　漸進的筋弛緩法の初期の研究については，1970年代から1990年代のいくつかのレビューで検討がなされており，十分に効果があることが多くの研究で実証されている［e.g., King, 1980 ; Lehrer, 1982 ; Lehrer et al., 1986 ; Carlson & Hoyle, 1993］。

　ストゥドゥンマイアー［Stoudenmire, 1972］は，36名の女子大学生を対象に筋弛緩法による不安の変化を検証した。被験者は，あらかじめ内向的性格，外向的性格によって群分けされた。介入の結果，内向的性格群のみ状態不安が有意に低下したことが明らかとなった。古い研究ではあるが，その後の心理測定に大きな影響を与えることになったシュピールバーガー（Spielberger, C. D.）が提唱した状態‐特性理論に基づく状態‐特性不安尺度が研究に用いられていることや，不安に対する筋弛緩法の効果が単純でわかりやすく実証されていることから紹介した。外向的性格の学生に効果がなかったということは興味深いが，筋の弛緩を自覚するのには意識が自分に向く，すなわち内向的な人の方がより効果的であるということなのかもしれない。この問題は，後で述べる身体感覚への気づきの問題からも興味深い。身体心理学の視点からも留意しておきたい問題である。

　ブランカードら［Blanchard et al., 1990］は，66名の緊張性頭痛の被験者に対して，漸進的筋弛緩法と漸進的筋弛緩法＋認知療法，および統制群で効果を比較した。介入前後各4週間のデータを分析した結果，漸進的筋弛緩法と漸進的筋弛緩法＋認知療法の両群で頭痛に関する指標で共に有意な差が見られ，両群では統計的に同等な効果を示していた。ただし，臨床的な改善具合では漸進的筋弛緩法＋認知療法群の方がより効果的であったという指標もあった。

緊張性頭痛は先に述べた肩こりと臨床的に類似した症状である。肩こりの症状から緊張性頭痛へ発展するケースも多い。この研究はアメリカでのものだが、日本だと肩こりに対する介入として同様の介入効果が期待されるかもしれない。

　ドルビールとラッシュ［Dolbier & Rush, 2012］は、高ストレス状態にある白人の女子大学生66名に簡易版の漸進的筋弛緩法を実施し、62名の統制群と心理的、生理的変化を比較検討した。簡易版漸進的弛緩法群では、精神的リラックス、身体的リラックス、副交感神経機能（心拍変動のスペクトル解析より算出された指標）などが統制群と比較して有意に大きく改善した。また、不安やコルチゾール値（ストレス指標の1つ）、副交感神経機能の指標の一部などはやや効果的に改善していたことも報告されている。この研究では、簡易版の漸進的筋弛緩法が有害なストレス反応を低下させ、有益な効果を得られることが示されている。

　ヴァンカンフォートら［Vancampfort et al., 2011］は、統合失調症の27名に対し、25分の漸進的筋弛緩法を実施し、状態不安と心理的ストレス、疲労感などの指標が有意に低下し、幸福感（well-being）が有意に上昇したことを報告した。また、統制群（25名）と比較して、介入後に状態不安と心理的ストレス、疲労感などの指標が有意に低下し、幸福感（well-being）が有意に上昇していたことも明らかにした。この研究は、非常に明確な結果が得られた点も注目されるが、統合失調症のクライエントを対象にしている点も注目に値する。

　シャピローら［Shapiro et al., 2008］は、神経性食思不振症（いわゆる摂食障害の拒食症のこと）で入院中のクライエントを対象に、昼食後にリラクセーション訓練を実施した。リラクセーションとして用いられたのは、漸進的筋弛緩法、誘導イメージ法、自己主導リラクセーションであった。統制群と比較して、3つの介入群すべてでリラックス状態の改善、不安の低下、膨満感の減少、体重について考えることの減少などの効果が見られた。この研究では、漸進的筋弛緩法が他のリラクセーション技法と比較してより顕著な効果が見られたわけではないが、筋弛緩が神経性食思不振症という臨床的問題に対しても直接的、あるいは間接的な効果が期待できるという点で興味深い。

　ローシュら［Rausch et al., 2006］は、瞑想と漸進的筋弛緩法の二種類の技

法を用いて，不快なスライドを用いたストレス刺激に対する不安反応への効果を検証した。介入時間はいずれも 20 分であった。両群とも介入群と比較して，状態不安，認知不安，身体的不安などの指標で有意な低下をもたらし，ストレス状態からの回復も有意に高かったことが明らかとなった。とくに漸進的筋弛緩法群では身体的な不安指標で顕著な効果が見られたと報告されている点は，注目に値するだろう。

ゴンチェとスミス［Ghoncheh & Smith, 2004］は，40 名の被験者に漸進的筋弛緩法かハタヨーガの 2 群に分かれて実験に協力してもらった。被験者は週に 1 回，5 週間にわたってトレーニングを受け，セッションの前後にリラクセーション状態を測定された。実験の結果，漸進的筋弛緩法群では，4 週目に高いリラクセーション状態を示し，実験からの離脱，身体的リラックスなどで良い結果が得られた。5 週目には，喜びと精神的落ち着きでも効果が得られた。

以上のように，筋弛緩法は古くからリラクセーション効果が認められているが，近年の研究でもその効果の検証は続いているといえるだろう。リラクセーション技法にバイオフィードバック技法を補完的に用いた研究もあるので，以下にいくつか紹介しながら，最後に展望を述べたい。

5．バイオフィードバックと身体感覚への気づき

バイオフィードバックを応用したリラクセーション研究も数多く行なわれている。そもそも，バイオフィードバックには大きく 2 つの活用方法があるとされている。1 つは，リラクセーション技法として自律反応のセルフコントロールを目的としたストレス反応制御であり，もう 1 つはリハビリテーション技法として随意運動の強化・調整を目的とするものである。後者は，筋電図フィードバックなどによって異常な筋活動を抑え，正常な筋活動を増強するなど，適切な動作を再学習させることを目的とするものである［志和, 2001］。

たとえば，カーセイ［Coursey, 1975］は，各 10 名の男子大学生を筋電図を用いたバイオフィードバック群と通常のリラクセーション群，統制群の 3 群に分け，筋緊張や不安，情動状態の変化について検討を行なった。セッションは 8 回であったが，各セッションの前後に筋電図の測定，心理テストが実施され

た。その結果，筋緊張や状態不安に対して最も有効であったのは筋電図を用い
たバイオフィードバック群であったことを報告している。ただし，この研究は
3要因（3群×8セッション×各セッションの前・後）の分散分析が用いられ
ており，分析のことを考慮するとやや複雑な研究計画になっていることは否め
ない。

　ガッチェルら［Gatchel et al., 1977］は，スピーチ不安に対して心拍バイオ
フィードバックが漸進的筋弛緩法と同等の効果があるかについて検討した。被
験者は，バイオフィードバック群，筋弛緩法群，バイオフィードバックと漸進
的筋弛緩法を併用する群，偽バイオフィードバックプラセーボ群（統制群）に
分けられた。統制群も含めて4群共に主観的な不安感は低下を示したが，心拍
数や皮膚コンダクタンスレベルなどの生理心理学的な指標では，バイオフィー
ドバック群，筋弛緩法群，バイオフィードバックと漸進的筋弛緩法併用群の3
群が統制群と比較して有意な効果を示していた。最も効果的である結果を示し
たのは，バイオフィードバックと漸進的筋弛緩法の併用群であった。バイオ
フィードバックも筋弛緩法も，スピーチ不安に効果があることが示された結果
であるが，両方を併用するとより効果があるという点は注目に値するといえる。

　カーセイの研究やガッチェルらの研究に共通しているのは，単純なリラク
セーションや筋弛緩法よりもバイオフィードバック，およびバイオフィード
バックの併用の方が効果的であったという点である。この背景にあるのは，身
体のあり方への気づきをバイオフィードバックが効果的に助けているからと考
えられる。バイオフィードバックが最も用いられているのは，心身医学分野で
ある。とくに，心身症の治療には積極的に用いられてきた。心身症は感情への
気づきが乏しい人や身体感覚の気づきに乏しい人がかかりやすいことが良く知
られている。感情への気づきに乏しいことを失感情症やアレキシサイミア
（Alexithymia）という。イケミとイケミ［Ikemi & Ikemi, 1986］は，アレキ
シサイミアでは感情だけではなく，身体感覚への気づきも低下しているという
ことを主張し，これをアレキシソミア（失体感症：Alexisomia）とした。神原
ら［2008］は，心療内科に通院する心身症患者を対象にバイオフィードバック
を用いた精神生理学的な検査を行った。その結果，心身症患者は健常者（統制
群）と比較して皮膚コンダクタンス，筋電位など生理指標で有意差がなかった

にもかかわらず，精神的緊張や身体的緊張は高かった。これは，心身症患者群では，身体的な緊張，ストレスがなくても常に緊張を感じることにつながり，緊張と弛緩との区別がつきにくくなることを意味する。これは，アレキシソミア（失体感症）のメカニズムに通じるものであると考察されている。神原らは，同論文でバイオフィードバックにより身体への気づきが回復される過程についてもケース報告で述べている。

　本章でこれまで述べてきたように，筋緊張は心身の健康に悪影響を与え，筋弛緩はさまざまな心身の健康状態や適応状態を改善させる効果がある。肩こりや腰痛のような日常的な健康問題から，不安障害，適応障害，心身症やいくつかの精神障害まで適用範囲は実に幅広い。これらの研究成果は身体心理学の意義を支持するものであるが，身体の慢性的な緊張や異常な緊張の背後には，アレキシサイミア（失感情症）やアレキシソミア（失体感症）のような問題があるかもしれない。とはいえ，身体感覚への気づきを取り戻すことについては，筋弛緩ほどには注目されていないのが現状であろう。バイオフィードバックは身体感覚への気づきを回復させる手段となるかもしれない。イケミとイケミ [Ikemi & Ikemi, 1986] も，言語的な心理療法よりも身体から入るアプローチの有効性を唱えているが，これは身体心理学の考え方と一致する。また，このような身体感覚や身体性への気づきはメタ認知的プロセスと呼ばれる新しい認知行動療法の流れ（マインドフルネス）につながるのではないかと神原 [2008] は述べている。マインドフルネスをいち早く日本に紹介したのが，身体心理学を提唱した春木であることは，おそらく偶然ではあるまい。先にも述べたように，筋緊張-弛緩の問題に身体感覚が関与していることから，身体心理学とマインドフルネスは密接にかかわっている。身体心理学とマインドフルネス，あるいは身体感覚や筋緊張-弛緩の問題がどのようにかかわり，人間理解にどのように関与・発展していくかについても注目しておきたい。

〔引用文献〕
Boos, N., Rieder, R., Schade, V., Spratt, K. F., Semmer, N., & Aebi, M. 1995 Work
　　perception and psychosocial factors in identifying symptomatic disc herniations.

Spine, **20**, 2613-2625.

Blanchard, E. B., Appelbaum, K. A., Radnitz, C. L., Michultka, D., Morrill, B., Kirsch, C., Hillhouse, J., Evans, D. D., Guarnieri, P., Attanasio, V., Andrasik, F., Jaccard, J., & Dentinger, M. P.　1990　Placebo-controlled evaluation of abbreviated progressive muscle relaxation and of relaxation combined with cognitive therapy in the treatment of tension headache. *Journal of Consulting and Clinical Psychology*, **582**, 210-215.

Birrell, F., Croft, P., Cooper, C., Hosie, G., Macfarlane, G., & Silman. A.　2000　Health impact of pain in the hip region with and without radiographic evidence of osteoarthritis: A study of new attenders to primary care. *Annals of the Rheumatic Diseases*, **5911**, 857-863.

Carlson, C. R., & Hoyle, R. H.　1993　Efficacy of abbreviated progressive muscle relaxation training: A quantitative review of behavioral medicine research. *Journal of Consulting and Clinical Psychology*, **616**, 1059-1067.

Carragee, E. J., Chen, Y., Tanner, C. M., Hayward, C., Rossi, M., & Hagle, C.　2000　Can diskography cause longterm back symptoms in previously asymptomatic subjects? *Spine*, **25**, 1803-1808.

Cornelius, R. R.　1996　*The science of emotion: Research and tradition in the psychology of emotions*. Englewood Cliffs, NJ: Prentice-Hall, Inc.

Coursey, R. D.　1975　Electromyograph feedback as a relaxation technique. *Journal of Consulting and Clinical Psychology*, **436**, 825-834.

Davis, K. G., Marras, W. S., Heaney, C. A., Waters, T. R., & Gupta, P.　2002　The impact of mental processing and pacing on spine loading. *Spine*, **2723**, 2645-2653.

Dolbier, C. L., & Rush, T. E.　2012　Efficacy of abbreviated progressive muscle relaxation in a high-stress college sample. *International Journal of Stress Management*, **191**, 48-68.

深沢由美　1997　肩こりと心理・生理的諸要因の関連性に関する研究　早稲田大学大学院人間科学科修士論文

Gatchel, R., Hatch, J. P., Watson, P. J., Smith, D., & Gaas, E.　1977　Comparative effectiveness of voluntary heart rate control and muscular relaxation as active coping skills for reducing speech anxiety. *Journal of Consulting and Clinical Psychology*, **456**, 1093-1100.

Ghoncheh, S., & Smith, J. C.　2004　Progressive muscle relaxation, Yoga stretching, and ABC relaxation theory. *Journal of Clinical Psychology*, **601**, 131-136.

Grings, W. W., & Dawson, M. E.　1978　*Emotions and bodily responses: A psychophysiological approach.* New York: Academic Press.

Jacobson, E.　1938　Progressive relaxation. University of Chicago Press.

James, W.　1884　What is an emotion ?　*Mind*, **19**, 188-205.

原野広太郎　1987　セルフコントロール　講談社

春木　豊　2002　身体心理学―姿勢・表情などからの心へのパラダイム―　川島書店

春木　豊　2011　動きが心をつくる―身体心理学への招待―　講談社現代新書

平林　洌　2001　肩こりの要因　整形外科看護, 610, 29-33.

Hjemdahl, P., Fagius, J., Freyschuss, U., Wallin, B. G., Daleskog, M., Bohlin, G., & Perski, A.　1989　Muscle sympathetic activity and norepinephrine release during mental challenge in humans. *American Journal of Physiology*, **2575**, 654-664.

Ikemi, Y., & Ikemi A.　1986　An oriental point of view in psychosomatic medicine. *Psychotherapy and Psychosomatics*, **453**, 118-126.

五十嵐透子　2001　リラクセーション法の理論と実際　医歯薬出版株式会社

石川　中　1980　心身症と肩こり　上田秀雄・竹内重五郎・豊倉康夫（編）腰痛・背痛・肩こり　南江堂

Izard, C. E.　1990　Facial expressions and the regulation of emotion. *Journal of Personality and Social Psychology*, **52**, 487-498.

神原憲治・伴　郁美・福永幹彦・中井吉英　2008.　身体感覚の気づきへのプロセスとバイオフィードバック　バイオフィードバック研究, 351, 19-25.

King, N. J.　1980　Abbreviated progressive relaxation. In M. Hersen, R. M. Eisler, & P. M. Miller (Eds.), *Progress in behavior modificationpp.* San Diego, CA: Academic Press, pp.147-182.

紺野慎一　2012　慢性腰痛における心理社会的要因　日本心理学会第76回大会ワークショップ　腰痛とこころ？　中医心理学と心理学の接点を探る‐における話題提供より

久保木富房　1987　仮面うつ病　河野友信・筒井末春（編）うつ病の科学と健康　朝倉書店

Laird, J. D., & Bresler, C.　1990　William James and the mechanisms of emotional experience. *Personality and Social Psychology Bulletin*, **16**, 636-651.

Lehrer, P. M.　1982　How to relax and how not to relax: A re-evaluation of the work of Edmund Jacobson-I. *Behavior Research and Therapy*, **20**, 417-428.

Lehrer, P. M., Woolfolk, R. L., & Goldman, N.　1986　Progressive relaxation then and now: Does change always mean progress ?　In R. Davidson, G. E. Schwartz, & D.

Shapiro (Eds.), *Consciousness and self-regulation Vol.4.* New York: Plenum Press, pp.183-216.

Lundberg, U., Dohns, I.E., Melin, B., Sandsjo, L., Palmerud, G., Kadefors, R., Ekstrom, M., & Parr, D. 1999 Psychophysiological stress responses, muscle tension, and neck and shoulder pain among supermarket cashier. *Journal of Occupational Health Psychology*, **43**, 245-255.

Luthe, W., & Schultz, J. 1969 Autogenic therapy Ⅱ. Grune and Stratton, New York.
　〔佐々木雄二（訳）　1971　自律訓練法Ⅱ　誠信書房〕

厚生労働省　2011　国民生活基礎調査の概要より
　http://www.mhlw.go.jp/toukei/saikin/hw/k-tyosa/k-tyosa10/3-1.html

松原秀樹　1983　リラクセーションの基礎と実際　適性科学研究センター

松原秀樹　1999　筋弛緩法によるリラクセーション　教育と医学　慶應義塾大学出版会，**7**, 12-21.

松川俊義・杉山由樹・岩瀬　敏・鈴木初恵・間野忠明　1994　心理的ストレスがヒトの筋交感神経活動に及ぼす影響　環境医学研究所年報，**45**, 235-237.

Miller, N. E. 1978 Biofeedback and visceral learning. *Ann. Rev. Psychol.*, **29**, 373-404.

元文芳和・伊藤博元　2006　腰痛を診る—腰椎椎間板ヘルニアを中心に—　日医大医会誌，**21**, 42-46.

成瀬悟策　1988　自己コントロール法　誠信書房

小川栄一・志和資朗・佐々木高伸　2004　バイオフィートバック　からだの科学，**2365**, 39-42.

Rausch, S. M., Gramling, S. E., & Auerbach, S. M. 2006 Effects of a single session of large-group meditation and progressive muscle relaxation training on stress reduction, reactivity, and recovery. *International Journal of Stress Management*, 133, 273-290.

佐々木雄二　1976　自律訓練法の実際　創元社

Schultz, J., & Luthe, W 1969 Autogenic therapy I. Grune and Stratton, New York.
　〔内山喜久雄（訳）　1971　自律訓練法Ⅰ　誠信書房〕

Shapiro, J. R., Pisetsky, E. M., Crenshaw, W., Spainhour, S., Hamer, R. M., Dymek-Valentine, M., & Bulik, C. M. 2008 Exploratory study to decrease postprandial anxiety: Just relax! *International Journal of Eating Disorders*, **418**, 728-733.

Shields, S. A., & Shields, R. M. 1979 Emotion: The perception of bodily change. In P. Pliner, K. R. Blankstein, & I. M. Spigel (Eds.), *Perception of emotion in self and others: Advances in the study of communication and affect*, Vol.5. New York: Plenum Press, pp.85-106.

志和資朗　2001　リラクセーションメソッドとしての筋電図バイオフィードバック療法　バイオフィードバック研究, **28**, 29-37.

Steinhaus, A. H.　1963　神経・筋リラクセーションの実際と理論　体育の科学, **1310**, 525-528.

Stoudenmire, J. 1972　Effects of muscle relaxation training on state and trait anxiety in introverts and extraverts. *Journal of Personality and Social Psychology*, **242**, 273-275.

竹内武昭・中尾睦宏・野村恭子・錦谷まりこ・矢野栄二　2007　ストレス自覚度ならびに社会生活指標が腰痛・関節痛・肩こりに及ぼす影響　都道府県別データの解析　心身医学, **472**, 103-110.

田中香澄・鈴木　平　2012　肩こりの健康心理学的研究—肩こり感・気分状態の関連性から—　日本健康心理学会第 25 回大会発表論文集, 33.

立石昭夫　1984　肩こりについて　別冊整形外科, **6**, 200-203.

Vancampfort, D., De Hert, M., Knapen, J., Maurissen, K., Raepsaet, J., Deckx, S., Remans, S., & Probst, M. 2011. Effects of progressive muscle relaxation on state anxiety and subjective well-being in people with schizophrenia: A randomized controlled trial. *Clinical Rehabilitation*, **256**, 567-575.

Wallin, B. G., Esler, M., Dorward, P., Eisenhofer, G., Ferrier, C., Westerman, R., & Jennings, G.　1992　Simultaneous measurements of cardiac noradrenaline spillover and sympathetic outflow to skeletal muscle in humans. *Jounal of Physiology*, **453**, 45-58.

Wolpe, J.　1958　*Psychotherapy by reciprocal inhibition.* Stanford Univ. Press.〔金久卓也（監訳）　1977　逆制止による心理療法　誠信書房〕

Wolpe. J.　1969　*The practice of behavior therapy.* Pergamon Press.〔内山喜久雄（監訳）　1971　行動療法の実際　誠信書房〕

Wolpe, J. 1958　*Psychotherapy by reciprocal inhibition.* Stanford: Stanford University Press.

第4章　表情・視線

岸　太一・山口　創

　われわれ人間に限らず，多くの動物にとって「顔」は非常に重要な器官といってもいいだろう。それゆえに，心理学領域では古くから「顔」は研究の対象とされてきた。そこで，本章では「顔」の代表的な反応である表情と視線の身体心理学的研究について取り上げていく。

1．表情に関する身体心理学的研究

　心理学において表情は「顔面における表出運動をいい，非言語的コミュニケーションにとってもっとも重要なチャンネルである」（新版心理学事典，平凡社）と定義される。表情は個人の自己同一性（identity）の証明であると共に，非常に卓越したコミュニケーション手段である。われわれはその表情が言語によって表現されるもの以上に，自分の内面世界を外部に向けて表出していることを知っている。身体が疲労しているときは表情にもその疲労が現われるし，精神的に落ち込んだり高揚したりしたときも，表情は忠実にそれを——その表出を本人が望んでいない場合でも——表現する。また，喜怒哀楽に代表される情動情報はもっともわれわれになじみ深いものである。

　模倣などの学習がまったく不可能な条件下での表出行動の発達に関する研究［Eibl-Eibesfeldt, 1973, 1974］や双生児を用いた微笑の出現時期の一致に関する研究［Freedman & Keller, 1963］，盲幼児における微笑行動に関する研究［Clark, 1967］から表情というものは人の生得的な表出行動という側面をもっているといえる。しかし，表情は単に身体状態の変化や感情を外面化するだけ

ではなく，視覚を中心とした社会的な刺激によってコントロールされ，個人の内的な状態を他者に知らせる信号伝達機能の役割を担う社会行動でもあるというのも事実である。言い換えれば，一般に表情と称される顔面運動は，人が視覚的な情報処理を優先させることによって，もっとも微細で優れたコミュニケーション・チャンネルになり [Ekman & Friesen, 1974]，加えて文化的な呈示ルール [Ekman, 1973, 1982] を学ぶことによって，社会性を前提としたコミュニケーション行動として発達する [吉川ら，1993]。

　このように，心理学の研究対象としての表情は「コミュニケーションの道具」という観点からとらえられることが多いが，果たして表情がもつ機能はそれだけであろうか。

　たとえば，われわれは自分以外誰もいない状況においても，なんらかの感情が生じたときに，その感情に対応した表情をする（例：楽しいときに笑顔になる）。そして，表情を作ることにより，その感情を強く感じることがある。また，悲しいできごとがあったときに無理に笑顔を作ることで悲しい気持ちを抑えようとすることもある。これらの例からすると，表情には「他者に何かを伝える」以外の機能があるのではないかと考えられる。表情の研究ではそれらの「対他的（inter personal）」機能，すなわち表情と感情の関係や，表情からの感情の認知などについて取り上げられることが多いが，上にあげた例を考えれば，表情の「対自的（intra personal）」機能についても考える必要があるのではないであろうか。

　このように表情を対自的観点から捉えると「表情変化による心理的変化」という身体心理学的パラダイムになると考えるのはごく自然の成り行きである。そこで，本章では表情の変化によって生じる心理的変化，とくに表情表出による情動喚起について取り上げていきたい。

1）表情フィードバック仮説

　われわれは通常，感情や意志などの主観状態が顔におし出されたものが表情であると考えている。もちろんその考えは妥当な考えであるが，その一方では表情が感情や生理的覚醒に影響を及ぼしているという考えも古くからある。このような考えは表情フィードバック（顔面フィードバック）仮説と呼ばれ，数

多くの研究が行なわれている。

　表情フィードバック仮説に関する研究では顔面の筋肉や皮膚，あるいは血流の活動状態のフィードバックが，個人の情動や行動を抑制したり活性化したりする可能性について検討されてきた。つまり，表情表出によってその個人の情動や行動といった心的現象に変化が生じる，という仮説が表情フィードバック仮説であり，表情表出が情動や行動といった心的現象とのあいだにどのような関連がみられるかを追求する研究が表情フィードバック研究といえるだろう。

　表情と感情経験や生理状態とのあいだを媒介するフィードバック過程を系統立てて最初に述べたのはトムキンス［Tomkins, 1962］である。これは，感情の末梢起源説である「ジェームズ - ランゲ説」［James, 1890］が，「キャノン - バード説」［Cannon, 1927］によって批判されて以来，長く科学的研究の対象から除かれてきた表情を含む身体末梢活動の機能的役割に再び注目させるものになった。トムキンスによると，顔は感情を生み出す源であり，感情は，顔面部位にある筋肉と腺の生得的な反応パターンの感覚フィードバックの結果として生じる。顔面には身体のなかでも非常に高い密度で受容器と効果器が備わっているので，身体の他の部位に比較して表情筋は非常に素早く運動する。よって，特定の表情筋の組み合わせによる表情パターンは瞬時に脳へフィードバックされ，それに応じた感情を喚起する。つまり，トムキンスの感情喚起理論は，刺激の入力により喚起した皮質下中枢における特定量の神経発火が，そこにプログラムされた特定の表情筋および皮膚感覚の反応パターンを生じさせ，それらの感覚フィードバックが感情経験を生じさせると仮定している。また，ゲルホーン［Gellhorn, 1964］は，顔面の横紋筋と皮膚の活動をとらえる自己受容性（proprioceptive）インパルスと皮膚触覚インパルスは，脳幹と辺縁系，および新皮質のあいだの相互作用を促し，特定の感情を生み出す皮質の興奮パターンに影響すると考えた。その後，トムキンス［1991］は理論を一部修正して，感情喚起過程における顔面の皮膚の役割にも注目した。トムキンスは，水分や温度のような外的な刺激はもちろんのこと，筋肉運動や血流変化と結びついた皮膚状態そのものの変化も，皮膚感覚の受容器に情報を提供し，筋肉からの感覚フィードバックよりも迅速で微妙な感情を喚起すると考えた。

　上述したように，表情フィードバック仮説は心理学のなかでも古くから議論

されてきたトピックスであり，それゆえに多くの研究がなされている。そこで，次節では表情フィードバック仮説に関する実証的研究について述べていく。

2）表情フィードバックに関する研究

　現在，情動の研究に携わっている心理学者のほとんどは，われわれの情動がある程度は表情フィードバックによる影響を受けているとする考えを支持しているように思われる。これまでのところ，情動の研究者は表情フィードバック仮説の検証に際して，情動的な表情表出を被験者に行なわせるために，以下に述べる3つの方法を用いていることが多い。具体的には，

1. 被験者の情動反応を隠したり（弱めたり），あるいは誇張させるように被験者に要求する。
2. 被験者にある情動と関連のある表情をとっていることを悟られないようにしてさまざまな表情表出を被験者に取らせる。
3. 被験者に無意図的に他者の情動や表情表出を模倣させることを目的として，そのような状況を実験的に作り出す。

　これらの方法論的に異なった3タイプの実験のいずれにおいても，研究者は被験者の情動経験が表情フィードバックによって影響を受けることを見出している［Adelmann & Zajonc, 1989；Matsumoto, 1987］。以下にそれぞれの方法を用いて行なわれた研究について概観していくことにする。

A．タイプ1：過剰な表出および表出の抑制

　社会心理学者は情動のフィードバックに関する研究を行なう際，被験者に自然に生じた情動的な表情表出を大袈裟にさせたり，抑制させたりすることがある。このような方法を用いる理由は，何らかの情動が被験者に生じたとき，その情動的な反応に対してどのような要因が影響しているのかについて検証しようとしているためである。

　たとえば，ある研究では，被験者は楽しい映画を見せられたり，痛みを伴う電気ショックを与えられたりする。そのような刺激は被験者に何らかの情動を生じさせると思われる（おそらく楽しい映画を見れば楽しさという情動が生じるであろうし，電気ショックを与えられれば恐怖が生じるであろう）。そのような刺激を被験者に与え，被験者に何らかの情動が生じたときに被験者が本当

に感じている情動（ここでは楽しさ，あるいは恐怖）について，被験者を観察している観察者にどんな情動を感じているかを悟られないようにするように実験者から指示される。実験刺激が与えられた後に，被験者は本当に感じていた情動について実験者に報告するようにいわれる。このような実験では一般に，被験者は感じていた情動を大げさに表現したときにはその情動をより強く感じ，情動表現を抑えていたときにはその情動をあまり強く感じないことが報告されている [Kopel & Arkowitz, 1974；Kraut, 1982；Lanzetta et al., 1982；Lanzetta et al., 1976；Zuckerman et al., 1981]。もちろん，いくつかの研究は同様の方法を取りながらも異なる結果を導き出している [Colby et al., 1977；Lanzetta et al., 1976；McCaul et al., 1982；Vaughan & Lanzetta, 1980]。

　これらの一連の研究における1つの例としてランツェッタら [Lanzetta et al., 1976] の研究を挙げることにしよう。

　ランツェッタらは，痛みが生じる程度の電気ショックを被験者に与えると教示した。そして，被験者は電気刺激がくる，という予想や実際に与えられた電気ショックに対して生じる表情反応を隠したり，より大げさにしたりするよう，教示を与えられた。ランツェッタらの研究から明らかにされた結果は以下のとおりである。

　1. 比較的自由な表出を認める実験条件と比べて，表出を抑制するような教示は電気ショックに対する表出反応を抑制する。そして表出を増幅する教示はショックに対する反応を増幅させる。

　2. 比較的自由な表出条件と比べて，表出の抑制はより低い皮膚電位反応をおこし，表出の増大はより高い皮膚電位反応をおこす傾向がある。

　上述した実験手続きに関しては，さまざまなバリエーションが存在しているが，そのなかでも興味深いものとして，クレックら [Kleck et al., 1976] を挙げることができるだろう。クレックらは他者が自分を観察していることを知っているときには，人は差し迫っているショックに対して自動的に「冷静に」対応しようとすることを見出した。そして，ショックによる情動表出を抑えようとすると同時に，他者からの観察がない被験者に比べて，感じる痛みがより少ないようにふるまい，そして自律神経系の覚醒が低かったことを明らかにしている。

　このような被験者の表出行動を意図的にコントロールする，という方法は古典的な方法であり，多くの実験で用いられてきた方法であるといえるが，この方法の場合，被験者に何らかの情動が生じるような状況を用意する必要があり，その状況が非常に強い情動を喚起させるような場合には被験者が表出行動を抑制するのが難しくなる，などの問題があるといえる。

B．タイプ 2：意図を隠した表情表出操作

　第 2 のタイプの手続きは実験の際，実験の意図や情動表出を操作していることを被験者に気づかれないように実験者が注意を払いつつ，表情操作を行なうものである。このタイプの手続きを用いた古典的な実験としてはレアード [Laird, 1984] が挙げられる。

　レアードは被験者に研究の目的は「表情筋の活動を調べることである」と告げた（つまり，本来の目的とは異なる「偽りの目的」を告げた）。実験に用いられた部屋にはさまざまな生理的指標を測定するための機械（実際にはただのガラクタ）などが設置され，どの被験者にも「表情筋の活動の測定」をするのにふさわしい部屋であると思い込ませるようなセッティングが施されていた。

　実験室に被験者を入れた後，銀のカップ型の電極を被験者の両眉のあいだ，口の両端，下あごの先端部に装着した。これらの電極は偽物の記録装置（全く機能しない）にストリングやワイヤーを通じてつながっていた。電極を装着した後，実験者は被験者の情動表出をさまざまに変化させるために，被験者にさまざまな筋肉を引き締めるように教示し，笑顔や怒り顔を作るように指示を与えた（ただし，被験者は自分が「笑顔」や「怒った顔」を作っているとは思っていなかった）。怒りの表情条件では，被験者は眉のあいだの筋肉に力を入れる（眉を引き下げる）ように教示され，そして，下あごの先の筋肉に力を入れる（例：歯を食いしばる）ように教示された。笑顔条件では被験者は口の両端近くの筋肉に力を入れるように（口の両端を後ろに引っ張るように）教示された。実験の結果，レアードは表情表出が情動生起の原因の 1 つであることを見出した。具体的には，眉をしかめる条件の被験者はより怒りを感じ，笑顔条件の被験者はより楽しさや嬉しさを感じたことが明らかにされた。

　しかし，この手続きは必ずしも情動の操作に成功するとは限らないようである。事実，レアードの実験に参加したある被験者はある種の当惑を感じながら

以下のように述べた。

「下あごに力を入れて，眉を下げようとしたとき，私は怒りの気持ちを感じようとせず，ただ，その状態（怒りの表情）を維持しようとしていました。怒ったような気分にはなりませんでしたが，怒りの気持ちを持たなければいけないような気がしていました。（それは）ばかばかしいことだとは思うのですが。私は実験に参加しており，こんなことを感じる理由がないことは分かっているのですが，感情の統制を失っていました」。

このように，すべての被験者に対してこの方法が有効であるとは限らない。しかし，この表情表出操作法はよく用いられており，表情の違いによる感情的記憶の想起への影響に関する研究などでも同様の手続きが用いられている。そのような研究では，同様の実験上の操作が悲しみと幸せの記憶を思い出すときにその内容や想起の容易さに違いをもたらすことを明らかにしている ［Laird et al., 1982］。

上述したような失敗を踏まえ，研究者は被験者に気づかれないで笑顔を作ったり，抑制したりするためにさまざまな独創的なテクニックを用いてきた。その中でもストラックら ［Strack et al., 1988］ はその表情操作方法の簡便さや実験者の意図の隠蔽性といった点からも非常に独創的であるといえる（図 4-1 参照）。

ストラックらはペンを前歯で噛む，という方法を用いて被験者に笑顔の表情を作らせ，そのときに感じた情動について回答させた。この操作を統制するために，被験者は笑顔を作ることを禁じられた（ペンを前歯で噛むのではなく，上下の唇で押さえるようにくわえながら質問紙に回答した）。他の被験者は手でペンを支えながら回答した。これらの手続きを用いた結果，被験者が報告した情動経験は無意図的に操作された表情の違いによって変化した。被験者はペンを歯で支えている（笑顔条件）ときには，ペンを唇で支えているときや手で支えているときと比べて，実験刺激として与えられた漫画をより面白いと感じていた。同様の手続きを用いた実験として，ラーセンら ［Larsen et al., 1992］ では被験者にゴルフのティーを額に張り付けて，それを落とさないようにするよう教示が与えられた。この課題は悲しみの表情表出を作ることであり，その結果，悲しみの感情も生じさせることに成功した。

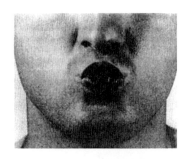

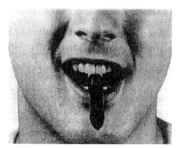

図 4-1 表情操作 [Strack et al., 1988]

　このような表情操作手続きを用いて，多くの研究者が被験者の情動や行動が表情フィードバックによって変化することを見出してきた。被験者は自己の表情表出に一致する固有の情動を報告し，自己の表情と矛盾するような情動を感じることは困難であった。表情表出と情動の関係は表情－情動間で固有なものに思われる。たとえば，もし被験者が怒りを感じているように振る舞っていれば，被験者が感じている情動は怒りであり，不安や悲しみではないと考えられる [Duclos et al., 1989；Laird, 1974, 1984；Duncan & Laird, 1977；Kellerman et al., 1989；Kleinke & Walton, 1982；Laird & Bresler, 1992；Laird & Crosby, 1974；Laird et al., 1982；Larsen et al., 1992；McArthur et al., 1980；Strack et al., 1988]。そして，この種の手続きを用いた研究で表情フィードバックを生じさせることができなかった研究はごく少数である [Tourangeau & Ellsworth, 1979]。

　この手続きはタイプ１の手続き（自然に生じた表出行動を意図的にコントロールする）よりもより厳密に表情を規定することができる点で優れている手

続きといえる。また，表情操作の具体的な教示などがあるため，より的確な表情操作を可能にしている点も見逃せない。しかし，この手続きのような直接的に表情を操作する手続きの場合には，常に要求特性の影響が指摘される。よって，実際の研究では，実験終了後に被験者に本来の実験の意図や操作の結果作られた表情がどのような情動を表しているか判断できたか等についてチェックする必要が生じる。

C．タイプ3：情動模倣の効果

モデルの表情を被験者に模倣させることによって被験者の表情表出を操作している研究者のグループがある。そのような手続きを用いた一連の研究において，ハットフィールド（Hatfield, E.）を代表とする研究グループ［Hsee et al., 1990；Hsee et al., 1991］は大学生を被験者として，仲間の大学生が，これまでの人生のなかでもっとも楽しかった，あるいは悲しかった出来事について話している場面（録画）を見るように指示した。これらの研究の1つ［Hsee et al., 1990］では大学生は映像を見ているあいだ，どの程度楽しい，あるいは悲しい気持ちを感じたかについて回答するよう指示された。その結果，予想どおり，被験者自身の情動は被験者が観察した（そして模倣した）表情による影響を受けていた。その後行なわれた研究では，被験者の情動は被験者が模倣した情動表出によって変化することが確認された。これらの知見は楽しさ［Bush et al., 1989；Hsee et al., 1990, 1991］，悲しみ［Hsee et al., 1990, 1991］，怒り［Lanzetta & Orr, 1986］，恐れ［Lanzetta & Orr, 1981］といった各情動においてもその効果が確認されている。

そのような研究のひとつの例として，たとえば，ブッシュら［Bush et al., 1989］はコメディー番組を見ている人の「楽しい」という感情は，観客の楽しそうにしている表情を模倣し，その結果生じるフィードバックによってもっとも高められるのではないかと考えた。この仮説を検証することを目的として，彼らは大学生を被験者として実験を行なった。実験は「さまざまなコメディー番組における主観的・身体的反応に関する研究」という名目で行なわれた。被験者は3つのコメディー番組を見るようにいわれた。そして各番組を見た後にその番組についての感想を求められた。実験のあいだ，被験者の顔に「脳波を測定するため」という名目で電極が装着されていた。これはコメディー番組に

対する無意図的な反応（心拍，表情筋電位）を調べるためであった。被験者は
2つの条件のどちらかの条件を割り当てられていた。一方の条件は「抑制」条
件であり，他方の条件は「自発性」条件であった。「抑制」条件の被験者はす
べての表情に関する動きを禁じられた。そして「自発性」条件（統制群）の被
験者は禁止条件の被験者とは対照的に，リラックスして，番組を見るように教
示された。さらに，両条件の半数の被験者に対しては，2番目の映像にスタジ
オ内にいる観客の笑っている顔が映っているシーンが挿入されていた。そして，
その他の被験者に呈示した2番目の映像にはそのようなシーンはまったく挿入
されていなかった。3番目の映像も観客の表情が映っているシーンが挿入され
ているものとまったく挿入されていないものの2種類が用意されたが，観客が
映っている映像を見せられたのは2番目の映像では観客が映っていない映像を
見せられた被験者であった。

　実験の結果，自発性条件の被験者は観客が映っていない映像よりも映ってい
る映像をより面白いと判断していた。一方，抑制条件の被験者ではそのような
結果は得られなかった。また，研究者の事前の予想どおり，自発性条件では観
客の表情を見ているときの被験者の心拍，大頬骨筋，眼輪筋の活動の上昇が認
められた。しかし，抑制条件の被験者ではそのような結果は得られなかった。
この両条件における体験された感情の相違は，自発性条件では観客の楽しそう
な表情を被験者が無意図的に模倣した一方で，禁止条件の被験者は意図的に表
情筋の活動を抑えていたためによるものと説明することができると彼らは主張
している。

　この方法は前の2つの手続きに比べ，比較的最近になって開発された手続き
である。実験的厳密さを損なわず，かつ極力自然発生的な表情表出を狙ってい
る点が高く評価できる。しかし，他者の表情が呈示されたときにどの程度の無
意図的な模倣が生じるかについてはまだ十分な検討がなされているとはいえな
い。また，このような「表情模倣（facial mimicry）」が人種的・文化的相違を
超えて存在しているかどうかについても疑問が呈されている。

　さらに最近の脳神経科学の研究では，実験の意図を隠ぺいするための操作と
して，従来のように表情を意図的に抑制させるのではなく，被験者の表情筋を
麻痺させて動かせなくしてしまうといった操作も用いられるようになった。た

とえばヘネンロッターたちは［Hennenlotter et al., 2009］，実験参加者にコンピュータ画面上の人物の表情の真似をしてもらい，そのときの脳の活動を測定した。彼らを2つのグループに分け，1つは美容で使われるボツリヌス菌を眉間に注射して，眉間を動かなくするグループ，もう一方は普通の状態で真似をするグループとした。するとボツリヌス菌グループは，眉間の動きがみられず，脳の扁桃体と，そこから脳幹へつながる部分のはたらきが弱まることがわかった。このことから，表情を動かそうとする意図ではなく，実際に表情を作ることで，脳の感情を司る部分の活動が増大したことがわかる。表情筋の活動が情動の喚起にとって必要条件であるといえるのではないかと考えられる。

3）表情フィードバックは本当に存在するか

　前項ではこれまで行なわれてきた表情フィードバック仮説を支持する研究について，その方法論から分類して述べてきた。しかし，表情フィードバック研究においてその存在に疑問を呈する研究がこれまでなかったのか，というと決してそうではない。表情フィードバック仮説を否定する，あるいは少なくとも支持することができないとしている研究もいくつか存在している。そのような研究の代表としてはトランジューとエルスワース［Tourangeau & Ellsworth, 1979］が取り上げられることが多い。この研究は *Journal of Personality and Social Psychology* に掲載されたが，その後，多くの表情フィードバック仮説を支持する研究者から反論を受けた。よって，ここではまずトランジューとエルスワースの論文の具体的内容について述べ，彼らの研究への反論を行なったイザード［Izard, 1981］やレアード［Laird, 1984］，トムキンス［Tomkins, 1981］における反論を概観していく。

　トランジューとエルスワース［1979］は，被験者の表情筋を教示によって操作し，恐れの表情，悲しみの表情，ならびに中性の表情（片目を閉じて頬を膨らませ，唇をすぼめる）を2分間維持する条件と，自然に表情を表わす条件の合計4種類の表情条件を操作し，恐れを生じさせる映画，悲しみを生じさせる映画，および中性の映画を見せた。被験者の心拍と皮膚電位反応および主観状態が測定された結果，映画の内容と被験者の感情経験および生理状態とのあいだには強い関連がみられたが，操作された表情の種類が特定の生理的覚醒状態

や主観経験を生み出すことはないという結論が出された。

　この結論に対して，多くの表情フィードバック擁護論者から反論がなされた。

　たとえば，イザード［1981］は理論的側面と方法論的側面の両方について彼らの研究には欠陥があると批判した。具体的にはまず被験者の表情の意図性と表情を維持した時間が挙げられた。イザード自身は表情フィードバック研究において対象となるのは「無意識的」で「短時間」の表情表出であり，トランジューらが行なった表情操作は表情フィードバック研究には不適切なものであると主張した。この点についてはトムキンス［1981］も同様の批判を行なっている。

　ヘイガーとエクマン［Hager & Ekman, 1981］も被験者の表情操作の方法について批判した。ヘイガーらはトランジューらが用いた表情操作は被験者にとって非常にむずかしい内容であったこと，そして作られた表情がある情動に固有のものではなく，複数の情動を含むような表情になっていた可能性を指摘している。また，被験者が本来期待されていた表情とは異なる表情を作ったかどうかについてトランジューらが確認しなかったことについても触れ，そのことから被験者が作った表情の妥当性について疑問を呈している。

　このような，研究の方法論的，理論的妥当性についての批判がなされる一方，レアード［1984］はそれまでに行なわれた16の表情フィードバックに関する実証的研究についてレビューを行ない，その結果，表情フィードバック効果はすでに実証されている，と結論づけ，トランジューらの研究は「例外的な研究」であると主張した。

　以上のことからまとめると，トランジューらの研究に対する主な批判の内容は，次の3点に集約できる。

　　・表情操作の方法が間違っている

　　・彼らが考えている表情フィードバック仮説に誤りがある

　　・たまたま「誤った結論」を導き出した

　これらの批判に対してエルスワースとトランジュー［Ellsworth & Tourangeau, 1981］は再反論を行なっており，マツモト［Matsumoto, 1987］およびウィントン［Winton, 1986］もレアード［1984］に対して，その方法論的な問題を指摘している。

残念ながら，トランジューらの研究から端を発した表情フィードバック論争について最終的な決着は見られなかった。しかし，この研究が表情フィードバック研究における方法論的，理論的課題あるいは問題についての活発な議論の呼び水となった点については見逃すことができない。たとえば，「表情操作の無意図性」についての議論の結果，先に挙げたストラックら［Strack et al., 1988］は被験者にペンをくわえさせることにより表情操作を行なう，という方法を開発した。また，「フィードバックが生じなかった」理由について考えたレアードとブレスラー［Laird & Bresler, 1990］は，人間には情動の判断の際に用いられる手がかりとして「身体的な反応」と「周囲の状況的要因」があり，前者を self produced cue，後者を situational cue と名づけた。そして表情フィードバックは自己の情動を self produced cue によって判断する傾向にある者ではその効果が大きく，situational cue によって判断する傾向にある者にはあまりその効果が見られないことを見出した。このように，後の研究に与えた影響という観点からトランジューらの研究を捉えてみるのも非常に面白いように思われる。

4）表情フィードバック仮説の現在と今後の課題

これまで表情フィードバック研究について主に実証的研究を中心に取り上げてきた。これらの研究から考えると，表情フィードバックによる情動経験の喚起そのものについては（いくつかの批判的立場は存在するものの）認められているように思われる。しかし，表情フィードバックがどのように情動に影響しているのか（情動に対する facial expression の作用機序）や表情フィードバックによって生じる情動の具体的内容（表情フィードバックによって生じた情動の弁別のレベルがどのくらいなのか）については研究者のあいだでかなりの差異が見られる。たとえば，表情フィードバックのメカニズムについていえば，まず，ある種の自己知覚過程をそのベースにおいている立場［Laird, 1984 など］がある。レアードは表情フィードバックだけでなく，姿勢や音声なども含めた末梢フィードバック仮説の基本的メカニズムとして，ある情動に固有の非言語的行動を自分がとっていることに対する自己知覚が伴ったときに情動の喚起が生じ，情動に固有の非言語的行動をとっていても，そのことを知覚してい

ない場合には情動は喚起されない，としている。

　このように情動喚起において認知的要因を挙げている立場がある一方，そのような認知過程を想定せず，表情筋の筋活動が直接情動へとはたらいているとする立場［Levenson et al., 1990；Zajonc et al., 1989］も存在している。リベンソンらは随意的に生成された情動的な表情パターンと自律神経系の活動パターンの関連について実験を行なった。被験者は基本情動（怒り，嫌悪，恐れ，幸福，悲しみ，驚き）を表現するような表情を作るように教示され，表情表出間の自律神経系活動について測定された。その結果，各表情表出において，表出される表情に固有の自律神経系活動が見出された，としている。

　このように，表情フィードバックのメカニズムに関してはこの２つの立場が存在しているが，今のところ，各々の立場に立つ研究者間で議論が行なわれている最中であり，議論の決着はまだ見ていない。現在の表情フィードバック研究はその効果の存在の検討から，徐々にそのメカニズムの検討へと移行している。

　また脳神経科学の研究により，表情だけではなく身体の末梢の活動がどのようなメカニズムで情動の喚起に影響を与えているか，少しずつ明らかになりつつある。たとえばクレイグは［Craig, 2000］，自律神経の交感神経と副交感神経が通る脳幹から島皮質前部にある神経核への投射がこの過程に影響を与えていると主張している。

　さらに体温［Craig, 2000］や痛み［Kong et al., 2006］の主観的評価は島皮質前部の活動と関連しており，それらの身体活動の客観的な指標はこの部位の島皮質後部の活動と関連があることを示している。このことから，身体からの信号と主観的な情動体験を一次的に統合しているのは，島皮質前部であることがわかっている［Craig, 2009］。さらにダマジオ［Damasio, 2003］は，身体の感覚に関わる体性感覚野もこの過程に関わっていることも示しており，島皮質はこれらの領域からの投射を受けて意識的な感情体験に関連する身体的な状態をマップする役割を持つと主張している。

　一方，別の立場からの検討も行われている。脳神経科学の研究によって，左前頭皮質の活動が相対的に高い場合，接近志向的情動（approach-oriented emotions）が生じるが，右前頭皮質の活動が高い場合には，撤退志向的情動

（withdrawal-oriented emotions）が生じるといわれている。コーンら［Coan et al., 2001］によると，様々な表情を作らせて前頭皮質の活動について脳波計を使って測定したところ，怒りや喜びといった接近志向的情動の表情を作らせた場合には，左前頭皮質の活動が高まったのに対して，恐怖や嫌悪といった撤退志向的情動を作らせた場合には，左前頭皮質の活動はあまり高まらなかった。ただし，なぜそのような表情が，前頭皮質の左右差を生じさせるのか，といったメカニズムについては明かにはされていない。

　以上のように表情フィードバックの脳神経科学からのアプローチには，島皮質に着目した研究と，前頭皮質に焦点を当てた研究の２つの立場がある。いずれの研究も表情操作だけではなく，手を握る［Harmon-Jones et al., 2006］，姿勢を操作する［Harmon-Jones et al., 2011］といった末梢の筋活動による脳活動の変化を検討する研究の一環として行なわれており，それゆえより広範な身体活動についての一貫した理論を構築することが期待できる。

2．視線に関する身体心理学的研究について

　視線は多くの非言語的行動のなかでもその重要さにおいては上位にあげられよう。同じ「顔」の非言語的行動である表情については身体心理学的見地から行なわれている研究が多く見られる。しかし，視線行動については，表情フィードバック仮説に関する研究における表情操作の際の視線操作が散見されるだけで，視線のみに注目した視線操作の実証的研究はほとんど行なわれていない。

　視線行動に関するこれまでの実証的研究は眼球運動，アイコンタクト研究と数多く行なわれてきている。しかしそれらの実証的研究の多くは，ある感情状態にあるときに，視線がどのような変化を見せるかといった，「こころからからだへ」という方向での実証的研究であり，われわれが提唱する身体心理学的観点に立って行なわれている実証的研究は数少ない。本節では，数少ない視線に関する身体心理学的研究について概観していきたい。

　感情が大脳の右半球で生じているのか，それとも左半球で生じているのかについては長年の疑問であった。そこで，ディモンドとファーリントン

[Dimond & Farrington, 1977] はコンタクトレンズの装着により片方だけの目で見るようにさせる方法 [Dimond et al., 1975] を用いて，右脳と左脳のどちらが視覚情報に基づく感情喚起にかかわっているかを調べる実験を行なった。彼らは普段からコンタクトレンズをつけている 21 名の学生を被験者とし，右目に不透明なコンタクトレンズをつける群（左脳群：10 名）と左目に不透明なコンタクトレンズをつける群（右脳群：10 名）に被験者をランダムに割り当てた。

　呈示する刺激（映像）には，湖を旅行している場面に関するもの，手術場面を撮影したもの，アニメ（トムとジェリー）が用いられ，生理指標として心拍が測定された。

　分析の結果，旅行のシーンの映像における心拍数には情報処理における脳の違い（右脳による処理，左脳による処理）は見られなかった。しかし，アニメ映像に関しては左半球で情報を処理する群が右半球による群よりも高い心拍数を示した。そして，手術場面の映像に関しては右半球で情報処理を行なう群が左半球による群よりも高い心拍数を示した。この結果から，彼らは不快あるいは恐怖といった否定的な感情は大脳の右半球で処理されていると述べている。視線との関係でいえば，左目が優位に働いている状況（視線が左方向に向く，正面向かって左側に知覚対象がある，など）では知覚対象は感情的には否定的に評価される可能性があるといえるだろう。

　このことを支持する研究はいくつか見られる。たとえば，右利きの人間の場合，知覚対象が右側にあると左側にある場合に比べ感情的に好意的に評価される傾向にあることが知られている [Swartz & Hewitt, 1970 ; Levy, 1976]。

　ドレイク [Drake, 1987] は，知覚対象を右から見たときと左から見たときで，知覚対象に対する好意度が異なるかどうかについて検討した。彼は雑誌 *National Geographic Magazine* から 4 枚の風景写真を選び出し，それを 12 cm × 118cm に拡大し，厚紙に貼り付けたものを呈示刺激とした。そして 60 名の被験者（男性，女性各 30 名）を 2 群に分けた。一方の群は体の向きに対しておよそ右 90 度の角度で呈示刺激を見る群であり，他方の群は体の向きに対しておよそ左 90 度の角度で呈示刺激を見る群であった。なお，両群とも呈示刺激を見るときには眼球だけ動かすように教示された（頭ごと呈示刺激に向けな

いようにした）。そして呈示された刺激に対する好意度について回答を求められた。好意度は「非常に好ましくない（dislike very much）」から「非常に好ましい（like very much）」までの11段階（0から10）で評価された。

　視線の方向（右×左）と性別（男性×女性）を要因とした分散分析を行なった結果、主効果は認められなかったものの、交互作用が認められた。具体的には、右側に刺激が呈示されたときの男性は他の実験条件に比べ刺激を「好ましい」と評価していた。このことから、彼は視線の方向性と喚起される感情との関連は男性に限定されたものである、としている。

　マーケルバックとヴァン・オッペン［Merckelbach & Van Oppen, 1989］はドレイクの研究結果を踏まえ、女性のみを被験者として、さらに呈示刺激をとくに何らかの感情を喚起しないと考えられるもの（中性刺激：きのこ、花）と恐怖の感情を喚起すると考えられるもの（恐怖刺激：ヘビ、クモ）の2種類を呈示することにより、視線の方向と感情との関連について検討を行なった。

　彼らは29名の女性を被験者として実験を行なった。なお、29名のうち3名は左利きであった。被験者に対して中性刺激と恐怖刺激をそれぞれ7回ずつスライドにて呈示した。各スライドの呈示時間は8秒であり、スライド（刺激）の呈示順序は被験者ごとにランダムに変えていた。スライドは80cm × 120cmの大きさで、被験者からおよそ25m離れた壁に映し出された。

　被験者の視線を操作することを目的として、29名の被験者は2群に分けられた。一方の群は被験者の右45度の角度でスライドが映し出される群（視線右方向群）であり、他方の群は被験者の左45度の角度でスライドが映し出される群（視線左方向群）であった。そして被験者は提示されたスライドに対して「非常に不快（very unpleasant）から「非常に快である（very pleasant）までの15段階（0から14）で評価した。

　被験者の視線の方向（右×左）と呈示刺激（中性×恐怖）を要因とした分散分析を行なったところ、左利きの被験者も分析対象にした場合、呈示刺激による評価の違いは認められたものの、視線の方向による違いは見られなかった。そこで、左利きの被験者を除外した26名を被験者として再度同様の分析を行なった。その結果、視線の方向の違いによる評価の違いが認められ、視線を右に動かしてスライドを見ていた群は左に動かしてスライドを見ていた群に比べ

てスライドをより快適なものであると評価していた。このことから，彼らは女性においても「右に見る」ことが知覚対象への肯定的評価と関連しているとしている。

これらの研究は視線の方向（あるいは眼球運動）が感情と関連していることを示す研究であるが，一方で，そのような関係を見出せなかった研究も見られる。

マクドナルドとヒスコック［MacDonald & Hiscock, 1985］は眼球運動と不安や視覚イメージなどとの関連について検討した。その結果，眼球運動と不安とのあいだには関連が見られなかったとしている。

ヤコブソン［Jacobson, 1938］は眼球運動量を通常時よりも減少させることで認知活動が減退すると主張し，眼球の運動を通常から40％ほど減退させたときにリラックス感に変化が見られるかといった実験を行なった。その結果，多少ではあるが変化が見られたものの，十分大きな変化ではなかった。

オーエンス［Owens, 1986］は緊張や疲労の仕組みを眼球の微細な運動の観点から明確にしようと試みた。その結果，毛様筋などでの遠近，左右調節の点から見ると，中間距離が最もリラックスできるとしている。しかし，たとえば長い期間近くの物を見なければならない仕事をしている人は，それに適応しその状態で休めるように変化するといった調査結果も存在しており，多くの状況では，物の見方（遠い物体を見る，近くの物体を見る，など）とリラックス時の視点（どの程度の距離のものを見ているか）は何らかの関連があるのではないかと考えられる。

上述したこれらの研究から，視線という非言語的行動には脳の活動，眼球運動といったさまざまな要素が密接に関連しており，単純に視線の変化といった観点から捉えることはむずかしい。しかしそれらの要素を踏まえつつ，よりマクロな視点からの身体心理学的観点に立った視線に関する実証的研究が今後期待される。

〔引用文献〕

Adelmann, P. K. & Zajonc, R. B. 1989 Facial efference and the experience of emotion. *Annual review of psychology*, **40**, 249-280.

Bush, L. K., Barr, C. L., McHugo, G. J., & Lanzetta, J. T. 1989　The effects of facial control and facial mimicry on subjective reactions to comedy routines. *Motivation and Emotion,* **13**, 31-52.

Cannon, W. 1927　The James-Lange theory of emotions : A critical examination and an alternative theory. *American Journal of Psychology,* **39**, 106-124.

Clark, L. L. 1967　The expression of emotion by the blind. *New Outlook,* **61**. 194-201.

Coan, J. A., Allen, J. J., & Harmon-Jones, E.　2001　Voluntary facial expression and hemispheric asymmetry over the frontal cortex. *Psychophysiology,* **38**, 912-9125.

Colby, C. Z., Lanzetta, J. T., & Kleck, R. E. 1977 Effects of the expression of pain on autonomic and pain tolerance responses to subject-controlled pain. *Psycho physiology,* **14**, 537-540.

Craig, A. D.　2009　How do you feel-now? the anterior insula and human awareness. *Nature Reviews Neuroscience,* **10**, 59-70.

Craig, A. D., Chen, K., Bandy, D., & Reiman, E. M.　2000　Thermosensory activation of insular cortex. *Nature Neuroscience,* **3**, 184-190.

Damasio, A. R.　2003　*Looking for Spinoza: Joy, sorrow and the feeling brain.* Harcourt, New York.

Dimond, S. J., & Farrington, L. 1977 Emotional response to films shown to the right or left hemisphere of the brain measured by heart rate. *Acta Psychologica,* **41**, 255-260.

Dimond, S. J., Bres, J., Farrington, L. J., & Brouwers, E. Y.　1975　The use of contact lenses for the lateralisation of visual input in man. *Acta Psychologica,* **39**, 341-349.

Drake, R. A. 1987 Effects of gaze manipulation on aesthetic judgement: Hemisphere priming of affect. *Acta Psychologica,* **65**, 91-99.

Duclos, S. E., Laird, J. D., Schneider, E., Sexter, M., Stern, L., & Van Lighten, O. 1989 Emotion-specific effects of facial expressions and postures on emotional experience. *Journal of Personality and Social Psychology,* **57**, 100-108.

Duncan, J. W. & Laird, J. D. 1977　Cross-modality consistencies in individual differences in self attribution. *Journal of Personality,* **45**, 191-206.

Eibl-Eibesfeldt, I. 1973　The expressive behaviour of the deaf and blind born. In M. von Cranach & I. Vine (Eds.), *Social communication and movement.* London : Academic Press, pp. 163-194.

Eibl-Eibesfeldt, I. 1974 *Grundriss der vergieichenden verhaltenforschung: Ethologie.* R. Piper & Co. Verlag. 〔伊谷純一郎・美濃口　坦（訳）1979　比較行動学 2　みすず

書房〕

Ekman, P.（Ed.） 1973 *Darwin and facial expression.* Academic Press.

Ekman, P.（Ed.） 1982 *Emotion in the human face*（2nd）. Cambridge University Press.

Ekman, P. & Friesen, W. V. 1974 Detecting deception from the face or body. *Journal of Personality and Social Psychology*, **29**, 288-298.

Ellsworth, P. C., & Tourangeau, R. 1981 On our failure to disconfirm what nobody ever said. *Journal of Personality and Social Psychology*, **40**, 363-369.

Freedman, D. G. & Keller, B. 1963 Inheritance of behavior in infants. *Science*, **140**, 196-198,

Gellhorn, E. 1964 Motion and emotion : The role of proprioception in the physiology and pathology of emotions, *Psychological Review*, **71**, 457-472.

Hager, J. C. & Ekman, P. 1981 Methodological problems in Tourangeau and Ellsworth's study of facial expression and experience of emotion. *Journal of Personality and Social Psychology*, **40**. 358-362.

Harmon-Jones, E. 2006 Unilateral right-hand contractions cause contralateral alpha power suppression and approach motivational affective experience. *Psychophysiology*, **43**, 598-603.

Hennenlotter, A., Dresel, C., Castrop, F., Baumann, A. O. C., Wohlschläger, A. M., & Haslinger, B. 2009 The link between facial feedback and neural activity within central circuitries of emotion-New insights from botulinum toxin-induced denervation of frown muscles. *Cerebral Cortex*, **19**, 537-542.

Hsee, C. K., Hatfield, E., Carlson, J. G., & Chemtob, C. 1990 The effects of power on susceptibility to emotional contagion. *Cognition and Emotion*, **4**, 327-340.

Hsee, C. K., Hatfield, E., & Chemtob, C. 1991 Assessments of the emotional states of others: Conscious judgements versus emotional contagion. *Journal of Social and Clinical Psychology*, **11**, 119-128.

Izard, C. E. 1981 Differential emotions theory and the facial feedback hypothesis of emotion activation. comments on Tourangeau and Ellsworth's "The role of facial response in the experience of emotion". *Journal of Personality and Social Psychology*, **41**, 350-354.

Jacobson, E. 1938 *Progressive relaxation*（2nd ed.）. Chicago, Univ. Chicago Press.

James, W. 1890 *The principles of psychology*, New York : Holt.

Kellerman, J., Lewis, J., & Laird, J. D. 1989 Looking and loving. the effects of mutual gaze of feelings of romantic love. *Journal of Research in Personality*, **23**, 145-161.

Kleck, R. E., Vaughan, R. C. Cartwight-Smith. J., Vaughan, K. B., Colby, C. Z., & Lanzetta, J. T. 1976 Effects of being observed on expressive, subjective, and physiological responses to painful stimuli. *Journal of Personality and Social Psychology*, **34**, 1211-1218.

Kleinke, C. L. & Walton, J. H. 1982 Influence of reinforced smiling on affective responses in an interview. *Journal of Personality and Social Psychology*, **43**, 557-565.

Kong, J., White, N. S., Kwong, K. K., Vangel, M. G., Rosman, I. S., Gracely, R. H., & Gllub, R. L. 2006 Using fMRI to dissociate sensory encoding from cognitive evaluation fo heat pain intensity. *Human Brain Mapping*, **27**, 715-721.

Kopel, S., & Arkowitz, H. S. 1974 Role playing as a source of self, observation and behavior change. *Journal of Personality and Social Psychology*, **29**, 677-686.

Kraut, R. E. 1982 Social presence, facial feedback, and emotion. *Journal of Personality and Social Psychology*, **42**, 853-863.

Laird, J. D. 1974 Self-attribution of emotion: The effects of expressive behavior on the quality of emotional experience. *Journal of Personality and Social Psychology*, **33**, 475-486.

Laird, J. D. 1984 The real role of facial response in the experience of emotion: a reply to Tourangeau and Ellsworth, and others. *Journal of Personality and Social Psychology*, **47**, 909-917.

Laird, J. D. & Bresler, C. 1990 William James and the mechanisms of emotional experience. *Personality and Social Psychology Bulletin*, **16**, 636-651.

Laird, J. D. & Bresler, C. 1992 The process of emotional experience: Self-perception theory. In M. S. Clark (Ed.), *Review of personality and social psychology: Vol.* 13. *Emotion.* Newbury Park, CA: Sage, Pp. 213-234.

Laird, J. D. & Crosby, M. 1974 Individual differences in the self. attribution of emotion. In H. London and R, E. Nisbett (Eds.), *Thought and feeling. Cognitive alteration of feeling states.* Chicago: Aldine, Pp. 45-59.

Laird, J. D., Wagener, J. J., Halal, M., & Szegda, M. 1982 Remembering what you feel: Effects of emotion and memory. *Journal of Personality and Social Psychology*, **42**, 646-675.

Lanzetta, J. T., Biernat, J. T., & Kleck, R. E. 1982 Self-focused attention, facial behavior, autonomic arousal and the experience of emotion. *Motivation and*

Emotion, **6**, 49-63.

Lanzetta, J. T., Cartwright-Smith, J., & Kleck, R. E.   1976   Effects of nonverbal dissimulation on emotional experience and autonomic arousal. *Journal of Personality and Social Psychology*, **33**, 354-370.

Lanzetta, J. T. & Orr, S. P.   1981   Stimulus properties of facial expressions and their influence on the classical conditioning of fear. *Motivation and Emotion*, **5**, 225-234.

Lanzetta, J. T. & Orr, S. P.   1986   Excitatory strength of expressive faces: Effects of happy and fear expressions and context on the extinction of a conditioned fear response. *Journal of Personality and Social Psychology*, **50**, 190-194.

Larsen, R. J., Kasimatis, M., & Frey, K.   1992   Facilitating the furrowed brow: An unobtrusive test of the facial feedback hypothesis applied to negative affect. *Cognition and Emotion*, **6**, 321-338.

Levenson, R. W., Ekman, P., & Fruesen, W. V.   1990   Voluntary facial action generates emotion-specific autonomic nervous system activity. *Psychophysilology*, **27**, 363-384.

Levy, J.   1976   Lateral dominance and aesthetic preference. *Neuropsychologia*, **14**, 431-445.

McArthur, L. A., Solomon, M. R., & Jaffee, R. H.   1980   Weight and sex differences in emotional responsiveness to proprioceptive and pictorial stimuli. *Journal of Personality and Social Psychology*, **39**, 308-319.

McCaul, K. D., Holmes, D. S., & Solomon, S.   1982   Voluntary expressive changes and emotion. *Journal of Personality and Social Psychology*, **42**, 145-152.

MacDonald, B. H. & Hiscock, M. 1985 Effects of induced anxiety and question content on the direction and frequency of lateral eye movements. *Neuropsychologia*, **123**, 757-763.

Matsumoto, D.   1987   The role of facial response in the experience of emotion: More methodological problems and meta-analysis. *Journal of Personality and Social Psychology*, **52**, 759-768.

Merckelbach, H. & Van Oppen, P.   1989   Effects of gaze manipulation on subjective evaluation of neutral and phobia-relevant stimuli: A comment on Drake's (1987) "Effects of gaze manipulation on aesthetic judgement: Hemisphere priming of affect." *Acta Psychologica*, **70**, 147-151.

Owens, D. A.   1986   Oculomotor tonus and visual adaptation. *Acta Psychologica*, **63**, 213-231.

Strack, T., Martin, L. L., & Stepper, S. 1988 Inhibiting and facilitating conditions of the human smile: nonobtrusive test of the facial feedback hypothesis. *Journal of Personality and Social Psychology*, **54**, 768-776.

Swartz, P. & Hewitt, D. 1970 Lateral organization in pictures and aesthetic preference. *Perceptual and Motor Skills*, **30**, 991-1007.

Tomkins, S. S. 1962 *Affect, imagery and consciousness. Vol. 1. The Positive affects.* New York: Springer.

Tomkins, S. S. 1981 The role of facial response in the experience of emotion: A reply to Tourangeau and Ellsworth. *Journal of Personality and Social Psychology*, **40**, 355-357.

Tomkins, S. S. 1991 *Affect imagery and consciousness. Vol. 3. The Negative Affect: Anger and fear.* New York: Springer.

Tourangeau, R. & Ellsworth, P. C. 1979 The role of facial response in the experience of emotion. *Journal of Personality and Social Psychology*, **37**, 1519-1531.

Vaughan, K. B. & Lanzetta, J. T. 1980 Vicarious instigation and conditioning of facial expressive and autonomic responses to a model's expressive display of pain. *Journal of Personality and Social Psychology*, **38**. 909-923.

Winton, W. M. 1986 The role of facial response in self-reports of emotion: a critique of Laird. *Journal of Personality and Social Psychology*, **50**, 808-812.

吉川佐紀子・益谷 真・中村 真（編）1993 顔と心 顔の心理学入門 サイエンス社

Zajonc, R. B., Murphy, S. T., & Inglerhart, M. 1989 Feeling and facial efference: Implications of the vascular theory of emotion. *Psychological Review*, **96**, 395-416.

Zuckerman, M. Klorman, T., Larrance, D. T., & Spiegel, N. H. 1981 Facial, autonomic, and subjective components of emotion: The facial feedback hypothesis versus the externalizer-internalizer distinction. *Journal of Personality and Social Psychology*, **41**, 929-944.

第5章 姿　　勢

菅村玄二

1．はじめに

　人間は，日々，さまざまな姿勢をとっている。たとえば，足を組む，脚を拡げる，腕組みする，腕を突き上げる，指を組む，手を合わせる，上を向く，下を向く，首を傾げる，背筋を伸ばす，背中を丸める，仰向けになる，うつ伏せになるなど枚挙にいとまがない。物理的・身体的な意味で，姿勢を大まかに定義するとすれば，一定時間保持される，頭，体幹，腕，手，脚などの異なる位置関係のパターンであるといえよう。

　こうした身体部位の配置が心理状態と密接に結びついていることは興味深い。「うつむく」（内を向く）や「うなだれる」（うなじを垂れる）といえば，落胆や悲しみの場面が思い起こされるであろう。「肩を落とす」姿勢は，物理的には肩の位置の低下であるが，たとえ実際に肩を動かさずとも，失意を表わすメタファーとして使われる。「前向きに検討する」という言葉も，顔面や視線の向きという意味はほとんど含まれず，積極的，また肯定的に考えるという抽象的な意味をもつ。

　常識的には，気分が落ち込んでうつむくというように，まず感情状態が変化して，次にその感情に対応した姿勢になるという順序で理解される。非言語コミュニケーションの文脈では，姿勢は，表情なども含めて，「表出行動」（expressive behaviors）と呼ばれるように，感情状態を表わす行動だと考えられている。しかし，第1章で論じられているように，こうした行動は，感情を「表わす」だけでなく「作る」機能も持ち合わせていないだろうか。つまり，

うつむくことによって，気分が落ち込むという逆の順序関係，あるいは，うつむくがゆえに気分が落ち込むという因果関係も否定できない。

　本章では，まず「姿勢」という言葉の歴史を振り返り，その言葉が心身両面を意味する言語学的背景に言及し，そのうえで姿勢が感情や行動，認知，生理状態に与える効果を調べた研究を概観する。

2．姿勢の語源と認知意味論

　日本では，剣道や弓道，茶道などにおいても，体のあり方が心のありようと一体であるかのように，重視されてきた。教育場面でも，「姿勢を正せ」といえば，単に背筋を伸ばすだけでなく，態度や気持ちを改めるという意味で使われてきた［鈴木・春木，1992］。このように，姿勢を強調する日本の伝統は，「型の文化」［De Mente, 2003］として日本の独自性と捉えられることがある。

　しかし，これには注意が必要である。第一に，「姿勢」という日本語は比較的新しく，明治期以降の言葉である［姿勢研究所，1992］。北原ら［2003］によると，1872年の新聞に，西洋人の話を聞いた日本人の腰が屈まってしまい，その「姿整」が甚だ見苦しいという記述が出てくる。また1906年に出版された『坊ちゃん』では，「駆け足の姿勢」という表現が使われている。

　第二に，姿勢に相当する言葉が，心身の両面を意味するのは，なにも日本に限ったことではなく，洋の東西を問わず，広く見受けられる。そもそも，日本語の「姿勢」という言葉は，明治期にドイツ語の "Körperhaltung" が邦訳されて生まれたものである［姿勢研究所，1992］。この単語は，「体」を意味する "Körper" と「態度」などを意味する "Haltung" が合わさったものであり，"Körperhaltung" という言葉自体に，身体的な姿勢と精神的な態度の両方の意味がある。そのため，それを邦訳した「姿勢」にそのような両義性があることは当然といえる。現在は "Haltung" のみで，心身両面の姿勢の意をもつ言葉として使われている。なお，英語の "posture" の語源は，ラテン語の "positura" であり，元々，物理的な位置や立場を意味していたが，これも後に比喩的な意味で精神的な立場も表わすようになっていった。

　それでは，日本では，明治期以前に「姿勢」に相当する言葉がなかったかと

いうと，そうではない。古くは，「格」や「構え」という言葉が使われていた
[嶋井，2001]。「格」は，500 年以上前から，「地位」「身分」「風格」などの意
味で用いられ，「構へ」は，少なくとも平安時代から，「つくり」だけでなく，
「人の姿」「顔かたち」「身構え」「精神的な備え」「準備」などの意をもち，す
でに『源氏物語』（1001-1014 年頃）に見られる［北原ら，2003］。つまり，日
本では，姿勢という言葉こそ歴史は浅いが，構えという言葉は，体の構え（狭
義の身構え）と心構えの両方の意味で，1000 年以上使用されてきている。

　姿勢，もしくは構えという言葉が，身体面だけでなく精神面を表わすという
ことは，単なる慣用表現を超えた示唆がある。レイコフとジョンソンは，メタ
ファーとは，言語ではなく，メタファーを産出する「概念」の問題と考え，認
知意味論という領域を発展させた［Lakoff & Johnson, 1980］。たとえば，感情
（うつに陥る，気分上々など），価値（品質の高低など），立場（出世の階段を
昇る，部下など）などは，「上」「下」という方向のメタファーで表現される。
これは，動物行動（第 1 章参照）にも見られるような力関係による物理的な立
ち位置から来るものと考えられている。彼らは，抽象的な言葉の意味は，具体
的な体験が基盤になっていると主張している［Lakoff & Johnson, 1999］。本章
でも，文化的表象や記号としてではなく，生物学的背景をもった機能的な体位
としての姿勢を取り上げていく。

3．古典的研究

　姿勢を操作して感情の変化をみるというパラダイムで，最初に実験を行なっ
たのは，かのウィリアム・ジェームズ（James, W.）である。彼は 1910 年に没
したが，当時の実験監督が，後年，ジェームズの論文として出版した［James,
1932］。まず，頭，体幹，脚，腕，ひざの位置を系統的に変化させた 347 枚の
写真が参加者に提示され，接近（approach），離脱（withdrawal），拡張
（expansion），収縮（contraction）に大別される 4 つの姿勢の意味次元が抽出
された。「接近」は対象のほうを向く姿勢で，興味や関心を表わし，「離脱」は
対象から顔をそむけてのけぞる姿勢で，拒絶や嫌悪を示す。「拡張」は後屈で，
自信や優越を表わし，「収縮」は猫背で頭をたれるもので，落胆や憂うつを表

わす。

　次に，姿勢によって表出される感情と実際に姿勢をとったときに感じられる感情との関係を調べる実験を行なった。具体的には，まず参加者間で一致した30の姿勢の写真を参加者に提示し，次にその姿勢を実際にとらせて閉眼のまま維持させ，感情状態を報告させる，という手続きであった。姿勢によって感情の変化は生じる結果であったが，それは姿勢を提示してその感情を評定させた場合と半分しか一致しなかった。参加者の報告で不一致が見られた35％は，態度の違いや身体の各部位に対する注意の違いによるが，15％はそうした違いがなく，「見られた姿勢」と「感じられた姿勢」の違いであると結論づけられた。

4．現代的研究

1）自己知覚仮説

　姿勢の対自効果について，今日的な統制された実験が行なわれるようになったのは，1980年代以降である。それまでに，姿勢がもつ感情価やノンバーバル・コミュニケーションのチャネルとしての姿勢の研究も進んだが，直接的な契機となったのは，表情の変化が感情に影響するという表情フィードバックの研究（第4章参照）であり，表情だけでなく，姿勢の先天的な神経筋のフィードバックが感情に影響するという議論がなされていた［Izard, 1971, 1972 ; Tomkins, 1962］。

　そのような関心から，リスキンドら［Riskind & Gotay, 1982］は，落胆を表わすと思われる「前屈」姿勢と自信を表わす「直立」姿勢の2群を比較した（図5-1）。参加者は，「空間思考に関するテスト作成」という偽の研究目的を教えられ，そのテストを受けた。その結果を待っているあいだに別の実験者がやってきて，別室で行なわれているという生理学の実験への参加を依頼され，電極が首と腕に付けられた。「筋活動の情報を知りたいので，身体部位を実験者のいうとおりに動かすように」と教示され，知らず知らずのうちに姿勢を操作され，「前屈」か「直立」の姿勢を8分間維持させた。3分が経過したとき，元の実験者が戻ってきて，「テスト結果は全体の上位25％に入っていた」とい

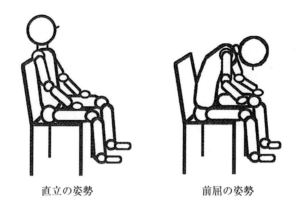

直立の姿勢　　　　　　　前屈の姿勢

図 5-1　2 種類の姿勢［Riskind & Gotey, 1982, 実験 1］（図は筆者作成）

注）直立の姿勢では，背筋を伸ばし，肩を引いて胸を開き，やや上を向くのが特徴である。

う偽の成功フィードバックを行なった。その後，「生理状態に影響を与える恐れのある気分の変動を知りたい」と偽り，参加者の気分状態を評定させた。次に，参加者は元の実験室に戻されて，「空間思考テスト」の一貫として，パズルを解くよう求められた。これは，実際は学習性無力感課題であり，試行数が少ないほど無力感が生じていると仮定される。

　結果は，前屈群が直立群よりもパズルの試行数は少なかったが，気分に違いは認めらなかった。追試でも同様の結果であった。もし参加者が実験の意図に気づいたり，実験者の期待が影響したりしているのであれば，気分にも差が出るはずであるため，要求特性は考えにくい。また疲労度にも差がないため，生理的な疲労がパズル課題に影響したとも考えられない。この結果は自己知覚理論で解釈されている。つまり，前屈の姿勢の自己知覚は，学習性無力感を引き起こしうる「将来的なレディネス（準備性）」にのみ影響し，すぐに気分には影響しないと考えた。

　その可能性を検証するため，続けて「緊張」と「リラックス」の姿勢が比較された（図 5-2）。この実験では，参加者は，姿勢（緊張・リラックス）と文脈（高・低脅威状況）をかけ合わされた 4 群に振り分けられた。例によって，参加者は，電極を装着されて，それと気づかぬように姿勢を操作された。その姿勢のまま，文脈の操作として空間思考テストを受けてもらうと告げた。ただ

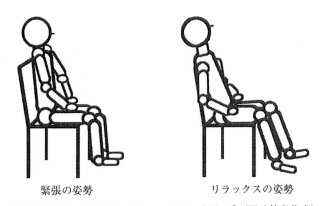

緊張の姿勢　　　　　　　リラックスの姿勢

図5-2 2種類の姿勢［Riskind & Gotey, 1982, 実験4］（図は筆者作成）
注）緊張の姿勢では肩を上げて緊張させるが，リラックスの姿勢では自然にだらんとさせる
　のが特徴。

　し，高脅威群には，そのテストが知能と深く関わるものだと伝え，低脅威群に
は，一般能力とはまったく関係せず，知能の高い人が低く出ることもあると説
明した。その後，参加者は，ストレスの自己知覚検査に回答した。結果は，緊
張の姿勢では，リラックスの姿勢に比べて，ストレスを感じやすかった。また
自己知覚仮説によって予測されたとおり，低脅威状況では姿勢間に差はなく，
高脅威状況でのみ姿勢の効果が見られた。
　リスキンドらは，姿勢は感情の変化の必要条件でも十分条件でもなく，身体
的なフィードバックは，思考や経験，状況といった手がかりの1つであり，そ
れらが統合されて感情が知覚されると考えている。

2）表出‐記憶一致仮説

　次に，リスキンド［Riskind, 1983］は，直立姿勢ではポジティブな経験を，
前屈姿勢では不快な体験を思い出しやすいのではないかと考えた。参加者は
「ポジティブ体験想起」群と「ネガティブ体験想起」群に分けられ，それぞれ
の群で2種類の姿勢をとるように誘導された（表情も合わせて操作された）。
そして，体験を4つ思い出すまでの時間が測定され，気分の評定も行なわれた。
その結果，参加者は喜びの姿勢と表情のときに，ポジティブ体験を早く思い出

し，悲しみの表出行動のときに，ネガティブ体験を早く思い出した。楽しい体験もいやな体験も，表情や姿勢がその気分に一致しているときに，簡単に思い出しやすいという仮説通りの結果である。また悲しみの表出時よりも喜びのときに，よりポジティブな気分が報告されたが，気分得点を共変量とした共分散分析の結果，気分の変化だけで体験の想起が促されるわけではないことが確認された。これにより，表出と記憶が一致するという仮説が支持された。

3）表出 - 文脈適合仮説

　では，そもそもなぜ人は物事がうまくいかなかったときにうつむいたり，また勝利を手にしたときにのびのびとした姿勢をしたりするのだろうか。前屈姿勢にはネガティブ感情を和らげる心理的保護機能があり，直立姿勢には報酬を感じやすくなるといった自己制御の効果があるのではないだろうか。そのように考えたリスキンド［Riskind, 1984］は，文脈にふさわしい表出的姿勢の効果を3つの実験により検証した。

　実験1では，参加者はまず「成功」群と「失敗」群に分けられた。成功群には，簡単なパズルを解かせて，出来が良かったと成功フィードバックが与えられた。他方，失敗群には，解けないパズルが渡され，出来が悪かったという失敗フィードバックがなされた。これは抑うつ気分を生じさせる手続きである。次に，それぞれの群の参加者は，「直立」「前屈」，「統制」（無操作）の姿勢の3群に振り分けられた（図5-1参照）。姿勢の操作は，生理機器の都合とごまかし，体をどのように動かすか教示した。「統制」の姿勢の場合は，姿勢に関する教示は何も行なわなかった。適合仮説によって予測されたように，姿勢と文脈とにずれがある場合（例：失敗のとき直立）に，そうでない場合（例：失敗のときに前屈）よりも，自信が低下した。これまでは，前屈の姿勢をすれば，抑うつ気分が増加するという方向でのみ考えられてきたが，その効果は文脈によって異なる可能性がある。

　実験2とその追試の実験3では，前屈の姿勢が単に不快であったり，疲労のもとになったりしているだけではないかという可能性を検証できるよう，比較群として，不自然で不快な姿勢で座る条件も設けられた。成功か失敗かの偽のフィードバックを受け取り，「前屈」か「直立」の姿勢に割り付けられた。そ

の結果,「失敗」した参加者は,直立よりも前屈の場合に課題に対して長く取り組むことができた。「成功」した参加者は前屈姿勢のときに,「失敗」した参加者は直立姿勢のときに,抑うつを強く感じた。「不快」姿勢には前屈姿勢と同じ効果が見られなかったため,前屈の姿勢が不快で疲労を生じさせるという可能性は考えにくい。前屈の姿勢は,そのときの状況に「ふさわしい」ときに,無力感や抑うつを和らげるという自己保護的機能をもつといえる。リスキンドは,これを姿勢が感情変化の直接的な刺激ではないと解釈し,姿勢は感情を調節するという表出‐文脈適合仮説を主張したが,この問題のさらなる検討は行なっていない。

4）新ジェームズ説

それから数年後,表情フィードバック仮説（第4章）で知られるレアードの研究チームが姿勢の研究にも着手してきた。彼ら［Duclos et al., 1989］は,これまでの姿勢研究では単一の次元でしか感情が扱われていなかったことを問題視し,「怒り」「悲しみ」「恐れ」という3つのネガティブ感情を表わす姿勢が用いられた（図5-3）。また,表情フィードバック研究で見出された個人差も考慮した。つまり,自分の表情が表わしている感情を感じやすい人と感じに

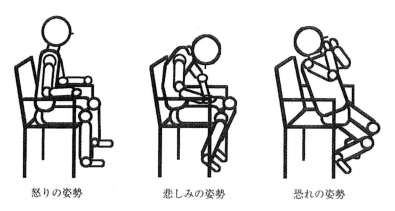

怒りの姿勢　　　　　悲しみの姿勢　　　　　恐れの姿勢

図 5-3　3種類の姿勢 ［Duclos et al., 1989］（図は筆者作成）

注）怒りの姿勢ではこぶしを固く握りしめ,悲しみの姿勢では全体的に脱力している。恐れの姿勢では,上体をひねっているが,顔は前を向き,手のひらは外側を向いている。

くい人がいることがわかっていた。前者は「自己手がかり」(self-produced cues)，後者は「状況手がかり」(situational cues)によって感情が決まる参加者だと区別していた（第4章）。先行研究と同様，この実験でも，表情フィードバックの手続きによって，自己手がかりに敏感な参加者とそうでない参加者とを区別した。

　参加者は，実験者の指示するように身体の各部位を動かし，「怒り」「悲しみ」「恐れ」のそれぞれの姿勢をとった。15秒間維持したあと「怒り」「悲しみ」「恐れ」「喜び」「関心」「嫌悪」「愉快」「驚き」の感情を評定した。予測されたように，怒りの姿勢において「怒り」の感情の評定が高くなったが，恐れの姿勢のときには「恐れ」とともに「驚き」の評定も高くなった。また，自己手がかりに敏感な群は，研究対象とした3つの感情について，当該の姿勢が他の2つの姿勢よりも高くなるという結果が得られた。しかし，状況手がかりに反応しやすい参加者は，「怒り」のみで予測された結果を示し，他の2つは有意傾向に留まった。彼らは，姿勢フィードバックの効果は，自己手がかりに敏感な参加者に現れやすいと考え，感情の末梢起源説を自己知覚によって説明するという新ジェームズ説を主張した。

5）要求特性の検討

A. 姿勢操作の自然な偽装

　その後，自己知覚理論を援用するリスキンドやレアードとはまったく異なり，認知的なプロセスを介せずに，末梢から感情への「直接」的な効果を証明しようとする研究が，ドイツから出てきた。第4章で紹介された，ペンをくわえさせるという画期的な表情操作方法を考案したシュテッペルら[Stepper & Strack, 1993]による実験である。有名な研究であるため，やや詳しく紹介しておきたい。彼らの研究で，表情フィードバックが起きるのは，感情喚起刺激（可笑しいマンガ）が提示されたときに，それと一致する表情（笑顔）をする場合だということがわかっていたため，この研究でも同様に，姿勢をとるときの状況と合わせて検証されている。

　「作業環境が課題遂行に及ぼす効果を調べたい」と研究目的を偽って，参加者は異なる高さの机に割り当てられ，自然な形で姿勢が操作された。(a) 参加

者が筆記する際の普段の姿勢（標準的な高さの机と椅子で，姿勢の教示はない），（b）直立の姿勢（同じく標準的な机と椅子だが，課題中は背筋を伸ばすようにと教示），（c）前屈の姿勢（座面よりも机が低く設定されており，教示はないものの，おのずと腰が曲がる），という3種類の姿勢があった。

　次に，①達成度テスト，②運動技能テスト，③気分テスト，という3種類の課題をこの順序で受けるよう求められた。達成度テストは，知能検査の一種（レーヴン漸進的マトリックス）で，結果にかかわらず，あとから全員に「平均よりもはるかによい成績でした」と偽の成功フィードバックを与えるためだけに使用された。運動技能テストも，採点しているふりをする時間を稼ぐためのダミーだった。気分テストのみが実験者が本当に知りたい点で，そのテストの最初のページに達成度テストの偽の結果が書かれていた。

　どのような状況で特定の姿勢をとれば感情が変化するのかを検討するために，直立か前屈の姿勢の操作は，第1条件は気分テストのとき，第2条件は運動技能テストと気分テストのとき，第3条件は達成度テストのとき，第4条件は達成度テストと気分テストのときに行なわれた。第5条件（統制群）では，すべてのテストに普段どおりの姿勢で回答した。よって，参加者は，3種類のいずれかの姿勢で，偽の成功フィードバックを受け，気分テストに回答したことになる。

　分析の結果，第1条件と第4条件でのみ，直立のほうが前屈よりも自信が高かった。つまり，成功フィードバックをもらうときに，普段の姿勢から直立に変えると，普段の姿勢から前屈になるよりも，自信を強く感じた。一方，運動技能テストの時点からすでにその姿勢を維持していた場合には，成功フィードバックをもらっても，姿勢によって自信の程度に違いが見られないことも判明した。統制群と比較すると，直立姿勢との差はなかったが，前屈では自信の感情が低くなることがわかった。なお，姿勢の不快さが感情に影響したわけではないことも確認されている。

　この結果が示唆するのは，自分が取り組んだ課題が成功したと知るときに，背筋を伸ばすと，猫背になるよりも，自信が増すが，その課題をやっているときの姿勢は，後の気分には影響しないということである。つまり，姿勢の効果は，外部フィードバック（成功の情報）と内部フィードバック（姿勢の自己受

容刺激）が同時に生じる際に見られるということになる。姿勢を変えることで生じる効果は，変えた直後が最も高く，その後は馴化が生じるという可能性も指摘されている。いずれにしても，実験の目的に気づいた参加者は皆無であり，姿勢が表わす感情の意味を参加者が解釈することによって感情の変化が起こるのではなく，自己受容刺激が直接的に感情に影響を及ぼすと考察されている。

B.　期待変数の操作

　時を同じくして，カナダでは，ダンス・セラピーを背景として姿勢の研究が行なわれた［Rossberg-Gempton & Poole, 1993］。彼らは，ダンス・セラピーの前提にあるように，身体感覚や動作に対する意識性（気づき）をとおして感情が体験されるのであれば，身体の動きをとおして感情のコントロールができるはずだと考えた。この研究では，従来，明らかにされなかった姿勢の維持時間や要求特性の問題にまで立ち入り，きわめて巧みにデザインされている。

　彼らは，日常場面でしばしばとられる「開放」の姿勢と「閉鎖」の姿勢を，立位と座位でそれぞれ3つずつ，計6姿勢を取り上げた（図5-4）。そして，(a) 姿勢条件によって特徴的な情動変化は生じるか，(b) 姿勢の維持時間による差はあるか，(c) 感情変化は実験者期待の大きさによるものか，の3点を検証した。期待の大きさは，小さい順に「この姿勢を x 秒間とってくれませんか」，「気分が変化するかどうかを見るために，姿勢と気分との関係について調べています」，「どのように気分が変化するかを見るために，姿勢と気分との関係について調べています」，「この姿勢をとるとほとんどの人がポジティブ（あるいはネガティブ）に感じます」と4段階で，教示をとおして操作された。参加者デザインは，姿勢条件と維持時間は参加者内，期待変数は参加者間計画であった。表情がわからないようにされた姿勢の写真を見せることで，姿勢が操作され，15秒と30秒が経過したとき，感情を評定してもらった。

　分析の結果，(a) 姿勢をとる前に比べ，開放の姿勢では快感情が増加したが，不快感情の減少は見られず，閉鎖の姿勢では快感情が減少し，不快感情が増した。(b) 姿勢の維持時間は15秒と30秒とで差がなかった。(c) 期待変数の大きさによる感情の差はなかった。メカニズムは明らかでないものの，姿勢によって感情が変化するという，ダンス・セラピストや精神分析家の以前からの指摘を支持するものであると述べている。

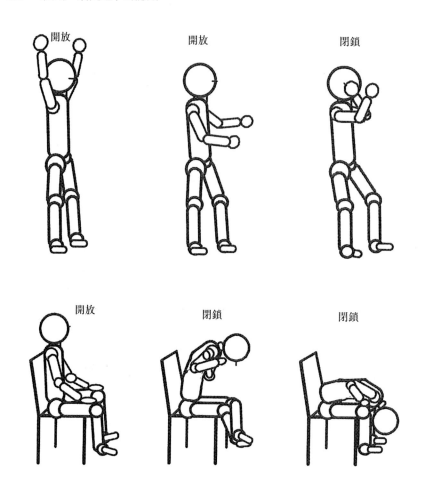

図5-4　6種類の姿勢［Rossberg-Gempton & Poole, 1993］（図は筆者作成）
注）開放の姿勢ではいずれも指を開いている。座位の開放姿勢では掌が上を向き，閉鎖姿勢の
　　場合はこぶしが握りしめられている。また，立位の閉鎖姿勢では顔がやや横を向いている。

6）臨床群への拡大

　姿勢や表情を用いた末梢フィードバック仮説を精神科患者に適用する研究も，
レアード一派によってなされている［Flack et al., 1999］。対象に選ばれたのは，
統合失調症の患者である。感情鈍麻や表出と感情とのずれ，表出の減少が統合

失調症の特徴とされるためである。比較群として単極性のうつ病患者と，精神医学的な問題のない外来患者も健常群として選ばれた。統合失調症の患者は，健常群や，あるいは同じ精神科患者であっても，うつ病患者と比べると，操作された表出と感情の評定とがあまり一致しないと予測された。

　ダクロスらの研究と類似した実験を行なったところ，統合失調症群が「怒り」の姿勢のときに，怒りを最も感じるという傾向があったのみで，うつ病群でも「悲しみ」と「驚き」で同じ傾向が見られた。当初，予測された統合失調症患者における表出と感情とのずれも見られなかった。臨床群の感情の強さは，健常群の場合よりも，はるかに小さかったとはいえ，少なくとも，従来考えられてきたように，統合失調症患者は表出ができなかったり，感情を感じられなかったりするわけではないことを示唆するとまとめている。

5．日本国内の一連の研究

　本邦では，青木［1975］が，姿勢と感情との関係を論じるなかで，姿勢が感情を表出するという面とは反対に，姿勢もまた感情を規定する側面があると指摘している。ジェームズなどは踏まえていないが，メカニズムとしては筋から感情の中枢への働きかけや，内臓の圧迫の度合といった影響があると考えている。しかしながら，実証的なデータはなく，その意味では，鈴木らの一連の研究［概要は Haruki & Suzuki, 1994 参照］が日本初の実験であり，海外にもひけをとらず，早い段階から研究されてきた。

1）日本初の実験

　日本の研究は，理論的背景にしても，研究手法にしても，海外のそれとは大きく異なっている。くり返し問題にされたのは，湯浅［1986］が指摘するような「身体から心へ，形から心へ」という東洋の修練法であり，身体心理学のパラダイムである。

　鈴木［1984］は，まずジェームズ［James, 1932］の研究をもとに，「自信」「落胆」「注意」「拒絶」という4つの状況を参加者に教示し，実際にジェームズが抽出したような姿勢がとられることを再確認した。次に，参加者は，この

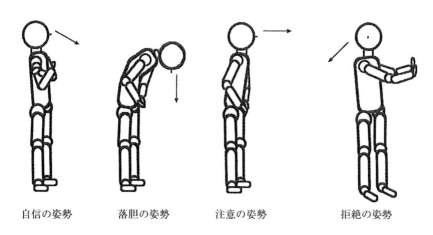

自信の姿勢　　　　落胆の姿勢　　　　注意の姿勢　　　　　拒絶の姿勢

図5-5　4種類の姿勢［鈴木，1984］（図は筆者作成）

注）この実験では，姿勢が男女で異なっており，上図はすべて女性の場合である。男性の場合，
すべての姿勢で足をやや開き，落胆の姿勢では腕を横に下げ，注意の姿勢では手を後ろで組
んでいる。拒絶の姿勢では体全体が対象に対して45度に向き，視線は後方斜め下を見ている。

4種の姿勢（図5-5）をそれぞれとり，そのときの気分について，両極尺度
（例，力強い‐弱々しいなどの形容詞対）を用いて評定した。姿勢の操作は，4
種の姿勢の写真が使われた。その結果，「自信」の姿勢では，力強く支配的で，
「落胆」の姿勢では，弱々しく服従的な気分となった。「注意」の姿勢では，関
心を示すことのみが顕著にあらわれ，「拒絶」の姿勢では，親しみにくく拒否
的な気分になった。

2）イメージした姿勢との違い

A. 参加者間比較

先の研究では，写真を見せて姿勢の操作を行なっているため，姿勢をとった
ときの気分というよりも，写真の印象を評定している可能性もある。そこで，
鈴木［1986］は，姿勢を実際にとる場合と，同じ姿勢をイメージした場合との
比較を行なった。また「あごを引いて，背筋を伸ばして，体の力は抜く」とい
う「基準」の姿勢と，「あごを引いて，背筋を伸ばして，手は体の横につけて
指先までまっすぐ伸ばし，まっすぐに前を見る」という「緊張」の姿勢が加え

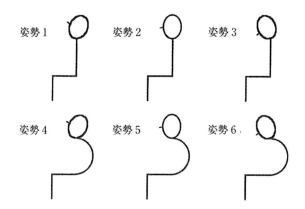

図 5-6　6種類の姿勢［春木・鈴木，1992］（図は論文内の模式図を参考に筆者が作成）

注）すべての姿勢で，手は軽くひざの上に置かれている。男性は足を少し開き，女性は自然に
　　閉じている。

られた。実際に姿勢をとる「行動群」には，写真を提示せずに，体の部位を動かしてもらうことで姿勢を操作し，姿勢を単に想像する「イメージ群」には，録音した教示を聞かせ，椅子にすわったままイメージしてもらった。

　各姿勢の効果としては，「緊張」の姿勢で，緊張して堅苦しいという気分を示した以外は，鈴木［1984］の結果と類似していた。実際に姿勢をとる場合と，イメージする場合とでも，大きな違いは認められなかった。ただ，気分を回答するまでの時間は，姿勢をとったときのほうが，イメージのみの場合よりも時間がかかった。基準の姿勢との違いは明瞭ではなかったが，方向性としては各姿勢に対応する気分を部分的に生じさせた。また，男性の場合は，イメージだけのほうが，実際に姿勢をとるよりも，各姿勢と基準姿勢との違いが明確であり，逆に，女性は実際に姿勢をとるほうがイメージのみよりも顕著な違いが見られた。

B.　参加者内比較

　鈴木［1988］は，次に同じ参加者内で比較することで，実際に姿勢をとったときに感じる「臨場感」に違いが見られないか検討した。「自信」「落胆」「拒絶」「基準」の4姿勢が用いられ，いずれも立位であった。結果は，おおむね

先行研究と類似していたが，臨場感尺度（例，実感のある‐実感のない，はっきりした‐ぼんやりした）では，各姿勢の特徴は見られず，実際に姿勢をとる場合とイメージするだけの場合も，明瞭な差は認められなかった。ただ，実際に姿勢をとったほうが生き生きとして臨場感があったという内観報告もあり，方法論上の課題が浮き彫りになった。

3）姿勢と音楽との関係

その後の研究は，すこし視点を変えて行なわれている。鈴木・春木［1989］は，座位姿勢の「正面向き」「うつむき」，リクライニング・チェアでの「仰向け」に加えて，軽快な音楽と暗い音楽を組み合わせた。軽快な音楽は，力強く，自信のある気分，暗い音楽は，弱々しく，自信がない気分を生じさせた。うつむき姿勢は，軽快な音楽を聴く場合でも，他の姿勢と比べ，弱々しく沈んだ気分にさせ，暗い音楽の場合も，正面向きに比べ，消極的で暗い感じになり，仰向け姿勢と比べて不快感を生じさせた。また仰向けは，正面向き姿勢と比べて，開放的でゆったりした気分にさせた。とくに，うつむき姿勢の効果が大きいことが明らかになった。

4）姿勢と発話内容とのずれ

次に鈴木［1990］は，ベイトソン（Bateson, G.）がダブルバインド（二重拘束）と名づけた事態のような，コミュニケーションのチャネルのずれ（ここでは姿勢と発話内容）に目をつけた。その検討にあたって，実験1では，基準（背筋を伸ばした正面向き），弛緩（浅く腰掛け，背もたれに寄りかかった後傾），拒絶（上半身を右に45度回転），注意（上半身を45度前傾），落胆（背中を丸めた下向き）という5種の座位姿勢の効果を検討した。注意と落胆の姿勢はやや類似した結果となったが，各姿勢は先行研究と同様の特徴的な気分状態を示し，腰部の屈曲角度と体軸の回転によって感情が変化することが確認された。

つづいて実験2では，「弛緩」「落胆」「基準」の3姿勢と，「おはようございます」「よし頑張るぞ」「ああもうだめだ」の3種類の発話内容での一致・不一致によって，どのような気分が生じるか調べた。気持ちが表現できて，心身が

ぴったりした感じになるのは，基準の姿勢で「おはようございます」「よし，頑張るぞ」と言う場合で，逆に気持ちが表現できず，心身がバラバラだと感じられるのは，弛緩と落胆の姿勢で同じせりふを言ったときと，基準の姿勢で「ああもうだめだ」と言う場合であった。気分は発話によっても影響を受けるが，発話するときにどのような姿勢であるかによって大きく影響を受けるという行動の意義を示す報告である。

5）体幹と顔面の角度

　これまでの知見を踏まえ，鈴木・春木［1992］は，行動のもつコミュニケーション機能，つまり他者に対する効果を「対他効果」と名づけ，行動が行動主体者に与える効果を「対自効果」と呼び，この区別をもとに姿勢を捉え直した。体幹の左右方向はおもに「拒絶」などの対他的次元，体幹の前後方向が対自的次元とされ，この研究では姿勢の対自効果を検証すべく，体幹の前後の角度と顔面の向きが系統立って操作された。

　姿勢は，図5-6のように，顔の向き（上向き，真正面，下向き）と体幹の状態（伸ばす・曲げる）の組み合わせからなる6種類が用いられた。鈴木［1988］と類似した方法で実験したところ，姿勢1は積極的で生き生きしており，姿勢2は自信があり生き生きして，姿勢3は深刻ではりつめ，姿勢4は弱々しく生気がなく，姿勢5は不健康で静的となり，姿勢6は暗く沈んだ気分を示した。背筋を曲げていると，顔の向きに関係なく，活力や明るさが低下し，背筋を伸ばしていても，顔を下に向けると，自信がなく暗い気分が生じた。イメージ評定でも，行動評定の場合とほぼ同様の結果が得られている。

　また，姿勢を単にイメージしたときよりも，実際にある姿勢をとったときのほうが，迫力があり，はっきりしているといった臨場感が高いと評価されたものの，気分は行動評定でもイメージでも違いが見られなかった。気分の変化が，実際に姿勢をとったときの姿勢そのものから生じる感覚によってではなく，その姿勢の外見やその姿勢になる状況などといった認知から生じている可能性が考えられ，その場の実感を評定しているのか，過去の体験を評定しているのかの区別が困難であること，評定という認知的な判断を媒介としていることが問題点として指摘されている。

6) 姿勢が感情に影響するプロセス

姿勢はどのようにして感情に影響を与えるのだろうか。レアードやリスキンドは，自己知覚理論で説明する一方で，シュテッペルらは「解釈」という認知過程を介さずに，姿勢が「直接」的に感情に影響を及ぼすと主張している。つまり，姿勢をとるという「行動」が感情に影響するのか，姿勢についてのイメージなどの「認知」が媒介しているのか，議論が分かれている。筆者ら［菅村ら，1999］はこの問題を検証した。

表情フィードバック仮説では，表情筋の反応は敏速であるため，表情反応と感情反応がほぼ同時であっても矛盾しないことや，20以上の表情筋の組み合わせによる反応パターンは相当数にのぼり，それによって感情の質的な差異が説明されることなどが論拠にされている。しかし，姿勢は無意図的な反応もあるが，「感情反応とほぼ同時」といえるほど敏速ではない。これは，一方では，姿勢による感情変化が，自己知覚のような認知を媒介する可能性にもつながるが，他方では，筋フィードバックよりも身体感覚の変化に大きく起因する可能性を示唆すると考えた。

そこで，この「自己知覚のような認知」と「身体感覚」の感受性を参加者の特性としてあらかじめ調査し，その特性と姿勢による感情変化の程度を比較するという新しい方法を考えた。姿勢に対する意味づけには個人差が確認されていないため，姿勢から感情などをイメージする能力は心像鮮明性尺度［長谷川，1991］で，全般的な身体感覚の感受性はボディ・アウェアネス尺度［岸，1995；岸・春木，2004］で測定した。姿勢は，意味づけが明確な自信－落胆，注意－拒絶の2次元に基準を加えた5姿勢としたが，参加者には筋単位で操作した（図5-7）。その結果，落胆の姿勢で，気分が大きくネガティブに変化し，自信の姿勢で優越感が高まり，拒絶の姿勢で，非友好的な気分を増加させた。基準の姿勢と比べても，とくに落胆と拒絶の姿勢で注意・関心が大きく減少した。

次に，参加者の特性との関連を調べてみたところ，落胆や拒絶の姿勢での感情変化には身体感覚の感受性が関連する一方で，自信の姿勢をはじめとして，他の姿勢でも自信の感情の変化にはイメージ能力が関係していることが判明した。参加者は，どのような調査でスクリーニングされたのか知らされておらず，

実験者も参加者の調査得点がわからないようにして実験がなされたため，要求特性の可能性は考えにくい。総じて，身体感覚が感情の変化に関わっているが，自信に関していえば，身体感覚ではなく，イメージという認知が関わっている

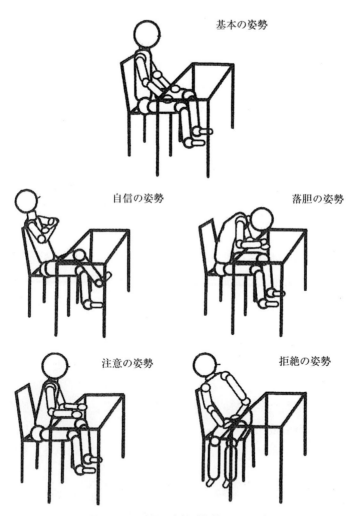

基本の姿勢

自信の姿勢　　　　　　　　　　落胆の姿勢

注意の姿勢　　　　　　　　　　拒絶の姿勢

図 5-7　　5 種類の姿勢 ［菅村ら，1999］

注）この実験では，対人知覚も指標にし，対人場面を想定していたため，落胆の姿勢以外では，視線はすべて正面向きである。

ことがわかった。基本情動理論を援用すると，落胆や拒絶には生物学的な適応
価があり，そのメカニズムには身体的な基盤があるが，自信は生存にとって不
可欠でないため，認知的プロセスによって感情変化が生じたと解釈される。

7）姿勢が自律神経系活動に与える影響

　姿勢が感情に影響するプロセスとして，身体感覚が重要な役割を果たしてい
ることがわかったが，実際，どのような身体感覚の変化が生じるのだろうか。
筆者ら［菅村ら，2002］は，姿勢と自律神経系活動との関連を検討した。心電，
一側耳朶容積脈波，末梢皮膚温，呼吸（胸部・腹部の運動）などを計測した。
姿勢は，生理反応の記録に支障を与えない範囲で参加者にまかされた「無教
示」（ベースライン），背もたれに寄りかかり，胸を広げ，掌を机に上向きに乗
せた「拡張」，躯幹をまっすぐに伸ばし，掌を自然に机に降ろした「直立」，前
屈して頭を下げ，胸を狭めて掌を机に下向きに乗せた「前屈」という4姿勢が
採用された。体幹の直立と屈曲は，机の高さを調整し，胸の開閉に関しては，
机上の腕乗せ用のゴム板の位置を変えることで操作した。

　その結果，心拍率にのみ姿勢の効果が認められた。ベースラインと比較して
直立姿勢で心拍が増加し，前屈姿勢と拡張の姿勢では減少した。表情の研究
［Levenson et al., 1990］によると，心拍が増加するのは悲しみ，減少するのは
喜びのときである。これと一致して，喜びに近い快感情である「自信」を表わ
す拡張の姿勢で心拍は減少した。しかし，悲しみに近い「落胆」を表わす前屈
の姿勢でも心拍は減少し，先行研究と逆の結果となった。筋活動量の多い姿勢
において心拍数が高くなるという報告があるが［佐藤・安河内，1976］，この
実験でも比較的楽な拡張と前屈で心拍数が減少し，直立の姿勢で増加した。こ
れは心拍の変化が腰部の筋緊張度と関係していることを示唆しており，姿勢の
変化は，ヴント（Wundt, W.）の「感情の3次元」として知られるような，緊
張－弛緩，興奮－沈静，快－不快といった，プリミティブな次元と一次的に関
わっており，個々の情動とは副次的に関わっているのかもしれない。

8）抑うつの軽減効果

　これまでの研究を踏まえると，基本的に姿勢はその姿勢が表す感情状態を喚

起する機能がある。ただ，例外的に，前屈の姿勢は，そのときの文脈に合致していているときに，抑うつを和らげるという表出 - 文脈適合仮説 [Riskind, 1984] があった。この問題について，筆者ら [Sugamura et al., 2008] は，実験的に参加者を抑うつ気分に誘導したうえで，直後にいくつかの姿勢を取らせ，どの姿勢が抑うつからの回復に効果があるか検証した。

　具体的には，まずベースラインとしての気分状態を測定し，次に暗い音楽を聴かせながら，過去の落ち込んだ体験を記述してもらうという情動再体験法を用いて抑うつ気分誘導を行ない，再度，気分測定を行なった。その後，「拡張」「直立」「前屈」の 3 姿勢のいずれかをとらせて気分測定をした。なお，姿勢操作は，前記の研究と同様，机の高さと生理機器の都合であると偽装して行なった。

　その結果，抑うつ誘導によって抑うつ気分が有意に高まり，その後，拡張と直立姿勢をとった場合は抑うつ気分が有意に低減したが，前屈姿勢ではそのような効果が見られなかった。また拡張と直立の姿勢では気分に違いはなかったが，前屈姿勢はいずれの姿勢よりもネガティブ気分を強く示した。リスキンドの表出 - 文脈適合仮説は裏付けられず，むしろ姿勢に関する多くの先行研究と一致する結果であった。これは，抑うつ状況と一概に言っても，「現在の失敗の体験」か「過去のつらい体験」を思い出すか，という文脈の違いによるのか，リスキンドの実験結果が例外なのかどうかも含めて今後の検討課題である。

6．姿勢研究の新展開

　これ以降，姿勢研究はいったん下火になったように見えたが，最近になってふたたび姿勢を用いたアプローチが国内外で報告されはじめ，注目を集めている。ここでは，その一部を紹介したい。

1）姿勢が脳活動に与える影響

　姿勢が生理状態に及ぼす効果については，いま紹介したように，自律神経系反応を指標にした報告はいくつかあるが，脳活動に与える影響については，ほとんど検討されてこなかった。MEG（脳磁図）や fMRI（機能的磁気共鳴画像）

は，計測時の姿勢に制約があることなども背景にあった。そのような状況のなか，NIRS（近赤外線分光法）を用いた脳機能の研究が盛んになってきた。この装置は大脳皮質の血液中のヘモグロビン濃度を指標に脳活動の程度を計測するものであるが，さまざまな姿勢に対応できるメリットがある。日本では医療用として認可され，保険収載もされ，精神障害者を対象にした研究も増えてきている。

　たとえば，健常者とうつ病者に対し，語流暢課題（特定の音で始まる単語を列挙してもらう）を実施したところ，うつ病者には前頭葉の活動の相対的な低下が確認されている［Matsuo et al., 2000 ; Okada et al., 1996］。とくに前頭前野，および背外側面前方周辺において，酸素化ヘモグロビン増加の程度が減じていた。前屈の姿勢が抑うつ気分に導くとすれば，その際に生じる前頭葉活動の低下によって，感情の評価ができるのではないだろうか。

　その可能性に目を付けた筆者ら［Sugamura et al., 2007］は，NIRS を用いた姿勢研究を試みた。ベースライン測定後，参加者に図5-8 のそれぞれの姿勢と無教示の姿勢を取らせたまま，語流暢課題を実施し，姿勢間で比較した。その結果，ヘモグロビン濃度が最も増加したのは，後傾と直立姿勢のときであり，前屈姿勢では増加の程度が最も小さかった。部位でいえば，言語の理解に深く関わっているとされるワーキングメモリ周辺で，とくに明確な結果が得られた。実験当初，後傾姿勢で脳活動が増加することは予想していなかった。だが，物事に「正面から向き合って」考えることもあれば，時には行き詰まって天を仰

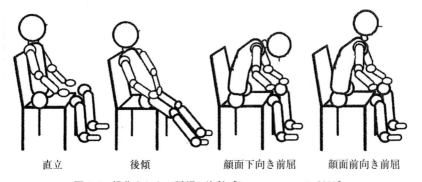

| 直立 | 後傾 | 顔面下向き前屈 | 顔面前向き前屈 |

図5-8　操作された4種類の姿勢［Sugamura et al., 2007］

ぐこともある。実際，オフィスチェアにはリクライニング機能がついているこ
とも多く，考える際に仰け反ったり上を向いたりすることは，経験に即してい
るといえる。

2) 姿勢がホルモン分泌と行動に与える影響

　カーニーら［Carney et al., 2010］は，拡張と収縮の姿勢が，動物行動学的
にも権力関係を表すことを受けて，心理指標に加えて，権力感を反映すると考
えられるホルモン，そして実際の行動を調べた。拡張と収縮の姿勢はそれぞれ
座位と立位の2種類ずつが用いられた。生理機器の都合と称して姿勢が操作さ
れ，その状態を1分間保持してもらった。姿勢操作から17分後に唾液のサン
プルを取り，ホルモン値を測定した。

　その結果，まず心理指標では，拡張姿勢は収縮姿勢に比べて主観的な力強さ
（権力感）が高いことがわかった。生理指標では，拡張の姿勢によって支配ホ
ルモンといわれるテストステロンが増加し，ストレスホルモンとされるコルチ
ゾールが減少したが，収縮の姿勢では逆の結果になった。加えて，ギャンブル
課題（2ドル与えられて，それをもらうか，2ドル賭けて当たり目が出れば，
計4ドルもらえるかの2択。勝率は2分の1）を行なったところ，拡張姿勢で
は86％の参加者がリスクを求めて賭けを行なったのに対して，収縮姿勢では
60％に留まった。各姿勢の心理的な快適さ，難しさ，痛みについては差が見
られなかったため，行動や生理的な変化は，姿勢にまつわる要因ではなく，姿
勢そのもののポーズに起因すると考察されている。

　ただし，その後，別の研究グループが参加者数を増やして行なった追試では，
拡張姿勢は主観的な力強さに影響するものの，テストステロン，コルチゾール，
リスクテイキングの結果は再現できなかったと報告されている［Ranehill et
al., 2015］。それに対して，原著者ら［Carney et al., 2015］は，拡張姿勢に関
する他の実証研究をレビューし，ディセプションの有無や姿勢の保持時間と
いった方法論上の問題によって再現に失敗した可能性を指摘しているが，実験
者の期待効果については今後の課題とされている。

3）姿勢が認知に与える影響

　近年，身体化認知（embodied cognition）に関する研究が相次いで発表され，話題を呼んでいる。身体化認知とは，狭義では体の状態に影響される思考を指す。従来，中枢における情報処理は，末梢である身体反応と独立していると考えられてきたが，物事や他者に対する判断や意思決定などの認知プロセスに，身体動作や感覚が重要な役割を果たしていることが知られてきている［菅村，2015］。触覚や温度感覚などの皮膚感覚が認知に影響する報告が目立っているが［本元ら，2014］，姿勢に伴う感覚である自己受容感覚にも再び注目が集まっている。

A．道徳判断

　たとえば，姿勢が倫理意識に影響するという研究［Yap et al., 2013］もある。大学生がテレビゲームの生理学的研究という名目の実験に参加した。ゲームセンターのカーレースのゲーム機を模した設定で，前方にディスプレイ，その下にハンドル，足下にはブレーキとアクセルがあった。ゆったりと座る拡張群（背もたれからハンドルまで57 cm，椅子の中心からブレーキペダルまで58 cm，座面の高さ50 cm）と窮屈な収縮群（同じく43 cm，42 cm，37 cm）に割り振った。ゴールするまでのタイムを競うが，今回は5分以内にゴールすれば10ドル進呈するが，レース中に何かに衝突したら10秒間停止しなければならないというルールを設けた。衝突後に10秒待たずに発進した回数を不正行為として，倫理意識の指標とした。

　ゲームはこっそり録画されており，そのデータを分析した。その結果，衝突の回数は，拡張群が約7回で，収縮群が約4回だった。ゆったりした姿勢だと，やや荒い運転になることを示している。不正行為の回数は，衝突回数の釣り合いをとっても，拡張群が約6回で，収縮群が約3回だった。ゆったりした姿勢では道徳判断が緩くなる，つまり不誠実さが増すことが判明した。この研究者らは，姿勢が直接的にこうした認知に効果を与えるのではなく，拡張姿勢によってもたらされる偉ぶった感覚（権力感）が媒介し，間接的に認知に影響すると予想していたが，媒介分析の結果，間接的な影響よりも，直接的な効果が大きいことが明らかとなった。

B．疑念

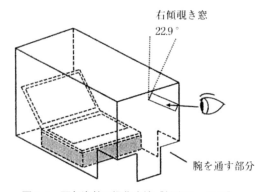

右傾覗き窓
22.9°

腕を通す部分

図 5-9　頭部姿勢の操作方法 ［杉本ら，2016］

注）首を右に傾ける場合の例。角度は事前に実験を行なって設定した。

　全身的な姿勢だけでなく，部分的な姿勢が認知に影響を及ぼすこともある。筆者らは，「首を傾げる」というメタファーに着目し，実際に頭部姿勢を変化させ，疑問や不審が高まるか検討した［杉本ら，2016］。「視覚に関する実験」という名目で，箱に開けられた角度の異なる穴を覗かせることで，右傾，左傾，無傾の 3 種の姿勢を操作し，箱の中のディスプレイを見ながら回答してもらった（図 5-9）。

　その結果，首を右に傾げると，傾げない場合よりも，社会的に望ましい人物の評価が低くなった。これは提示された人物描写を字面通りに受け取らなかったと解釈できるため，首傾げ姿勢が疑問や不審を高めるという仮説は右傾に限って支持された。実験当初は，右傾と左傾の区別は想定していなかったが，大半の人は生まれつき首を右に傾けやすいという報告［Anderson & Imperia，1992］もあり，首を傾げて疑問を表すのは右傾の場合が多いために，右傾の頭部姿勢で効果が見られたのかもしれない。

4）椅子を用いた姿勢教育

　冒頭で述べたように，姿勢を正すことの重要性は，古くから知られてきたが，現代の日本では，西田幾多郎に学んだ哲学者，森信三（1896-1992）が東洋思想を踏まえた「立腰教育」を提唱している。森［1983］は，「立腰」という発想が，古来，東洋で広く実践されてきた自己確立の修養法であり，禅をモデル

にしていると述べている。そして，「もし我われ人間が，単に精神的存在だとしたら，あるいは精神の決心だけでも，主体を確立しうるかも知れない。しかし我われ人間が，如是の身・心相即的存在である以上，真に主体的になるには，その工夫方法もまた，身・心相即的でなければならぬわけである」（p.228）と考えており，身体心理学の考え方と深く共鳴する。

　森［1981］は，腰を立てることによって，「やる気が起こる」，「集中力が出る」，「持続力がつく」，「頭がさえる」，「勉強が楽しくなる」，「成績がよくなる」，「行動が俊敏になる」，「バランス感覚が鋭くなる」，「内臓の働きがよくなる」，「スタイルがよくなる」，などを挙げている。こうした立腰の効果は，もちろん，実証されているわけではないが，これまでの姿勢研究からしても，すべてとは言わずとも，少なくともいくつかの効果は期待できそうである。

　春木は，普段から児童や生徒が座っている椅子を改良することによって，姿勢教育につなげられないか考え，マツオ制御システムと岡政椅子製作所の協力

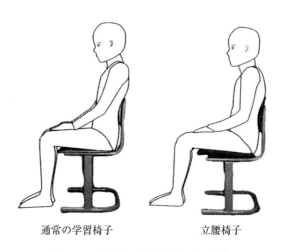

通常の学習椅子　　　　　　　立腰椅子

図5-10　２種類の椅子と着席時の姿勢

注）小学校高学年の児童が座った写真をもとに，人物が特定されない形でできるだけ正確に姿勢をトレースした。通常の椅子では背中が多少仰け反った姿勢になっているが，立腰椅子では自然に頭が背骨に乗っかった理想に近い形となっている。なお，立腰椅子の正式名称は「立身出世椅子」。同様のコンセプトで家庭やオフィス向けとして作られた「心身健康椅子」とは素材や座面の高さの調整の仕方などが異なる。

を得て，長時間でも自然と腰が立つようにサポートする立腰椅子（図5-10）を開発した。2005年から，桜美林大学健康心理学研究室が中心となり，長野県のとある小学校と中学校にこの椅子を導入し，その効果を検証してきた。小学校5年生を対象にして半年間にわたって行なわれた研究［春木ら，2006］では，従来の椅子と比べて，イライラすることが少なくなり，落ち着いて勉強できるようになっただけでなく，生き生きした元気な気持ちが高まることもわかった。また家庭でも姿勢に対する意識が高まり，教師からの評価でも子どものやる気や集中力，持続力の向上が確認された。

　その後，引き続き行なわれた1年間の追跡調査［北見ら，2007］では，自分の姿勢に意識を向けるようになった児童と，そうでない児童に分かれたが，前者では落ち着いて勉強できる児童が増え，それが維持される一方で，姿勢への意識が向上しなかった児童の勉学態度には変化がないことが判明した。また同時期に行なわれた小学校4～6年生を対象にした研究［阿部ら，2007］では，勉強時の姿勢への意識が高まった児童は，対人関係やセルフコントロールも向上し，歩行時にも背筋を伸ばすようになった児童は自己理解が深まったと感じていることがわかった。

　ただし，姿勢の意識については，この小学校では朝の始業前に，腰を立てて黙想するという実践も行なわれているため，椅子を介した姿勢そのものの効果とは言えず，また生活態度や自己理解などとの関係も疑似相関の可能性が否定できない。さらに，自分の姿勢がよいという意識が高まった児童のほうが，気持ちが暗くなることが増えたという報告［神庭ら，2007］もあり，すべてがクリアなデータというわけではない。もっとも，気づきを重視する多くの心理療法では，ポジティブであれネガティブであれ，それに気づくことが次のステップにつながると考えられており，否定的な結果とは必ずしもいえない。自己受容感覚への気づきによって，ネガティブな感情も含め，さまざまな気づきが増すという側面については，慎重に検討する必要がある。

　最近行なった筆者らの研究［Sugamura et al., 2016］では，上記の小学校の全学年の児童を対象に，通常の学習椅子と立腰椅子で授業を受ける場合のそれぞれを実施し，授業後に椅子への評価と気分［坂入ら，2016］を回答してもらった。その結果，すべての項目に，低学年から高学年まで仮説通りの有意差

が見られた。評定値で見ると，通常の椅子に対しては，好き嫌いは特になく，座り心地はやや悪く，ちょっと大事にしたいという程度であったが，立腰椅子に対しては，すごく好きで，座り心地もすごくよく，すごく大事にしたいと感じていた。また通常椅子に座ると，普段と同じ気持ちのままで，ポジティブでもネガティブでもなかったが，立腰椅子では，リラックスして落ち着いた気分であると同時に，イキイキとした元気な気分になることが明らかになった。これは，学習やスポーツでも，高いパフォーマンスが期待できる気分状態である。

7．おわりに

　本章では，姿勢が感情，認知，行動，生理状態に影響を与えるという国内外の諸研究を展望した。すべてではないものの，多くの研究に共通しているのは，頭を垂れた猫背の姿勢（前屈姿勢）がもつネガティブな効果である。最後に教育的応用として触れた「立腰」（直立姿勢）については，鈴木の一連の研究では基準の姿勢と比べて明瞭な効果が確認できず，筆者らの研究でも後傾との違いは明確でなかった。直立姿勢の効果とは，前屈の姿勢と比べての相対的なものなのか，それとも森が主張するような直立姿勢がもつ固有の効果があるのか，今後の研究を待たねばならない。

　この点に関して，浮かび上がった課題の1つは，姿勢に対する意識性の問題である。ここでいう意識性とは身体感覚への気づきであり，レアードやリスキンドが仮定する自己知覚とは本質的に異なるものである。表情フィードバックは，瞬時に生じる先天的な筋反応パターンなどが背景にあると考える研究者もいるが，その場合でも，筋感覚への気づきなどは想定されていない。しかし，姿勢は全般的な身体感覚の変化を伴うため，自己受容感覚への気づきが感情の変化に重要な役割を果たしているのかもしれない。身体感覚への気づきは，他者への共感や感情制御と関係していることが知られているため［春木・菅村，2013］，姿勢の「型」に即時的な効果があるのか，姿勢への意識が肝要であるのか，指標を変えながら検証する必要がある。これは，この分野を開拓したジェームズが提起した「見られる姿勢」と「感じられる姿勢」との違いの問題が，今なお続いていることを示している。

　今後の研究としては，1つは多変数に分けて研究するという方向性がある。姿勢には躯幹や顔面の向きのみならず，腕や脚の位置，ひざやひじの曲げ・伸ばし，手のひらの向き，体軸の角度など様々な変数が混在している。個々のノンバーバル行動は対人場面で重要な役割をもつにもかかわらず，その対自的な機能についてはほとんど検討されておらず，研究を進める必要があろう。

　他の方向性としては，姿勢観の転換が考えられる。この分野の姿勢研究は「静止の姿勢観」で成立しているが，姿勢の「勢」が表わすように，それは生きたダイナミックなものである［矢野，1977］。姿勢は「ポーズ」であるが「一時停止」ではなく，そこには微細な動きが存在する。姿勢を真に捉えようとするならば，「動く姿勢」でなければならない。そのためには，姿勢の角度の変化を定量化できるゴニオメータ・システムや重心動揺計を用いたアプローチも望まれる。

　姿勢の対自機能の研究は，ジェームズに端を発する感情心理学の枠組みで扱われてきたため，その効果は感情やそれを反映する行動や生理に限定されてきたが，行動の機能主義という身体心理学の視点に立つと，必ずしも感情にのみ固執する必要はない。一部，紹介したように，認知への影響もこれからさらに理解が深まるだろう。身体心理学的には感覚と気分が相即的な関係にあるとされるが，いわゆる高次認知についても，本当に「高次」にあるのか，感覚や気分とどのような関係にあるのか，さらなる追究が求められよう。

〔引用文献〕

阿部道代・春木　豊・神庭直子・北見由奈・鈴木　平・石川利江・森　和代　2007　心身の健康教育としての姿勢づくり(4)—姿勢意識の変化と対人関係能力との関連の検討—　日本健康心理学会第20回大会

Anderson, C. J., & Imperia, G.　1992　The corporate annual report: A photo analysisof male and female portrayals. *International Journal of Business Communication*, **29**, 113-128.

青木和夫　1975　感情・気分と姿勢　看護研究，**8**，171-175.

Carney, D. R., Cuddy, A. J., & Yap, A. J.　2010　Power posing brief nonverbal displays affect neuroendocrine levels and risk tolerance. *Psychological Science*, **21**, 1363-1368.

Carney, D. R., Cuddy, A. J., & Yap, A. J.　2015　Review and summary of research on the embodied effects of expansive (vs. contractive) nonverbal displays. *Psychological Science*, **26**, 657-663.

De Mente, B. L. 2003　*Kata: The key to understanding & dealing with the Japanese !* Tokyo: Tuttle Publishing.

Duclos, S. E., Laird, J. D., Schneider, E., Sexter, M., Stern, L., & Lighten, O. V.　1989　Emotion-specific effects of facial expressions and postures on emotional experience. *Journal of Personality and Social Psychology*, **57**, 100-108.

Flack, W. F., Laird, J. D., & Cavallaro, L. A.　1999　Emotional expression and feeling in schizophrenia: Effects of specific expressive behaviors on emotional experiences. *Journal of Clinical Psychology*, **55**, 1-20.

長谷川浩一　1991　心像の鮮明性尺度の作成に関する研究　青山学院大学文学部紀要, **33**, 63-96.

春木　豊・北見由奈・久保田圭伍・森　和代・石川利江・鈴木　平　2006　心身の健康教育としての姿勢づくり　日本健康心理学会第19回大会

春木　豊・菅村玄二（編訳）2013　マインドフルネス瞑想ガイド　北大路書房

Haruki, Y., & Suzuki, M.　1994　Our posture dictates perception. In R. Lueder & K. Noro (Eds.), *Hard facts about soft machines: The ergonomics of seating.* Bristol, PA: Taylor & Francis, pp.133-143.

本元小百合・山本佑実・菅村玄二　2014　皮膚感覚の身体化認知の展望とその課題　関西大学心理学研究, **5**, 29-38.

Izard, C.　1971　*The face of emotion.* New York: Appleton-Century-Crofts.

Izard, C.　1972　*Patterns of emotions.* New York: Academic Press.

James, W. T.　1932　A study of the expression of bodily posture. *Journal of General Psychology*, **7**, 405-437.

神庭直子・春木　豊・北見由奈・阿部道代・鈴木　平・石川利江・森　和代　2007　心身の健康教育として姿勢づくり(3)―姿勢意識の変化と学校生活態度との関連の検討―　日本健康心理学会第20回大会

岸　太一　1995　Body Awareness 尺度の作成　早稲田大学大学院人間科学研究科修士論文（未公刊）

岸　太一・春木　豊　2004　Body Awareness 尺度作成の試み　東邦大学教養紀要, **36**, 5-14.

北原保雄・久保田　淳・谷脇理史・林 大・前田富祺・松井栄一・渡辺　実（編）2003　日本国語大辞典 第2版（ジャパンナレッジ版）小学館

北見由奈・春木 豊・阿部道代・神庭直子・森 和代・石川利江・鈴木 平　2007　心身の健康教育としての姿勢づくり(2)—追跡調査による学校生活態度の変化の検討—　日本健康心理学会第 20 回大会

Lakoff, G., & Johnson, M.　1980　*Metaphors we live by.* Chicago: The University of Chicago Press.〔渡部昇一・楠瀬淳三・下谷和幸（訳）1986　レトリックと人生　大修館書店〕

Lakoff, G., & Johnson, M.　1999　*Philosophy in the flesh: The embodied mind and its challenge to western thought.* New York: Basic books.

Levenson, R. W., Ekman, P., Friesen, W. V. 1990 Voluntary facial action generates emotion-specific autonomic nervous system activity. *Psychophysiology*, **27**, 363-384.

Matsuo, K., Kato, T., Fukuda, M., & Kato, N. 2000 Alteration of hemoglobin oxygenation in the frontal region in elderly depressed patients as measured by　near-infrared spectroscopy. *Journal of Neuropsychiatry and Clinical Neurosciences*, **12**, 465-471.

森　信三　1981　性根の入った子にする "極秘伝"—立腰教育入門—　不尽叢書刊行会

森　信三　1983　森信三全集続篇　第 5 巻　森信三全集刊行会

Okada, F., Takahashi, N., & Tokumitsu, Y.　1996　Dominance of the 'nondominant' hemisphere in depression. *Journal of Affective Disorders*, **37**, 13-21.

Ranehill, E., Dreber, A., Johannesson, M., Leiberg, S., Sul, S., & Weber, R. A. 2015 Assessing the robustness of power posing no effect on hormones and risk tolerance in a large sample of men and women. *Psychological Science*, **26**, 653-656.

Riskind, J. H., & Gotay, C. C.　1982　Physical posture: Could it have regulatory or feedback effects on motivation and emotion? *Motivation and Emotion*, **6**, 273-298.

Riskind, J. H.　1983　Nonverbal expressions and the accessibility of life experience memories: A congruence hypothesis. *Social Cognition*, **2**, 62-86.

Riskind, J. H.　1984　They stoop to conquer: Guiding and self-regulatory functions of physical posture after success and failure. *Journal of Personality and Social Psychology*, **47**, 479-493.

Rossberg-Gempton, I., & Poole, G. D.　1993　The effect of open and closed postures on pleasant and unpleasant emotions. *Arts in Psychotherapy*, **20**, 75-82.

坂入洋右・中塚健太郎・伊藤佐陽子・柾矢英昭　2016　こころのダイアグラム—TDMS 二次元気分尺度子ども版β—　アイエムエフ株式会社

佐藤方彦・安河内朗　1976　安静時酸素摂取量と心拍水準に及ぼす姿勢の影響とその性差　人類学会誌, **84**, 165-173.

嶋井和世　2001　姿勢　In 日本大百科全書（ジャパンナレッジ版）小学館

姿勢研究所（編）1992　姿勢美人―見なおそう，正そう，美と健康の原点―　プラネット

Stepper, S., & Strack, F.　1993　Proprioceptive determinants of emotional and nonemotional feeling. *Journal of Personality and Social Psychology,* **64**, 211-220.

菅村玄二　2015　身体化認知における身体性の概念とその射程―素朴観念論を超えて心身相即論へ―　理論心理学研究，**16 & 17**, 70-71.

菅村玄二・春木　豊・瀬戸正弘・上里一郎　1999　姿勢による情動変化に関連する要因の検討　日本心理学会第 63 回大会発表論文集，832.

菅村玄二・高瀬弘樹・春木　豊　2002　姿勢において自律神経系の情動特異性活動はあるか―身体心理学の研究 72―　日本心理学会第 66 回大会発表論文集，956.

Sugamura, G., Amemiya, R., Yamamoto, Y., Murakami, Y., Inagaki, K., Honmoto, S., Ueno, Y., Suzuki, T., & Haruki, Y. 2016 The Zen-inspired back support chair makes elementary students feel more relaxed and lively : A postural feedback research in an educational setting. Paper session presented at the 74th Annual Conference of the International Council of Psychologists, Yokohama, Japan.

Sugamura, G., Takase, H., Haruki, Y., Ishizu, T., & Koshikawa, F.　2007　A postural feedback effect as measured by near-infrared spectroscopy. Poster session presented at the 115th Annual Convention of the American Psychological Association, San Francisco, CA, USA.

Sugamura, G., Takase, H., Haruki, Y., & Koshikawa, F.　2008　Expanded and upright postures can reduce depressive mood. Poster session presented at the 29th International Congress of Psychology, Berlin, Germany.

杉本絢奈・本元小百合・菅村玄二　2016　右に首を傾げると疑い深くなる―頭部の角度が対人認知，リスクテイキングおよび批判的思考に及ぼす影響―　実験社会心理学研究，**55**(2), 印刷中

鈴木晶夫　1984　姿勢と意識性との関係の検討　早稲田大学文学研究科紀要，別冊第 11集，9-21.

鈴木晶夫　1986　姿勢に関する基礎的研究―その行動とイメージとの検討―　早稲田心理学年報，**20**, 1-7.

鈴木晶夫　1988　姿勢と意識性に関する実験的研究　早稲田心理学年報，**18**, 27-36.

鈴木晶夫　1990　ノンバーバル行動と言語行動のずれが意識性に及ぼす影響　早稲田大学人間科学研究，**3**, 1-10.

鈴木晶夫・春木　豊　1989　姿勢の研究―姿勢と音楽が意識性に及ぼす影響―　早稲田大学人間科学研究，**2**, 75-81.

鈴木晶夫・春木　豊　1992　躯幹と顔面の角度が意識性に及ぼす影響　心理学研究, **62**, 378-382.

Tomkins, S. S. 1962　*Affect, imagery, consciousness: Vol. 2. The negative affects.* New York: Springer.

矢野一郎　1977　序にかえて　姿勢研究所編　第2回姿勢シンポジウム論文集, i-iv.

Yap, A. J., Wazlawek, A. S., Lucas, B. J., Cuddy, A. J., & Carney, D. R.　2013　The ergonomics of dishonesty: The effect of incidental posture on stealing, cheating, and traffic violations. *Psychological Science,* **24**, 2281-2289.

湯浅泰雄　1986　気・修行・身体　平河出版社

第6章　発　　　声

菅村玄二

1. はじめに

　人間の声（voice）や話し方（speech）には，さまざまな情報が含まれている。まったく見知らぬ相手であっても，電話口の挨拶だけで，ほぼ性別の察しがつくし，若いかそうでないか大体の年齢の想像がつくこともある。よく知っている相手なら，声を聞いただけで，風邪を引いていることがわかったり，言葉の上では「元気だよ」と言われても，その言い方で元気がないことが伝わったりする。逆に，寝ているときに電話がかかってきて，平静を装っても寝ていたことがばれてしまうこともあれば［加賀谷・門前，1997］，遠くから話し声がして，その内容は聞き取れなくても，怒っていることだけはわかるといった経験もあるだろう［越川ら，1990］。

　このように，発声によって生じる音声は，言語行動（verbal behavior）や発話行動（speech behavior）に付随するものの，発話する言葉の内容にかかわらず，年齢，性別，性的志向性，健康，覚醒度，知性，性格，感情など，多くの情報を他者に伝達する機能をもっている［Kreiman & Sidtis, 2011］。その意味で，発声は，言語行動である以前に，非言語行動であり，非言語コミュニケーションの重要なチャネルの1つである。英語では，顔色を "facial expression"（顔面の表出），声色を "vocal expression"（音声の表出）というように，声の属性によって，さまざまな情報が表現される。

　発声の性質の分類の仕方は，研究者によってまちまちであるが，舌，口唇，咽頭，声帯，胸腔などの活動によって，音質，音程，音量が変化する

[Kreiman & Sidtis, 2011]。音量は声の大きさで，音程は声の高さ，そして音質はこれら以外の属性である。発話の場合は，話す速さ，明瞭さ，平板さ，口調，抑揚なども含まれる [Richmond et al., 2012]。

　宇津木 [1993] が指摘するように，人や動物の感情の表出においては発声器官が重要であるにもかかわらず [Darwin, 1872]，その本来の機能が過小評価されている感がある。そのせいか，発声することによって，自分自身の感情や気分は変わるかどうかという，身体心理学のパラダイムでの発声の研究となると，ほとんど手をつけられてこなかった。本章では，音声行動（vocal behavior）がその行動主体者に影響を与えることを検証した数少ない研究を紹介するとともに，そこから浮かび上がる今後の研究の方向性や課題などを考える。

2．怒りの発声

　声の出し方を変えることによって，血圧などの生理的変化が生じることはこれまでも知られていたが，発声によって感情が変化するかということを最初に体系立てて検討したのは，シーグマンら [Siegman et al., 1990] である。表情フィードバック（第4章）や姿勢フィードバック（第5章）と同じく，ジェームズ – ランゲ説を背景にし，発声フィードバック（vocal feedback）の可能性に目を付けた。興味深いのは，怒りの音声と冠動脈疾患との関連を示す知見 [Siegman et al., 1987] を踏まえ，発声スタイルを操作することによって，怒りを和らげ，それにともなう心臓血管系の反応を小さくするという臨床的応用も視野に入れられている点である。そこで，彼らは発話速度と声量が怒り感情と心臓血管系反応にどのような影響を与えるか調べた。

1）発話速度と声量の対自効果——大声で早口で話す
　実験1では，参加者はまず怒りをおぼえた最近の出来事と，感情として中性的な出来事を，それぞれ書き出すよう求められた。その後，そのときの出来事を詳しく話すようにいわれた。それぞれの出来事を，(a) 普段どおり，(b) 大声で速く，(c) 静かにゆっくり，話すように教示された。その結果，怒った出来事の場合は，静かにゆっくり話したり，普段どおりに話すときよりも，大

声で速く話すときに怒りの評定が高かった。また静かにゆっくり話すと，普段と同じように話すときよりも，怒りが感じられにくかった。ただ，中性的な出来事の場合は，男性に限って，大声で速く話すときに怒りが高くなるという性差も見出された。

つづいて行なわれた実験2は，実験1と同様の手続きであるが，参加者が怒りや中性的な出来事について話しているあいだ，血圧と心拍が測定された。怒りの自己評価は実験1とほぼ同じ結果であったが，心臓血管系反応には性差がなく，トピックは怒りの場合のほうが中性的な場合よりも，最大および最小血圧と心拍が高いという結果が得られた。また，大声で速く話す場合に血圧・心拍ともに最も高くなり，普段どおりだと血圧・心拍が中程度，静かにゆっくり話すと最も低くなるという仮説どおりの結果であった。実験1と同様，女性が中性的な出来事について話しているときは，血圧にも心拍にも差が認められなかった。

2）発声・怒り感情・生理的喚起の関係

臨床的な応用に関して興味深いのは，怒りを呼び起こすような出来事を話す場合でも，ゆっくりと穏やかな声で話すと，怒りをあまり感じず，また血圧と心拍も，中性的な出来事を話すときと同じレベルまで減少するという点である。怒りが自律神経系活動に影響するという研究［Linden, 1987］と，怒りではなくそのときの話し方によって血圧が上昇するという見方［Lynch, 1985］を踏まえ，シーグマンらは，ひとは怒りを感ずると，心臓血管系反応が高まり，早口になって声も大きくなり，この話し方によって，怒りの感情や心拍や血圧が高くなるというモデルを考えた。

3．不安と抑うつの発声

悲しいときや落ち込んでいるときは，発話速度が遅くなり，声も小さくなるが，恐れや不安があるときは，話す速度は速くなり，声が大きくなることが知られている［Siegman, 1993］。これを受け，シーグマンとボイル［Siegman & Boyle, 1993］は，発話速度と声の大きさを変えることで，不安や抑うつを調

整できないかと考えた。

1）発話速度と声量の対自効果——静かにゆっくりと話す

実験1では，参加者は不安を感じた出来事と中性的な出来事を，（a）普段どおり，（b）大声で速く，（c）静かにゆっくり，話すように教示された。不安を感じた出来事を，大きな声で早口で話しているとき，普段どおりや静かにゆっくりと話しているときよりも，不安を強く感じ，最大・最小血圧，心拍も高くなることがわかった。ただし，中性的な出来事を話すときには，発話速度と声の大きさは，不安感情にも心臓血管系反応にも影響しなかった。

実験2では，同様の手続きで，落ち込んだ出来事を話してもらったところ，中性的な出来事を話す場合よりも，話し方の違いにかかわらず，最大血圧が高くなった。話し方の違いによって心拍は変化しなかったが，静かにゆっくりと話したときに，抑うつを最も強く感じ，最大血圧も一番高くなる一方で，大声で速く話すと，抑うつは最も低くなり，最大血圧も低くなった。最小血圧に関しては，静かにゆっくり話したときに最も高かった。

中性的な出来事を話すときは，実験1と同様，発話速度と声の大きさは，感情にも心臓血管系の活動にも影響しなかった。

総じて，不安や抑うつを感じる際，発話速度と声の大きさを変化させることで，感情と心臓血管系の反応を強めたり弱めたりすることが可能であるという仮説を支持している。ただ，中性的な出来事を話す際に，話し方によって感情や心拍・血圧が変化しないということは，音声行動を感情喚起の十分条件と考えるラディカルな発声フィードバック仮説は支持されない結果である。

2）音声行動・感情・生理反応のフィードバックループ

不安の場合は，大声で速く話すこと自体が生理的に覚醒させ，逆にゆっくりで静かな声はリラックスに導くと考える人もいるかもしれない。だが，これでは，悲しみや不安の場合に，静かにゆっくり話すほうが生理的に覚醒させることの説明がつかない。これに代わる説明としては，そのときの気分と合致した話し方が，その気分に関連する記憶の再生を促進するという気分一致効果が考えられる。この説明では，音声行動は，認知によって媒介され，心臓血管系反

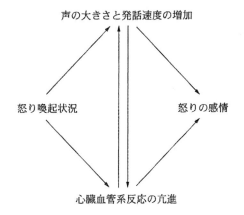

声の大きさと発話速度の増加

怒り喚起状況　　　　　　　　　　　　怒りの感情

心臓血管系反応の亢進

図6-1　　状況と音声行動と生理反応との相互作用
[Siegman & Boyle, 1993]

応に結びついていることになるが，彼らは音声行動と生理的喚起が直接的に結びついている可能性も指摘している。表情フィードバックのメカニズムに関する仮説［Zajonc & McIntosh, 1992］を援用して，音声行動は，自律神経系に関係する脳髄部をコントロールする喉頭部の求心性神経に影響し，それによって感情や生理的反応が喚起されるという説明がなされている。

　どのようにして，音声行動が感情や生理的喚起に影響するのかを考えたとき，重要なのは，認知・生理・行動を個別のものとして捉えるのではなく，これらのあいだに継続的なフィードバックがあると認識することである（図6-1）。発話速度と声量が増すと，血圧や心拍，カテコールアミン（ストレスを感じたときに増える体内の化学物質）の増加を引き起こし，これがさらに速く大声で話すことの原因となり，このことがまた生理的喚起を高めるのかもしれない。音声行動を修正することによって，この悪循環を断ち切る可能性が議論されている。

4．喜び・愛情・悲しみ・怒り・恐れの発声

　ハットフィールドら［Hatfield et al., 1995］は，シーグマンらとはまったく

異なる方法で，多様な感情を表出する音声行動の効果を調べようと試行錯誤している。電話会社のコンサルタントをしている心理学者だと名乗り，さまざまなタイプの電話機を使って，どのくらいうまくコミュニケーションできるか検証したいという名目で実験を行なった。

1）言語的な音声行動の対自効果──感情を表すように台詞を話す

　参加者には，喜び，愛情，悲しみ，怒りに関する短いやりとりが書かれた4つの「台本」が渡され，電話口でできるだけ本当らしく読んでほしいと伝えられた。参加者は台本を1つ読むごとに感情を測定する尺度に回答し，そのさいの表情も，ひそかにビデオで撮影された。感情尺度は，喜び，愛情，悲しみ，怒りを10点満点で測定できるほか，ポジティブ感情（喜び・愛情の合計）からネガティブ感情（悲しみ・怒りの合計）を引くことで，ポジティブ度指数も－20から＋20の範囲で表わすことができる。表情の判定は，実験内容を知らされていない4人が，この尺度を使って行なった。ビデオは音声なしで再生され，言語的な手がかりは一切与えないようにした。

　その結果，喜びや愛情の台本を読んでいるときはポジティブ度指数がプラスになり，悲しみや怒りのときはマイナスになった。個別の感情に関しては，喜び条件では，愛情条件と比べて喜びが高いという結果は得られなかったものの，怒りや悲しみの条件に比べると喜びが強く感じられた。愛情条件では他条件より愛情を強く感じるという具合に，怒りと悲しみの条件でも同様の効果が見られた。表情の判定についても，ポジティブ度指数に関して同様の結果が得られた。個別の表情の区別については，悲しみ条件では，他の条件に比べて悲しそうに見えるというように，それぞれの条件の効果が見出され，例外は，喜びと愛情条件の両方で，愛情の表情と判定されたことだけであった。

　しかし，この方法には重大な問題点がある。彼ら自身も認めるように，この手続きでは，感情が変化した要因が，ノンバーバルな音声なのか言語の意味内容なのか区別できない。また，参加者はどのような感情を表わせばよいのか実験者に直接教示されているため，要求特性の可能性も多分に考えられる。なにより，この実験では，表情も変化しているため，感情の変化は発声フィードバックではなく，表情フィードバックの結果であるかもしれない。

2）非言語の音声行動の対自効果——感情を表す発声を模倣する

　そこで，今度は実験目的を偽装して，言語情報を含まない発声フィードバックの可能性を検証しようとした。言語情報を含まず，感情情報のみを含む音声を同定するために，コミュニケーションを専門とする精神医学や心理学の専門家など20人が集められた。そして，喜び，愛情，悲しみ，恐れ，怒りのそれぞれ感情に特徴的な声と，感情が含まれない声を出し，録音するよう求められた。意味のある言葉を発することは禁じられた。その後，全員が一堂に会し，それぞれの感情を最もうまく表わしているものを選ぶ作業が行なわれた。その結果，喜びの音声は陽気な笑い声，愛情は柔らかな「おおおお」「あああああ」という声，悲しみは泣き声，怒りは低くうなる声，恐れは短く「はっ」と息をのむような声，感情価のない中性的な音声として，途切れのない単調な音が選び出された。いずれも10秒程度であった。これらの音声が正しく感情を表現していることは，予備調査で確認された。

　実験参加者には，研究目的は，電話機をテストするために使う音声のパターンと音域を録音することだと伝えられた。上述した音声のうちの1つが入っているテープを聴くようにいわれ，それをできるだけ正確に再現するように頼まれた。実験の最後には，データ分析の都合という名目で，実験中の気分を回答させた。実験の結果は，予測どおり，喜びや愛情というポジティブ感情の音声を真似たときは，悲しみ，怒り，恐れなどのネガティブ感情の音声の場合よりも，ポジティブ度指数が高くなった。個別の感情についても，喜びの音声を真似ると，中性の場合を除いて，他の音声を真似た場合よりも，喜びがいっそう感じられた。愛情の音声を出した場合は，ネガティブな感情をまねた場合よりも愛情を強く感じ，怒りの声を出すと，他のどの条件よりも怒りを強く感じ，悲しみの場合も悲しみの声をまねたときに最も悲しく感じられた。恐れの場合にも同様の傾向が見られた。

3）方法論上の障壁

　これらの実験によって，感情と発声フィードバックに何らかの関係があることはわかったが，その効果は，その音を聴くことによって生じるのか，その音

声パターンを作り出すことによって生じるのか，あるいはその両方なのかというところが判然としない。2番目の実験では，表情に変化が生じなかったかを検討していないため，発声フィードバックでなく，表情フィードバックが生じている可能性も残る。また，そもそも，実験で用いられた音声が感情として識別されると予備研究で確認されたということは，本実験でも参加者が発声と感情との関係に気づきうることを示唆する。とすれば，発声それ自体の効果ではなく，その発声が表す感情に関する認知が働いた結果かもしれない。

　この意味では，シーグマンらの研究手法が一見，優れているように思えるが，同列に論ずることはできない。なぜなら，シーグマンらは比較的あつかいやすい発話速度と声の大きさを用いたが，ハットフィールドらはイントネーションや声の質，リズム，途切れ，息づかいなど，できるだけ自然な状況での音声を扱おうとする意図があったからである。

４）発話速度と声量の対自効果―４つのパターンで非感情語を読む

　新ジェームズ主義（第５章参照）の立場のフラック［Flack, 2006］もまた，怒り，悲しみ，恐れ，喜びの４つの感情をターゲットにした発声フィードバックの実験をしている。参加者には，非感情語（例：“and” や “but” といった接続詞）が並べられたリストが渡された。通常のペースだと，10秒ほどで読み終える単語数だったが，怒り条件では「速く大きく」，悲しみ条件では「ゆっくりと静かに」，恐れ条件では「速く静かに」，喜び条件では「適度な速さと大きさで」読み上げるように教示された。もちろん，発話速度と声量がどのような感情を表わすかは，参加者には伏せられている。音声と生理反応との関係を調べるための実験だと説明され，参加者の指には電極が取りつけられた。そして，生理反応へ影響する恐れがあるから念のため聞いておきたい，と偽って感情を自己評価させた。

　この結果，怒りと悲しみの音声表出をした場合は，それぞれ怒りと悲しみの感情が最も強く評定されたが，恐れと喜びの音声表出では差が見られず，仮説は一部のみが支持された。ただ，この研究の主眼は，実は発声フィードバックの効果を検証することだけではなかった。同じ参加者に，順序を入れ替えて，表情フィードバック（第４章）と姿勢フィードバック（第５章）の操作も行い，

表情，姿勢，音声という3つの表出操作の効果を調べ，その比較もしている。ちなみに，表情と姿勢は，おおむね仮説通りに，個別の感情か，類似した感情状態を生み出した。全体として見ると，表情操作が感情に与える効果は，姿勢フィードバックの効果よりも大きく，姿勢操作が感情に及ぼす効果よりも，発声フィードバックの効果はさらに小さいことが明らかとなった。

5．五十音・濁音・半濁音・拗音の発声

　国内では，鈴木［1998］と森田［1995］が，身体心理学的な観点から発声の研究をしている。その特徴は，海外の発声フィードバック研究とは異なり，感情と対応づけられた発声ではなく，ことばの最小単位となる個々の「音」を発声させ，その効果を調べたことである。

1）子音の行
　鈴木［1998］は，実験1として，参加者に，清音の子音（か〜ら行），濁音の子音（が〜ば行），半濁音の子音（ぱ行）のそれぞれを発声してもらい，その語感，意識性，イメージを15の形容詞対で評定してもらった。その結果を因子分析したところ，「きれいな－汚い」，「濁った－澄んだ」をはじめとする評価性因子，「固い－柔らかい」，「丸みのある－角ばった」などから構成される感触性因子，「静的な－動的な」や「弱々しい－力強い」を含む活動性因子が抽出された。

　はっきりした感じ，比較的明るくて澄んだ，角ばったと評価されたのは「か」行と「た」行で，澄んだ，繊細な，静的と感じられたのは「さ」行と「は」行だった。「な」行と「ま」行は柔らかく丸みがあり，ぼやけたと評された。「や」行と「ら」行も同様に柔らかく丸みがあるが，弱々しいとも評定された。濁音の行はいずれも汚く濁って，重く力強いなど回答された。半濁音は明るく軽く，派手という印象であった。各行の評定結果には性差はなかった。

　実験2では，きゃ，しゃ，ちゃ，にゃ，ひゃ，みゃ，りゃ，ぎゃ，じゃ，びゃ，ぴゃの行のそれぞれの語感と意識性が調べられた。たとえば，きゃ行であれば「きゃ，きゅ，きょ」と発声してもらった。結果に性差はなく，類似し

た特徴をもつ行としては，「にゃ」行と「みゃ」行，「しゃ」「ちゃ」「りゃ」行，
「ぎゃ」「じゃ」「びゃ」行などがあった。比較的軽いものの全体的には中性的
と評価されたのは，「しゃ」「ちゃ」「りゃ」行であった。「にゃ」「みゃ」行は，
丸みがあり柔らかいとされ，なかでも，「みゃ」行は親しみのあると感じられ
た。「ぎゃ」「じゃ」「びゃ」行は，濁って大胆で，力強く重いと評定された。
「きゃ」行は，「ぎゃ」行とは対照的に，明るく軽く繊細だと感じられた。
「ひゃ」行は繊細で軽く，「びゃ」行は汚く濁って冷たいと評された。「ぴゃ」
行は親しみがあり明るく軽いという結果であった。

　鈴木［1998］の研究の意図は，ことばの基本となる五十音のイメージや語感
を明らかにすることであった。そのため，この実験では，おそらく参加者に文
字（行）を視覚的に提示して発声してもらっており，ひらがなの文字形態の印
象も一部反映されているかもしれない。かりに文字を提示せずに，音声を聞か
せて模倣させたとしても，参加者がその聴覚情報によって文字を想像すること
も十分考えられる。そうなると，各音を発声すること自体の効果なのか，音の
視覚的イメージを測定しているのか区別がつきにくくなる。実際に発声する場
合と，単にその語を見るだけ場合や聞くだけの場合などとを比較して，その違
いを検出するという手法も考えられるが，発声固有の効果を見出すのは難しい
かもしれない。

2）母音の各音

　「あ」行については，森田［1995］の研究が参考になる。彼女は，身体心理
学の観点から，「あ」，「い」，「うん」，「え」，「お」という母音のそれぞれの発
声が，発声する主体にどのような影響を与えるかを調べた。「う」ではなく，
「うん」が用いられたのは，おそらくそれが複数の宗教で「聖音」とされ，祈
る際に気持ちを落ち着ける効果があると経験的に言われているからだと思われ
る。この実験では，気分を測定するための形容詞対が用いられ，心臓血管系の
反応として最大血圧，最小血圧，心拍が測定された。発声は，実験者が手本を
見せるなどして，声の調子や声の大きさが統制された。

　実験結果は，生理指標では差が見られなかったものの，音声によって気分が
変わるという仮説を支持するものであった。「あ」と発声すると，相対的にポ

ジティブな気分変化を示した。特徴的だったのは「うん」の場合で，温かく
ゆったりした気分になる一方で，沈んだ重々しい気分も醸し出した。この結果
に関しては，「うん」という発声が，口を閉じ身体の奥の方に飲み込むように
発声されるため，ある種の「深み」を与えるのではないかと考察され，落ち着
きを得たいときに「うん」ということで，そのような気分に誘導できるという
可能性が言及されている。

　発声の際，実験者が手本を見せるという手続きがとられているため，実験者
の発声を見て聞いたイメージが影響した可能性もあるが，感情のコントロール
などの応用を考えると，そうしたイメージも含めて，発声フィードバックの効
果だと捉えたほうが実践上は有益と思われる。このような研究が身体心理学に
貢献しうる潜在的な意義については，章末で改めて論じる。

6．新しい展開——音声行動の身体化認知

　従来，中枢における情報処理は，末梢である身体反応と独立していると考え
られてきたが，近年，高次認知プロセスに身体の状態が重要な役割を担ってい
ることが知られてきた[菅村，2015]。これは身体化認知（embodied cognition）
と呼ばれ，たとえば，ふんぞり返った姿勢をすると，権力意識（主観的強さ）
が増し，男性ホルモンが増えるという報告もある（第5章）。また権力意識が
あると，心理的距離を遠く感じさせ，それが抽象思考を促すという知見もある
[Smith & Trope, 2006]。この背景には，心理的距離が近い出来事は具体的に
考えやすいが，遠い出来事は抽象的に理解されやすいという解釈レベル理論が
ある。こうした諸理論に加え，同一人物であっても，高い声で話すよりも低い
声で話したほうが，権力意識が高く評価されやすいという研究を踏まえ，ステ
ルら[Stel et al., 2011]は，発声が権力意識と抽象思考に与える効果を検証した。

1）権力意識への影響

　実験1は，文章を理解する際に余計なタスクがあると，どのような効果があ
るのか調べるという名目で行なわれた。参加者は，土壌の特性が記された中性
的な文章を読むように教示されたが，その際に，(a) 声を低く（低声群），(b)

声を高く（高声群），(c) 声を出さずに（統制群），という 3 群が設けられた。なお，低声群は普段の声の高さよりも全音で 3 音程低く，高声群は同じく 3 音程高くするように教示された。その後，文章に関するダミーの質問に答えた。そして，この研究とは関係のない別の実験と言われて，自分の性格特性（権力意識）への回答を求められた。項目は，「服従的 - 支配的」「主張しない - 主張する」「気弱な - 断固とした」「不安定な - 自信のある」などの両極尺度であった。その結果，低声群は，高声群や統制群よりも，こうした特性が強いと評価したことがわかった。

　しかし，この結果が発声に起因するのか，音声が単なるプライム刺激になったのかは判断できない。そこで，実験 2 では，2（声：低くする・高くする）× 2（行動：発声する・聞く）の計 4 群に割り振られた。実験 1 と類似した方法がとられたが，声を聞くだけの場合に，声が不自然に高すぎたり低すぎたりしないようにするため，音程は半音高くするか低くするだけにした。実験の結果，低い声を発した群は，高い声を発した群よりも，自分自身の権力意識を強いと評価したが，音程の異なる声を聞いただけでは，自己評価は変わらなかった。よって，プライミング効果では説明がつかず，発声という行動そのものに効果があると考えられる。

2）抽象思考への影響

　実験 3 も，前半は実験 1 と同様の手続きであったが，後半は「誤認パラダイム」を用いて抽象思考への影響が検討された。参加者は，2 秒に 1 つずつ 100 の単語を提示され，それを覚えるように言われた。単語には 10 のカテゴリから構成されており，1 カテゴリにつき 10 の単語があった。その後，再認テストとして，単語を 1 つずつ見せられ，その単語が先ほど提示されたものかどうか回答した。その単語の半分弱は新しく入れたもので，そのうちの 10 個は事前に提示されていないが，先のカテゴリに入っていてもおかしくない紛らわしい単語だった。

　そして，その紛らわしい 10 の単語のうち，参加者がいくつ間違ったかが数えられ，その数が指標にされた。抽象的に考えると，細かい単語よりも広いカテゴリに注意がむきやすいため，抽象思考が促進されれば誤答が増えると予測

された。結果は，仮説を支持し，声を低くした群は，声を高くした群や黙読した群よりも，誤答数が多かった。つまり，低い声を出すことで，抽象思考が活性化したと解釈されている。もっとも，他の感情の生起や覚醒度の変化で説明することもできなくはないように思えるが，音声行動が高次の認知にまで影響を及ぼすという貴重な報告であり，さらなる追究が期待される。

7．発声フィードバック研究の課題と可能性

本章では，発声という音声行動の対自機能を検証した数少ない実証研究を概観した。おおむね仮説に沿った結果が得られているが，その効果はけっして大きいといえず，発声固有の効果を見出すにあたっては，方法論的な問題がつきまとうことも浮き彫りになった。最後に，これからの発声研究の一助となることを期待して，今後の課題をまとめ，将来の方向性について考察しておく。

1）音声の特質と感情との関係

発声フィードバックの研究が少ない理由は，表情などと異なり，どのような感情の際にどのような音声になるのかということが明確でないからだといわれている［Siegman et al., 1990；Siegman & Boyle, 1993］。しかし，感情を表出する音声の物理的特性を調べる研究は，すでに 1930 年代から始まっており［Fairbanks & Pronovost, 1939］，長い歴史をもつ。1970 年代ごろにも，宇宙飛行士の感情状態をチェックする目的で，航空宇宙医学の分野で研究が進められていた［Simonov & Frolov, 1977；Williams & Stevens, 1969］。近年は，発声の物理的特性，神経学的基盤，文化比較などの研究も進み，学際的な研究領域となっている［Kreiman, & Sidtis, 2011］。

日本でも，たとえば工学の分野で，バーチャル・リアリティへの応用を見据えて，感情を含む音声のスペクトル解析やピッチ解析が行なわれたりしている［向笠ら，2000］。重永［2000］も，韻律性特徴量（最高基本周波数，音声波形の最大振幅，文の持続時間，文頭の基本周波数，最高と最低基本周波数との差）や音韻性特徴量（母音のホルマント周波数，声道断面積関数）の両側面から，平静，喜び，嫌悪，怒り，悲しみを判別できることを明らかにした。感情

表6-1　感情別の音声の特徴

	速さ (tempo)	高さ (pitch)	大きさ (volume)	調波 (harmonics)	抑揚 (intonation)
悲しみ	遅い	低い	小さい	ほぼない	ほぼない
怒り	速い	高い	大きい	多い	激しい
嫌悪	速い	–	–	多い	ほぼない
恐れ	速い	高い	小さめ	不調和	上昇
興味	適度	一定	–	適度	機敏
驚き	速い	高い，上下する	–	多い	–
喜び	速い，適度	高い，変動する	適度	–	大きい，適度

注）おもにリッチモンドらの研究を参考にして筆者が作成した。ダッシュは先行研究での記載がないか一致しないことを示す。

を表現した音声と音声から判断された感情との異同から，音声の物理的なパラメータを抽出する試みもある［鈴木・田村，2006］。筆者ら［菅村・春木，2000］も，姿勢フィードバック研究で，研究目的がばれないように，参加者の声の基本周波数を分析して感情価を評定したことがある。

　発声と感情との対応関係については，研究間で必ずしも一貫した結果が得られているわけではないが，リッチモンドら［Richmond et al., 2012］のレビューや本章で紹介した諸研究を踏まえて，比較的一致が見られる箇所を暫定的にまとめた（表6-1）。今後，新たに発声フィードバックの研究を進めるうえで役立つことを期待したい。

2）臨床的応用

　スピーチ不安のクライエントに対して，認知行動療法と発声療法（vocal therapy）を併用して不安が削減したというケース報告がある［Laguna et al., 1998］。もっとも，これは会話などの際に声が震えたりしてうまく話せなかったが，発声療法によって話し方を訓練し，うまく話せるようになった結果，自信がつき，不安が削減したと解釈される。だが，シーグマンらのモデル（図6-1）が示唆するように，不安によって声が震え，また声が震えることで，ますます不安を感じてしゃべれなくなるというフィードバックループがあり，そ

の悪循環を発声療法によって食い止めることで，スピーチ不安が緩和されたという側面もあるのではないだろうか。

　何らかの困難な状況に陥ったときや，そのような状況を予期した場合に，それに対処できるような言葉かけを自分自身に行なうことによって，認知，感情，行動を適応的なものへと変化させるという自己教示訓練［Meichenbaum, 1977］と呼ばれる認知行動療法の技法がある。この訓練では，教示文の言語内容が中心的役割を担うが，発声フィードバックの観点からすると，自分自身に言い聞かせる言葉の意味だけでなく，その言い方も重要な要素になる。もちろん，自己教示は，最終的には声を出さずに心の中だけで自分に言い聞かせるように訓練されるが，実際には声を出しても差し支えない場面も少なからずある。たとえば，公衆の面前でスピーチをするような場合は，壇上にのぼる前に，実際に声を出して自分自身にことばを言い聞かせることができる。実際にスピーチが始まっても，ゆっくりと穏やかに話すことで，不安を低減できる可能性は多分に考えられるだろう。

3）今後の方向性と課題

　発声フィードバック研究の今後の展開としては，大きく2つの方向性があるのではないかと考えている。ひとつは，学際的な音声研究の発展を受けて，発声の物理的特性と感情との対応関係をもっと明確にし，参加者にできるだけ正確に発声させて，それによって生じる感情や生理的変化を見ていくというアプローチである。ただ，発声フィードバックの効果が他の末梢フィードバックに比べて弱いという報告［Flack, 2006］や，発話内容がもつ意味，あるいは無意味語を使うとしても，その発声の仕方がもつ記号性（イメージ）の問題を考慮すると，実験目的の偽装をいくら工夫しても乗り越えることが難しい限界も垣間見える。

　もうひとつの方向性は，音声行動がもつこうした難点を積極的に活かした研究である。つまり，音声行動が言語や記号性を伴うからこそ，感情ではなく，もっと概念的，あるいは認知的な対自効果を追究するというアプローチである。抽象思考などを指標とする方法［Stel et al., 2011］も有望であろうが，それ以上のポテンシャルを秘めていると思われるのが，鈴木［1998］や森田［1995］

が行なった五十音や濁音, 半濁音, 拗音の研究である。言語学における音象徴 (sound symbolism) の研究では, 言葉の「音」が意味を生み出すイメージを喚起することが論じられている [浜野, 2014]。

認知意味論 (第5章参照) の第一人者であるジョンソン [Johnson, 1987] は, 身体動作や物体の操作, 知覚をとおして繰り返し生じるパターンを「イメージ・スキーマ」と呼び, メタファーとは, イメージ・スキーマを「起点領域」から「目標領域」へとマッピングすることだと定義している。たとえば, 「人生とは旅である」というメタファーの場合, 「出発点 - 経路 - 終着点」というイメージ・スキーマがある。具体的な体験となる起点領域が空間内の移動であり, そこから一生涯という抽象的な目標領域へと写像されている。つまり, メタファーとは, たんなる言葉の飾りではなく, 人間の概念化を表す認知の問題として理解されるようになってきた。

最新の認知意味論 [Lakoff, 2015] よると, 音象徴とは音から意味を予測したりするものでもなければ, 意味から音を推測したりするものでもない。むしろ神経科学や知覚心理学などの知見が動員され, 語の意味が発声時の口の動作と一体になっていることが認識され始めてきた。たとえば, 英語の "ip" という音は, "clip" (切る, 留める) や "drip" (滴る) のように, 何かを止めるという意味をもつ単語に含まれるが, これは口を実際に閉じて呼気を止めることで作り出される閉鎖音であり, 印欧語族にルーツがあるわけではない。レイコフ [Lakoff, 2015] の言葉を借りれば, 意味とは音に由来し, 音は口腔形態の変化に由来するという身体性がある。

もっとも, この音象徴の例は英語のものであり, 口腔形態は言語体系によって異なる。また音とシンボルのあいだに因果関係が認められないこともある。しかし, たとえば日本語の「は」行は, ゆらゆらと揺れる語感があり, 「はね」「はらう」「ふる」などの言葉があるが, 英語でも "f" やその半濁音 "p" がそれに相当し, 歴史を遡ると洋の東西を越えたある種の普遍性があるとも言われている [中西, 2008]。

心理学でも, 古くから物体の視覚的形態と音声とのあいだには恣意的ではない対応関係があることが指摘されてきた。ゲシュタルト心理学者のケーラー [Köhler, 1929] は, これを「タケテ・マルマ (Takete-Maluma)」効果と名づ

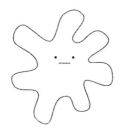

Bouba/Maluma　　　　　　Kiki/Takete

図 6-2　ブーバー（マルマ）とキキ（タケテ）の例

注）輪郭が曲線中心か直線かという点を除けば，使用されるイラストは研究によって異なる。通常，顔は描かれないが，名前を当てるという課題では，顔があり，人型に近いほうがやりやすいため，筆者はこのようにしている。

け，後年になって神経科学者のラマチャンドランら［Ramachandran & Hubbard, 2001］が「ブーバ・キキ（Bouba-Kiki）」効果と呼び，再注目された。まったく意味をもたない丸まった図形と角ばった図形（図 6-2）を提示し，当てずっぽうでその名前を二択から選ばせると，文化を越え，ほとんどの人がふんわりしているほうを「ブーバ」（マルマ），ギザギザしているほうを「キキ」（タケテ）と判断する。

　この現象は，固い物体と柔らかい物体を叩いたときの音の違いで説明されることもあるが，最近の認知意味論の考え方［Lakoff, 2014, 2015］を踏まえると，これは音と形態との連合というよりも，根本的には口腔動作および呼吸の感覚とイメージとの神経回路の結合があると考えられる。その意味で，将来の発声フィードバック研究の方向性として，各音の発声が認知プロセスに与える影響は興味深い。このように考えると，音声行動とは，音の物理的特性だけでなく，表情や呼吸の変化も含めた1つのシステムとして定義し直し，そのような総体としての効果を追究するほうが，発声の本質に近づけるかもしれない。

〔引用文献〕

Darwin, C. 1872 *The expression of the emotions in man and animals*. Chicago: University of Chicago Press.〔浜中浜太郎（訳）1931　人及び動物の表情について　岩波書店〕

Fairbanks, G., & Pronovost, W. 1939 An experimental study of the pitch characteristics of the voice during the expression of emotion. *Speech Monogram*, **6**, 87-104.

Flack, W. 2006 Peripheral feedback effects of facial expressions, bodily postures, and vocal expressions on emotional feelings. *Cognition and Emotion*, **20**, 177-195.

浜野祥子 2014 日本語のオノマトペ―音象徴と構造― くろしお出版

Hatfield, E., Hsee, C. K., Costello, J., Weisman, M. S., & Denney, C. 1995 The impact of vocal feedback on emotional experience and expression. *Journal of Social Behavior and Personality*, **10**, 293-312.

Johnson, M. 1987 *The body in the mind: The bodily basis of meaning, imagination, and reason.* Chicago: University of Chicago Press. 〔菅野盾樹・中村雅之（訳）1991 心のなかの身体―想像力へのパラダイム転換― 紀伊国屋書店〕

加賀谷崇文・門前 進 1997 音声の量的・質的変化からみた催眠状態の特徴 催眠学研究, **42**(2), 24-32.

Köhler, W. 1929 *Gestalt psychology.* New York: Liveright.

越川房子・石川利江・坂本正裕 1990 話しことばの音声的特徴が感情喚起に与える影響 早稲田心理学年報, **22**, 63-72.

Kreiman, J., & Sidtis, D. 2011 *Foundations of voice studies: An interdisciplinary approach to voice production and perception.* Boston: Wiley-Blackwell.

Laguna, L. B., Healey, E. C., & Hope, D. A. 1998 Successful interdisciplinary intervention with an initially treatment-resistant social phobic. *Behavior Modification*, **22**, 358-371.

Lakoff, G. 2014 Mapping the brain's metaphor circuitry: Metaphorical thought in everyday life. *Frontiers in Human Neuroscience*, **8**, 1-14.

Lakoff, G. 2015 How brains think: The embodiment hypothesis. Keynote session presented at the Inaugural International Convention of Psychological Science, Amsterdam, The Netherlands.

Linden, W. 1987 A microanalysis of autonomic activity during human speech. *Psychosomatic Medicine*, **49**, 562-578.

Lynch, J. J. 1985 *The language of the heart: The human body in dialogue.* New York: Basic Books.

Meichenbaum, D. H. 1977 *Cognitive behavior modification: An integrative approach.* New York: Plenum Press. 〔根建金男（監訳）1992 認知行動療法 同朋舎出版〕

森田美果 1995 発声が気分に及ぼす影響 1994年度早稲田大学人間科学部人間基礎

科学科卒業論文要旨集，81.

向笠美幸・目加田慶人・春日正男・松本修一・小池　淳　2000　感情を含む音声信号の
　特徴解析について　電子情報通信学会技術研究報告，**100**(7)，17-22.

中西　進　2008　ひらがなでよめばわかる日本語　新潮社

Ramachandran, V. S., & Hubbard, E. M. 2001 Synaesthesia: A window into perception,
　thought, and language. *Journal of Consciousness Studies*, **8**, 3-34.

Richmond, V. P., McCroskey, J. C., & Hickson, M. L.　2012 *Nonverbal behavior in
　interpersonal relations* (7 th ed.). Boston: Allyn & Bacon.

重永　實　2000　感情の判別分析からみた感情音声の特性　電子情報通信学会論文誌
　A, J83-A, 726-735.

Siegman, A. W.　1993　Paraverbal correlates of stress: Implications for stress
　identification and stress management. In L. Goldberger & S. Breznitz (Eds.),
　Handbook of stress: Theoretical and clinical aspects. New York: Free Press. pp.
　274-299.

Siegman, A. W., Anderson, R. A., & Berger, T.　1990　The angry voice: Its effects on
　the experience of anger and cardiovascular reactivity. *Psychosomatic Medicine*, **52**,
　631-643.

Siegman, A. W., & Boyle, S.　1993　Voices of fear and anxiety and sadness and
　depression: The effects of speech rate and loudness on fear and anxiety and
　sadness and depression. *Journal of Abnormal Psychology*, **102**, 430-437.

Siegman, A. W., Feldstein, S., Tommaso, C. T., Ringel, N., & Lating, J. 1987 Expressive
　vocal behavior and the severity of coronary artery disease. *Psychosomatic
　Medicine*, **49**, 545-561.

Simonov, P. V., & Frolov, M. V.　1977　Analysis of the human voice as a method of
　controlling emotional state: Achievements and goals. *Aviation, Space, and
　Environmental Medicine*, **48**, 23-25.

Smith, P. K., & Trope, Y.　2006　You focus on the forest when you're in charge of the
　trees: Power priming and abstract information processing. *Journal of Personality
　and Social Psychology*, **90**, 578-596.

Stel, M., van Dijk, E., Smith, P. K., van Dijk, W. W., & Djalal, F. M.　2012　Lowering
　the pitch of your voice makes you feel more powerful and think more abstractly.
　Social Psychological and Personality Science, **3**, 497-502.

菅村玄二　2015　身体化認知における身体性の概念とその射程—素朴観念論を超えて心
　身相即論へ—　理論心理学研究，**16 & 17**, 70-71.

菅村玄二・春木 豊 2000 末梢フィードバック仮説検証における音声の有用性 日本心理学会第 64 回大会発表論文集, 946.

鈴木晶夫 1998 発声が語感の意識性に与える影響 文部省科学研究費補助金・研究成果報告書 からだの意識と感情に関する実験的研究, pp. 20-40.

鈴木朋子・田村直良 2006 表現と認知の相違から検討した感情音声の特徴 心理学研究, **77**, 149-156.

宇津木成介 1993 音声による情動表出と非言語的な弁別手がかり 異常行動研究会（編）ノンバーバル行動の実験的研究 第 4 章 川島書店, pp. 201-217.

Williams, C. E., & Stevens, K. N. 1969 On determining the emotional state of pilots during flight: An exploratory study. *Aerospace Medicine*, **40**, 1369-1372.

Zajonc, R. B., & McIntosh, D. N. 1992 Emotions research: Some promising questions and some questionable promises. *Psychological Science*, **3**, 70-74.

第7章　動作と歩行

佐々木康成

　われわれは日々の生活のなかで，途切れることのない身体動作の流れのなか
にいる。身体は常に動き続けており，それは一瞬もとどまることはない。われ
われが生きて動いている動物である以上，そこに無機物のような静止状態は存
在しない。われわれは何か欲しいものがあれば手を伸ばし，何処かに向かう必
要があればその地を目指して移動を行なう。もっとも静止している状態に近い
と考えられる睡眠中でさえ呼吸は止まらない。われわれは常に何らかの動作を
伴って生活しているのである。生きているかぎり，このような大なり小なりの
さまざまな動きが身体を通じて出現している。

　この章では，まず身体心理学以外で，身体動作の変化と心理的な影響をみる
研究分野について紹介することにする。とくに運動処方と心理臨床場面で用い
られる臨床動作法などの，身体の動作と心理現象に関連する隣接分野の研究に
ついて言及する。

　続いて身体心理学の研究の紹介として，身体の一部，とくに四肢の動作や全
身的な動作を変化させることで心理的な様相が変化するという一連の研究を紹
介する。

1．身体動作と心理状態の変化に関わる研究

1）運動・身体活動のメンタルヘルスに対する効果
　動作と心理現象に関する研究分野としては，運動処方によるメンタルヘルス
への効果についての研究が考えられる。実際にメンタルヘルスへの運動・身体

活動の効用性に関する研究は多数行われてきており，1992 年の国際スポーツ心理学会では，運動の心理的効用性に関する声明が発表されている。具体的には以下のとおりである。

1. 運動は状態不安を低減する。
2. 運動は軽度・中等度のうつ感情のレベルを低減する。
3. 長期的運動はノイローゼや不安を低減する。
4. 運動は重度のうつ患者の専門的治療の補助的なものになり得る。
5. 運動はさまざまなストレスを低減する。
6. 運動は性，年代を問わず，すべての人に有益な情緒的効果をもたらす。

　この声明を待つまでもなく，運動処方の分野では，長期的運動や短期的あるいは一過性の運動・身体活動によって，不安感や抑うつ感などの否定的な感情が軽減・改善し，快感情，陽気さ，活力などの肯定的な感情が増加することが明らかにされている［橋本，1998：竹中ら，2002］。以下に運動・身体活動の抑うつ，不安に対する効果を，また，運動・身体活動による快感情の喚起に着目した研究の結果をあげる。

A．運動・身体活動の抑うつに対する効果

　1990 年頃より海外では抑うつやストレス障害に対する運動の効果が論じられてきた。抑うつへの介入としては，心理療法と抗うつ剤によるものが一般的であるが，米国では，これらの治療と平行して運動療法も行なわれるようになっており，いくつかの報告では治療効果をあげている［竹中，1998］。

　過去の研究の結果，身体活動が軽～中程度の抑うつへの効果的な治療法であることが一貫して示されており［Sallis & Owen, 1999；Bartholomew, J. B., et al., 2005］，またモーガン［Morgan, 1997］によれば，臨床的なうつ病患者に対して，運動はさまざまな精神療法のような他の手法との間に有意な差異はなさそうであり，単極性抑うつの軽症から中等症の場合，運動は従来からの治療法の代わりとして，あるいは補助として使用可能性が論じられている。

　バビャクら［Babyak et al., 2000］による報告では，うつ病の患者に対する介入において，1 回 30 分の有酸素運動を週 3 回のペースで 10 ヵ月間続けた群では，抗うつ薬のみの群や抗うつ薬と運動を併用して介入を行なった群よりも寛解率が高く，再発率が低いことが明らかにされている。一方で高齢者への中

強度の運動プログラムによる介入では，鬱症状の改善は見られないという結果も出ている［鹿毛ら，2004；Underwood et al., 2013］。

B．運動・身体活動の不安に対する効果

不安に対する運動・身体活動を与えることによる効果として，一般的に有酸素運動はリラクセーションや安静と同様に，状態不安・特性不安の低下を導くと報告されている［Petruzzello et al., 1991；Landers & Petruzzello, 1994］。モーガン［1997］によれば身体活動と不安に関するこれまでの総説では，過度の運動が，一貫して心理的に悪い影響を及ぼすとされているものの，一般的に一過性の運動も長期間の運動も心理的に有益であるとされている。状態不安の場合には，短期間の高強度の有酸素運動が状態不安を低減させることが明らかになっている［Morgan, 1979, 1981；Petruzzello et al., 1991；荒井・中村，2001］。

C．主観的運動強度による快感情の誘導

適切な運動強度が感情に対して影響を持つという研究の例として，橋本らによる快適自己ペースによる運動と快感情の関係についての研究を例として取り上げることとする。

橋本ら［1991］は，運動によるストレス低減効果に関する研究として，運動の実施と感情の変化との関係を調査した。快適自己ペース走実施群（普通者）と統制群（卓球，太極拳，または講義）に各々運動および講義前後に，感情尺度を用いて快感情とリラックス感を測定した。

この結果，快適自己ペース走群は運動前後で有意に快感情とリラックス感ともに増加した。また，卓球と太極拳群は快感情のみ有意に増加した。しかし，講義群のみは快感情とリラックス感いずれも有意に変化しなかった。総じて，身体活動群に共通して，快感情の顕著な改善があらわれた。

また，橋本ら［1995］は，快適自己ペース走による感情の変化と運動強度の関係を調査し，運動に伴うポジティブな感情の増加が運動後にどのような変化をするのか，またその変化は感情の成分によって異なるのかどうかを検討した。

被験者に快適自己ペース走を行なわせ，その運動前および終了後と回復期（30分後）の計3回，快感情，リラックス感，満足感の3つからなる感情尺度による感情測定が行なわれた。分散分析の結果，運動前の時点で感情状態は快

感情，リラックス感，満足感ともポジティブだった。快感情と満足感は運動終了直後に増加し，回復期でわずかに減少を示した。快感情は運動前に比べて運動終了直後に明らかに増加がみられ，回復期においてはわずかに減少するものの，運動前と比較して有意に増加していた。満足感でも快感情に類似した増減傾向があらわれたが，回復期での運動前との有意差はみられなかった。また，リラックス感は運動前に比べて運動終了後に増加していたが，回復期ではさらに増加し，運動前に比べて有意な増加がみとめられた。

　上記の結果から，主観的運動強度が快適自己ペースである場合に有意に快感情が増加することが明らかになっている。

　運動処方の分野での研究の多くは，運動強度を独立変数としたものである。しかし，気分や感情に対する効果的な運動強度の基準は未だ明らかにされていない［橋本，1998］。

　斉藤ら［1996］は，運動種目を走運動から歩行という低強度の運動にした際のポジティブな感情への影響について検討した。その結果，2kmの歩行を行った後において，「快感情」，「リラックス感」，「満足感」を指標とするポジティブな感情が増加する傾向が認められ，運動による心理的影響は単に運動強度に依存するものではないことが示されている。

　また歩行に関しては大島・成瀬［2006］が，実験参加者が選択した自己ペースを基準として，30％増加させた速度と，30％減少させた速度を用いた2種類の強度を設定し，歩行課題の遂行中および回復期の時間経過に伴う気分変化を比較し，強度の違いによる特性を検討した。その結果，両条件とも快感情は増加し，不安感情は減少した。この結果は斉藤ら［1996］の結果を支持するものであった。

　高橋ら［2012］は，運動トレーニングや余暇活動として行われる16種類（けん玉・アクティブビデオゲーム（テニス）・動的ストレッチ（ラジオ体操）・縄跳び・静的ストレッチ・アクティブビデオゲーム（野球）・踏み台昇降・卓球（ラリー）・ダーツ・お手玉・アクティブビデオゲーム（ボクシング）・自転車ペダリング・バランスボール・パターゴルフ・歩行・ダンベル体操）の身体活動を対象として，身体活動と心理状態，特に活動種目，強度および気分の変化の関係性について分析を行った。なお，それぞれの種目を実施す

るための時間は 10 分未満であった。その結果，静的ストレッチを除く全ての活動種目は覚醒度を向上させ，3 種類のアクティブビデオゲームでは快適度が向上し，踏み台昇降運動では快適度は低下した。静的ストレッチにおいては，覚醒度は向上させないものの，快適度が上昇することが示された。これらの結果から，身体活動全般は心理的覚醒水準を向上させ，活動による気分の変化には活動強度よりも活動種目が強く影響すると結論づけている。具体的には他者と同時に行なう活動や，静的ストレッチなどのようにリラックス効果を高める活動では肯定的感情の増加が大きく，踏み台昇降のように高強度かつリズムが規定された活動では，一般的な活動種目と比較すると肯定的感情が減少することが示唆されている。

　身体動作の変化と心理現象との関連性を探求するという点では，身体心理学のパラダイムと運動処方のあいだには共通するものがある。一方，両研究パラダイムにおいては扱われている独立変数の操作的定義が異なるという点で差異が見られる。具体的には，運動処方の分野では多くの研究において身体活動の量および頻度がとくに問題視されるが，身体心理学においては身体活動の質的な変化，つまり動作の形態の変化が問題視される。その意味において，運動強度の比較的低い歩行という動作が気分・感情の変化に影響を与えるという結果は興味深い。

2）心理臨床における動作
A．動作と精神病理の関連性：臨床動作の展開を中心に

　身体の動きを利用した心理臨床は，運動処方にとどまらない。たとえば池見［1967］によってわが国に紹介されたダンス・セラピーは，わが国において独自の歩みを遂げており［町田，1999］，1992 年には日本ダンス・セラピー協会が設立されている。また，東洋的行法［春木・本間，1996］やボディワークによる心理療法（第 10 章参照）等，身体を利用した心理臨床は臨床心理学のみならず，健康心理学においても活発に展開されている。

　これらの身体を利用した臨床技法のなかでも，とりわけ，身体動作という点で注目される心理療法が，成瀬［1973］による臨床動作法である。これは脳性まひ児の「動作不自由」を改善するために開発された心理リハビリテイション

から発展したものである。

成瀬 [1973] は，脳性まひ児への臨床活動において，姿勢体験を中心とした意図－努力－動作図式に基づき，独自の臨床動作法を開発した。臨床動作法における動作とは「身体運動を実現するための一連の過程」[成瀬，2000] を意味しており，その目的は意図と身体運動の不一致状態を改善するために行なわれる努力の仕方を変える試みである [成瀬，2000]。この不一致の改善は，脳性まひ児の動作改善のみならず，自閉症児や多動児の行動改善や重度の障害児の発達援助にも有効であることが示され，さらに，神経症，統合失調症患者の不安緊張のコントロールにも応用が進み，高齢者の健康増進，スポーツ選手のスキル向上やあがり対策にも発展している [今野，1997]。

たとえば，鶴 [1981，1982，1986，1988] は統合失調症患者に対して動作訓練を施し，動作訓練でいわれる「自体」と「自己」のコントロールを体験させた。その結果，動きにスムースさ，能動性が出現すると同時に，幻聴や問題行動の減少が確認された。動作を現実的，能動的にコントロールする体験が，幻聴，妄想への対応のコントロールに通じることを示した点で，身体動作と心理状態の関連性が精神病理次元においても確認されたと考えられる。

理論面では，「からだを重力に対応させてタテにすることが「ひと」の存在ないし，生きる体験の上で最も基本とするべき型である」[成瀬，1988] との見解に基づき，タテ系動作訓練法が開発され，動作訓練の最も基本とするべき型としての位置づけがなされた [鶴，2000]。

以上のように，臨床動作法は，身体動作と心理状態の関連性にいち早く注目し，効果をあげているわが国独自の貴重な臨床体系といえる。

B．身体動作とネガティブな気分状態の関連性

前項の臨床動作法は，肢体不自由の脳性まひ児の心理リハビリテイションから研究が始められたため，その適用範囲は主として臨床群の心理的治療効果を目的としているのに対し，身体心理学においては，日常的に経験されるネガティブな気分状態の改善に身体動作を用いた研究がなされている。

また，身体心理学の一連の研究において，板垣 [1998] は不安と関連のある身体動作を明らかにし，さらにそれらの動作が不安軽減に及ぼす効果について研究した。

　実験 1 では，予備調査段階で STAI-T（State Trait Anxiety Inventory）[Spielberger et al., 1970］によるスクリーニングが行なわれ，特性不安の高群と低群が実験に参加した。実験は個別に行なった。実験者は被験者に対し，大学院生の前でスピーチを行なうように嘘の教示を行なうことで彼らの予期不安を高めた後，退室した。その後，大学院生の入室を待っている被験者の 3 分間の様子を VTR に録画した。また，教示の前後および待ち時間直後の計 3 回にわたり，STAI-S［Spielberger et al., 1970］と快 – 不快，緊張 – 弛緩，興奮 –沈静の 3 項目について主観評定を行なった。実験後，VTR を再生し，被験者自身に行動観察および内観を行なわせた。また，後日，3 名の評定者によっても，VTR の行動評定を行なわせた。この行動評定の結果，多くの身体動作が観察され，これを大きく 9 つのカテゴリー（「伸び」，「回す」，「脱力」，「小刻みな動き」，「微細な動き」，「自己接触の動作」，「自己接触の姿勢」，「深呼吸」，「その他の動作」）に分類された（表 7-1 参照）。このカテゴリーのなかで，観察された人数と回数が共に多かったカテゴリーは，「自己接触の動作」，「自己接触の姿勢」，「微細な動き」，「脱力」，「伸び」の 5 つであった。

　実験 2 は，被験者を無作為に抽出し，実験 1 の結果をもとに，自己接触の動作群，自己接触の姿勢群，伸び・脱力群，統制群の 4 群にそれぞれ 10 名前後を振り分けて実施した。実験手順はおおむね実験 1 と同様だったが，待ち時間のあいだ VTR 画面に登場する人物の動作をモデリングするように，また，モデリングの際は自分の身体の感じに注意を集中させることを教示した。この結果，自己接触の動作群，自己接触の姿勢群は，動作の前後で有意に不安が軽減し，伸び・脱力群については不安が軽減する傾向が見られた。この一方で動作を行なわなかった統制群については有意な変化がみられなかったため，不安時に何らかの動作を行なうほうが，動作を行なわないよりも不安が軽減することが明らかになった。さらに，不安が軽減した度合いについて，群間比較を行なったところ，自己接触の動作群で最も不安が軽減していた。

　このように，身体心理学においては，日常的に誰もが経験される気分状態を中心に，身体動作と心理状態との関連性に注目しており，今後は臨床への応用研究も期待される。

表7-1　動作のカテゴリーとそれに含まれる動作の種類［板垣, 1998］

カ テ ゴ リ ー		種　　　類
伸び	身体を伸ばす動作	背伸びをする・腕を伸ばす・足の筋を伸ばす・胴体をねじる・腰を伸ばす・胸を広げる・足の屈伸
回す	身体を回す動作	首を回す・腰を回す・肩を回す・足首を回す
脱力	身体の一部を脱力させる動作	足を投げ出す・脱力して座り直す・腕や肩を揺する・足を蹴り出す・首を脱力する・足をぶらぶらさせる
小刻みな動き	身体の一部を小刻みに動かす動作	足を小刻みに揺する・指を小刻みに動かす
些細な動き	身体の一部を微妙に小さく動かす動作	足の位置をずらす・うつむく・手を動かす・首を動かす・上を向く・上体を動かす・足を動かす
自己接触の動作	身体の一部に触る動作	髪を触る・服を触る・顔を触る・腕, 足を触る・胸をさする・時計を触る・手のひらを揉みほぐす等
自己接触の姿勢	身体の一部に長時間触る動作	指や手のひらを合わせる・手足の指先をいじる・足を組む・腕を組む・手を股の間に挟む
深呼吸	息を吸うまたは吐く動作	深呼吸をする・ため息をつく・息を長めに吸うまたは吐く
その他の動作	上記以外の動作	周囲を見る・立ち上がる・時計を見る・手のひらの開閉・顔をしかめる・歩き回る

2．身体心理学の側面から見た身体動作

1）身体心理学における身体動作

　本章1節1）で検討された身体動作は，基本的に運動処方の分野では独立変数として扱われている。これらは，運動量や運動強度，運動習慣に基づいた分類といえる。他方，これから述べる身体心理学の独立変数である身体動作とは，

「体の四肢を含む全体の動きをさす。ジェスチャーや歩行である。躯幹の大きな動きもこれに入る」[春木，第1章参照]と定義されるように，運動量や運動強度という従来のスポーツ心理学で使用されてきた運動概念とは異なっている。

　身体心理学における動作は，スポーツなどと同様，四肢全体の大きな動きではあるが，身体の振るまいの変化に重点が置かれている。すなわち，振るまいの形態的変化，パターンの変化が，独立変数として扱われる。形態論的な動作を対象とした身体の様相の変化が身体心理の特徴といえる。身体心理学における動作を対象とした研究の具体例としては，歩行に代表される全身の動作を対象とした研究と，手の動作に代表される身体の部分における研究がある。春木も述べているように，とくに歩行は心理状態に深い関係のある動作として注目されている（第1章参照）。

2）手の動作研究

　身体心理学において，初めて時系列分析を使用して身体動作の独立変数操作を試みた研究は「手の動作」[鈴木・春木，1995]と心理・生理状態との関連性の検討であった。身体動作を独立変数とするためには，身体動作と心理・生理状態との関連性が確認されなければならない。そこで鈴木・春木[1996]は，手の動作と関連性のある心理・生理状態を探索的に検討した。このとき，手の動作の数量化として使用された時系列データは，自己相関関数の分散，自己相関関数の分散の平均，自己相関関数の絶対値の平均であった。これらの指標は，手の動作の規則性を表わしている。従属変数としては，MOOD[福井，1993]STAI-T，STAI-S，生理指標と心拍数と血圧が用いられた。

　その結果，生理データでは，手を開閉させるよりも上下に動かす方が生理反応との関連性が多く見られる傾向を示していた。また，手の動作を行なう前に，ネガティブな気分状態だった人（疲労感，抑うつ感で測定）ほど，動作が速くなった。一方，ポジティブな気分状態だった人（爽快感で測定）ほど，動作がゆっくりだった。気分と関連性の高い手の動作は，座位姿勢における両腕の開閉動作であり，その規則性の高い者はMOODの下位尺度の1つである「抑うつ感」が低く，規則性の低い者は「抑うつ感」が高いことが明らかにされた。

さらに古川ら［1995］によって手の動作と呼吸および気分状態とに関連性が見出されている。

この結果を踏まえ，森下ら［1996］は言語教示により，身体動作を操作して，心理・生理に与える影響を検討したが，有意な結果は得られなかった。そこで，斎藤ら［1997］は，BDI（Beck Depression Inventry）［Beck et al., 1979；林，1988］により弁別された高抑うつ群と低抑うつ群に対して，規則性の高い動作のVTRと低いVTRをそれぞれ模倣させて，両腕の開閉動作の規則性を操作し，気分調査票［坂野ら，1994］の下位尺度および呼吸，血圧への影響を検討した。

その結果，高抑うつ群において規則性の高い動作のVTRを模倣させることで，動作の規則性が高まった者に気分調査票における抑うつ感の減少，不安感の減少，爽快感の向上が確認された。すなわち図7-1では規則性の高い動作のVTRを模倣させた前後の自己相関関数の得点の変化を，図7-2では抑うつ感のスコアの変化をそれぞれ示している。なお，図中におけるG模倣群は上手に模倣できた群であり，P模倣群は模倣が上手ではなかった群を表わしている。模倣が上手にできた群においては動作の規則性が高まり，抑うつ感が減少している。これらのことから身体動作の独立変数操作により，気分状態は相対的にポジティブに変容する可能性が示唆された。

さらに，古川［1995］および古川ら［1995］によって行なわれた，両腕の上

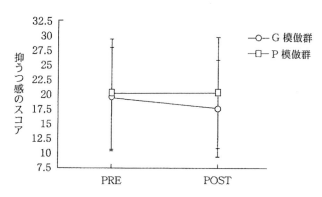

図7-1　身体動作が抑うつ気分に与える影響［斎藤ら，1997］

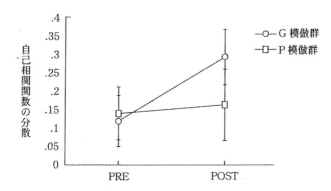

図 7-2　VTR の模倣が両腕の規則性に与える影響 ［斎藤ら，1997］

下動作と呼気，吸気の組み合わせが気分に与える影響の検討も注目される。彼らは，東洋的行法の代表的技法の 1 つである気功を参考にして，手の上下動と呼気，吸気の組み合わせに，掌の向きという要因を加えて気分との関連性を検討した。

　これらの研究では，被験者には気功などの東洋的行法の経験のない学生が選択された。組み合わせは，①手を上げるとき吸気，下げるとき呼気，かつ掌は上向き。②手を上げるとき吸気，下げるとき呼気，かつ掌は下向き。③手をあげるとき呼気，下げるとき吸気，かつ，掌は下向き。④手をあげるとき呼気，下げるとき吸気，かつ，掌は下向き，の 4 条件であった。

　その結果，「緊張－くつろぎ」では掌は上向きのほうがくつろいだ感覚が生じ，さらに，身体感覚として，身体が「重い感じ－軽い感じ」では，掌を上にして，吸気しながら手を上げ，呼気しながら手を下げるのが最も軽い身体感覚を生じさせることが明らかとなっている。掌と手の上下の動きと呼吸の組み合わせによって，気分のみならず，身体の感覚が微妙に異なる点は注目に値する。

　また山口ら［1998］は，両腕の開閉動作と呼吸，掌の向きが気分・生理状態に与える影響を検討している。

　組み合わせは，①手を広げるとき吸気，閉じるとき呼気，かつ掌は内側。②手を広げるとき吸気，閉じるとき呼気，かつ掌は外側。③手を開くとき呼気，閉じるとき吸気，かつ，掌は内側。④手を開くとき呼気，閉じるとき吸気，か

つ掌は外側，の4条件であった。

その結果，血圧については，掌が内側で，吸気しながら開き，呼気しながら閉じる方法が血圧が上がり，掌が内側で，呼気しながら手を開き，吸気しながら手を閉じる方法では血圧が低くなり，対照的に掌が外側だと逆の結果が導かれた。また，気分への効果としては「緊張－くつろぎ」において吸気しながら手を開き呼気しながら閉じる方法で，緊張感が高まる，掌が内側のほうが外側に比べて快であることなどが明らかにされている。

以上の結果から，両腕の開閉動作と主観的気分状態，とりわけ，抑うつ感との関連性が確認されているといえる。さらに，両腕の動作と呼吸，そして，掌の向きの組み合わせもまた，身体動作と気分，身体感覚との関連性が示唆されている。このように，身体心理学における身体動作は，身体と心理状態との結びつきを明らかにする有力な視点の一つといえるだろう。

3） 歩行の動作研究

歩行は日常的に行なわれる動作のなかでもっともポピュラーなものの1つである。春木［1991］によれば，歩法（歩き方）は，人間にとって最も基本的な動作であり，歩幅，テンポ，つま先の向き，歩行時の姿勢，腕の振りなどさまざまな要素が含まれる現象であるとしている。また，春木［1991］は歩法が過去の習慣から形成されたものであるとするならば，歩法の変容が心身の健康に及ぼす影響も否定できないだろうと指摘している。

身体心理学のパラダイムのなかでは，歩行の状態を変化させることで心理的な側面に変化が生じるという結果が，鈴木ら［1996］によって報告されている。歩行は全身的な動作であり，構成する要素は多岐にわたるが，とくに下肢の動作と移動に注目した研究であるといえる。

鈴木ら［1996］は歩行の状態を変化させることで意識性に変容が見られるかどうかを調べた。具体的には，研究Ⅰでは，つま先の方向を変え（外股歩行・内股歩行），研究Ⅱは歩行のテンポ（速・中・遅）と歩幅（長・中・短）を変えて歩行者自身がその意識性をSD法を用いて評定を行なった。

研究Ⅰでは，通常外股歩行で歩いている者を内股歩行で歩かせた場合，生気がなくなり，弱々しくなり，内向的になり，上品になり，不健康になり，女性

的になり，消極的になり，自信がなくなり，貧相になり，暗くなり，抑圧され
たようになり，地味になる，という意識変容が生じることがわかった。一方，
通常内股歩行で歩いている者を外股歩行で歩かせた場合，力強くなり，外向的
になり，下品になり，不健康になり，男性的になり，積極的になり，自信が生
じ，派手になる，という意識変容が生じることがわかった（図7-3，図7-4参
照）。

　また，研究Ⅱでは，被験者は，各人の早足のテンポから一定の率で算出され
た速・中・遅のそれぞれのテンポで鳴るメトロノーム音を聞きながら，短・
中・長の歩幅に設定されたマーカー上を歩き，評定を行なった。この結果，歩
幅要因については，短歩幅と中歩幅，短歩幅と長歩幅，中歩幅と長歩幅間に差
が見られ，歩幅を長く取った場合，地味で，自信がなく，抑圧されたような，
内向的な意識から，派手で，自信があり，開放されたような，外向的な意識へ
と変容が生じることがわかった。一方，テンポ要因でみると，「自信がない－
自信がある」「抑圧された－開放された」形容詞対については遅テンポと中テ
ンポ，遅テンポと速テンポ間に差が見られたが中テンポと速テンポでは差がな
かった。したがって，テンポを速くすると，より自信がある，より開放された

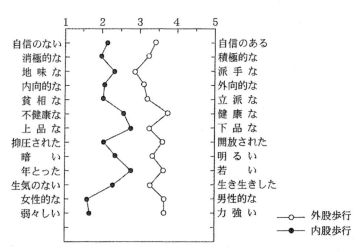

図7-3　外股歩行を内股歩行に変化させたさいの意識評定プロフィール
[鈴木ら，1996]

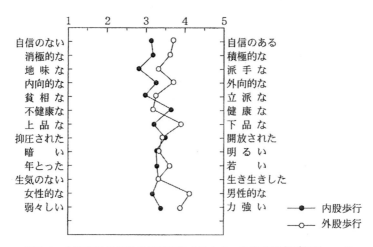

図7-4 内股歩行を外股歩行に変化させたさいの意識評定プロフィール
[鈴木ら，1996]

ような意識性になるものの，ある点を越えるとそれ以上には意識性の変容はみられなかったといえた。また，「地味な‐派手な」「内向的な‐外向的な」形容詞対については各テンポ間で差がみられ，テンポを速くすると地味で内向的な意識性が，派手で外向的な意識性へと変容した（図7-5・図7-6）。

　また，とりわけ歩行時のテンポに着目した研究としては，佐々木［1997］の研究が挙げられる。佐々木［1997］は歩行のテンポは意識性および気分に影響を及ぼすが，これはテンポ自体に起因する現象なのか，歩行に随伴したテンポに起因するものなのかを検証した。実験では歩行の他，ヒアリング，タッピングの3種類の試行を用意し，これらの試行各々に伴うテンポ条件として，3水準（速・中・遅）のテンポを設定した。なお，意識性と気分の測定については，気分調査票［坂野ら，1994］と意識性評定尺度調査用紙［鈴木ら，1996］を使用した。

　被験者はまず早歩き，普段の歩き，ゆっくりとした歩きの3種類の歩き方を行なった。実験者はその結果からそれぞれの条件における歩行時のテンポを算出した。被験者はメトロノーム音に合わせて歩行する群，メトロノーム音を聞く群，メトロノーム音を聞きながらタッピングを行なう群，の3群に振り分けられた。各群の試行ごとに歩行時のテンポに対応するメトロノーム音が提示さ

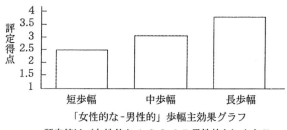

「女性的な-男性的」歩幅主効果グラフ

評定値は（女性的な 1-2-3-4-5 男性的な）となる

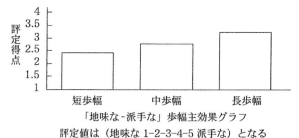

「地味な-派手な」歩幅主効果グラフ

評定値は（地味な 1-2-3-4-5 派手な）となる

図7-5　歩幅要因に主効果があった項目の例［鈴木ら，1996］

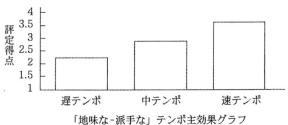

「地味な-派手な」テンポ主効果グラフ

評定値は（地味な 1-2-3-4-5 派手な）となる

図7-6　テンポ要因に主効果があった項目の例［鈴木ら，1996］

れた。各条件のテンポの提示順序はランダマイズされていた。また，被験者の各試行の前後には，調査用紙への回答を実施し，試行後は1分間の安静期をとった。

　各試行の効果は意識性評定尺度における「活動性」「威厳」および気分調査票の「抑うつ感」においてみられた。まず，意識性評定尺度の「活動性」因子

について分析を行なった結果，歩行試行群についてのみ，試行前後で有意に差がみられたが，他の試行では有意な効果がみられなかった。下位検定の結果，遅テンポの歩行の後では「活動性」因子の評定値が下がり，中・速テンポの歩行の後では「活動性」因子の評定値が上昇することがわかった。また，「威厳」因子についても同様の分析を行なった結果，各種試行前後でテンポによる効果は見られなかった。しかし，試行前後による評定値の平均値間の差は有意であった。下位検定の結果，ヒアリング試行群とタッピング試行群については試行前後での「威厳」因子の評定値間に変化は見られなかったが，歩行試行条件については「威厳」因子の評定値が上昇した。

　気分調査票については「抑うつ感」において，試行前後における得点の変化について，ヒアリングとタッピングについては試行前後での抑うつ感の変化は見られなかったが，歩行については抑うつ感の有意な減少がみられた。

　この研究においても歩行動作によって意識性および気分状態が変化することが一貫して実証されている。つまり，単純なテンポが気分の変化をもたらすというよりは，歩行という動作の効果が示された。

　また岩田［2000］および岩田ら［2001］は歩行している人物を観察することで感情が識別できるかどうかを調査した。Happiness（喜び），Anger（怒り），Sadness（悲しみ）場面のシナリオに基づく歩行場面の演技をビデオ収録し，これを被験者が観察し，質問紙で評定を行なった。

　まず，意図した感情が識別できるかどうかを調べたところ，各々の歩行に相応する感情がもっとも強く識別され，さらに，悲しみ，怒り，喜びの順に識別しやすいことがわかった。また，これらの歩き方の違い，印象の違いも評定を通して明らかになった（図7-7参照）。また，佐々木［2005］も歩行から感情が識別できるかどうかを調査した。予備調査では，Happiness（喜び），Anger（怒り），Sadness（悲しみ），Proud（誇り）などの感情について，歩行者を見て，どのような感情状態であるかを推測できた経験があるか，またその具体的場面を自由記述するアンケート調査を行なった。また4種類の感情以外にも推測できた感情がある場合にはそれについても記述を求めた。この調査からは，喜び，怒り，悲しみ，誇りの他，焦りと不安も推測されることがわかった。

　この調査結果を元に，喜び，怒り，悲しみ，焦りに関わる歩行場面のシナリ

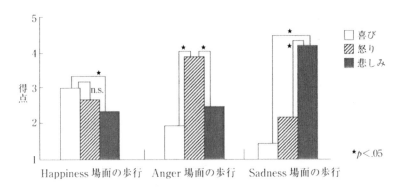

図 7-7　各歩行から識別した感情ごとの得点の平均値の比較

[岩田ら，2001]

オを作成し，演劇経験者による歩行場面の演技をビデオ収録して，刺激材料を作成した。そして，実験では，この刺激材料を被験者に見せ，各歩行の特徴を評定させた結果，各歩行の特徴を見出すことができた。その特徴には，ある感情状態の歩行動作を特徴づける要素があると考えられた。具体的には，怒りの感情の特徴的な動作としては，全身と肩に力を強く入れ，歩く際は大地を強く踏みしめ，つま先は強く蹴り出す，そして，全体的にとても速いテンポで歩行するというものであり，喜びの感情においては，快適な程度の力を全身と肩に入れ，適度に大地を踏みしめ，つま先も適度に蹴り出す，また，全体的に，快適なテンポで歩き回るというものであった。悲しみの感情においては，全身と肩の力を抜き，大地は弱く踏みしめ，つま先は弱く蹴り出す，そして全体的にとても遅いテンポで歩き回る，というものが特徴としてあげられた。すなわち感情と歩行動作に相関があるといえるだろう。

　これらの特徴は，鈴木ら［1996］によって操作された歩行の要素を支持するものであった。この点から，歩行を操作することによって気分感情状態の変化がもたらされ，また気分感情状態から歩行も変化をするという双方向的な関係があることが示唆される。

　坂口［1997］は長期間（4週間）における歩行時のテンポ変容が気分に影響を及ぼすかどうか，影響を及ぼす場合にはどのような気分の変容をもたらすかを調べた。この研究は運動部に所属する女子 20 名と，運動部に所属しない男

子8名を対象とした。さらに，各性別を，歩行時に課すテンポ（速・遅）条件の違いから，fast 群と slow 群の2群に分けて調査を実施した。

　調査は毎日連続15分間の歩行を行なう前後に行なわれた。この調査においては「活動因子」，「威厳因子」からなる形容詞評定尺度が用いられた。この調査を28日間実施した。また，この調査と平行して1週間ごとに気分調査票［坂野ら，1994］と健康感尺度［相馬ら，1990］を用いた調査も行なった。気分調査票については歩行前後に調査を行なった。

　この調査の結果では，歩行時のテンポの違いが気分に及ぼす影響はみられなかったが，運動部群と非運動部群について，形容詞評定尺度「威厳因子」と健康感尺度「意欲因子」，気分調査票「抑うつ感」において実験期間中の評定値の変化のしかたに違いがみられた。また，気分調査票「不安感」については歩行前の5回にわたる調査結果で数値の変動のばらつきが大きかったが，歩行後はこの数値が平均化されやすいことがわかった。このことから，一過性の歩行動作を行なうことで，気分状態をある一定の質に近づける効果があると推測される。この研究では，実験条件の厳密性については十分に保証できないながらも，歩行の前後および長期的な歩行が何らかの形で歩行者に影響を及ぼしうることが示唆されている。

　これらの一連の結果から，歩行の状態を変化させることによって，気分・意識性という心理状態に影響を与えることが可能であることが明らかになった。歩行の状態は気分・感情によって特徴的なパターンがあり，そのパターンを変化させることによって動作の質を変化させ，心理的な影響を与えることが可能であることも示唆されている。

　また，山口［2009］は歩行時の周期リズムと四肢の動きの規律性と，気分・感情との相互関係を調査した。具体的には一般成人女性17人を対象とし，トレッドミル上での自由歩行を行わせた。被験者はマーカーを装着し，光学式3次元動作分析装置を用いてその動作を分析した。気分の調査は POMS 簡易版［横山・荒木，1994］と日常気分・感情尺度［馮・鈴木，2011］を用い，歩行データ計測前後にデータを取得した。その結果，ネガティブな気分状態の群と比較して，ポジティブな気分状態の群は，歩行時の各計測点における速度変化の周期的秩序構造，つまり運動の規律性が高い傾向を確認した。これは鈴木・

春木［2001］による上肢開閉運動での報告を裏付ける結果といえる。

　これらの結果は，過去の一連の身体心理学と一致しており，「気分，感情状態が身体運動の規律性に及ぼす影響と身体運動が気分，感情状態に及ぼす影響という，両者の密接な相互関係を示す」［山口，2009］と考えられる。

3．身体論としての動作と心理

1）身体動作と心理の関連性

　以上，本章では，身体動作と心理状態の関連性を検討してきた。身体心理学では，身体動作と心理状態との関連性を確認した上で，身体動作を独立変数として操作し，心理・生理状態への影響を検討する方法がとられている。

　運動処方やスポーツ心理学における主要な独立変数とは，具体的には個々のスポーツにおける，運動強度であり，運動量，運動習慣を意味している。またその従属変数は，質問紙による心理査定のみならず，アドレナリンなどの化学物質が注目されており，その増減が運動による心理変容の説明要因として使用される場合が多い。これは各運動により，身体の生理的変化が生じ，その結果として心理変容が生じるという立場である。

　一方，身体心理学における動作は，このような運動概念とは明確に異なっている。運動強度や運動量が独立変数，あるいは，説明変数として使用されるのではなく，日常的に観察されるわれわれの振るまいのパターンの変容を確認することによって，身体と心理の関係のあり方を追究しているといえる。

　他方，臨床動作法に見られる動作と心理の関連性は基本的に意図－努力－動作図式にのっとっており，精緻な機械としての身体にスイッチを入れる役割としての意図［成瀬，2000］が重視されている。しかし，身体心理学における動作は，あくまでも，客観的に測定可能な行動であることを重視しており，意図という概念は用いられていない。

　以上の特徴から，身体心理学における動作研究は，臨床を目的とした研究と比較して，客観的データに基づく心身の関係自体を追究する基礎科学としての立場を重視してきたといえるだろう。からだの基本的な動き，姿勢や歩行について精緻な訓練は，動きと心理状態の関係の相即性の訓練となり，それによっ

て体感が豊かになり，豊穣な精神の下地が作られる［春木，1998］。今後，さらなる身体動作と関連の深い心理・生理現象の発見［斎藤，1999；斎藤・春木，1999］と，臨床的応用研究が期待される。

〔引用文献〕

荒井弘和・中村菜々子　2001　有酸素運動は状態不安を減少させるか？――STAI を状態不安の測度として――　ストレス科学　第16巻第1号

Babyak, M, Blumenthal, J. A., Herman, S., Khatri, P., Doraiswamy, M., Moore, K., Craighead, W. E., Baldewicz, T. T., & Krishnan, K. R.　2000　Exercise treatment for major depression: maintenance of therapeutic benefit at 10 months. *Psychosomatic Medicine*, **62**, 633-638.

Beck, A. T., Rush, A. J., Shaw, B. F., & Emery, G.　1979　*Cognitive therapy of depression.* New York: The Guilford Press.〔坂野雄二（監訳）　1992　うつ病の認知療法　岩崎学術出版，pp.480-48〕

Bartholomew, J. B., Morrison, D., & Ciccolo, J. T.　2005　Effects of acute exercise on mood and well-being in patients with major depressive disorder. Medcine & *Science in Sports & Exercise*, **37**(12), 2032-2037.

馮　晶・鈴木　平　2011　大学生版日常気分状態尺度作成の試み　心理学研究：健康心理学専攻・臨床心理学専攻，1, 38-45.

福井知美　1993　光駆動装置による α 波フィードバックによって引きおこされる心理，生理的状態の検討　早稲田大学人間科学部1992度卒業論文（未公刊）

古川志帆子　1995　気功法に関する基礎的研究（その2）　早稲田大学人間科学部1994年度卒業論文（未公刊）

古川志帆子・鈴木　平・山口　創・春木　豊　1995　動作と呼吸の関連に関する基礎的研究（Ⅱ）――手の上下動の動作について――　ヒューマンサイエンス，11, 1, 27-33.

春木　豊　1991　健康のための行動療法　日本行動療法学会第17回大会発表論文集，8-9.

春木　豊・本間生夫（編）1996　息のしかた――きもちのいい生活のための呼吸法朝日新聞社

春木　豊　1998　ボディワークからの認識論 体育の科学，**48**(2)，101-104.

橋本公雄・斎藤篤司・徳永幹雄・磯谷浩久・高柳茂美　1991　運動によるストレス軽減効果に関する研究(2)――　一過性の快適自己ペース走による感情の変化――　健康

科学，**13**, 1-7.

橋本公雄・斎藤篤司・徳永幹雄・高柳茂美・磯谷浩久　1995　快適自己ペース走による感情の変化と運動強度　健康科学，**17**, 131-140.

橋本公雄　1998　快感情を求める身体運動健康　竹中晃二（編）健康スポーツの心理学大修館書店，pp.32-38.

林　潔　1988　学生の抑うつ傾向の検討　カウンセリング研究，**20**, 162-169.

池見酉二郎　1967　催眠――心の平安の医学――　NHK ブックス 62，日本放送出版会

板垣さおり　1998　身体動作が不安軽減に及ぼす効果　早稲田大学人間科学部 1997 年度修士論文（未公刊）

岩田無為　2000　歩行における感情表出について　早稲田大学人間科学部 1999 年度卒業論文（未公刊）

岩田無為・佐々木康成・春木　豊　2001　歩行スタイルからの感情識別および特性抽出ヒューマンサイエンスリサーチ，**10**, 56-67.

鹿毛治子・奥田昌之・中村一平・國次一郎・杉山真一・藤井昭宏・松原麻子・丹　信介・芳原達也　2004　高齢者に対する運動介入が精神心理機能に及ぼす効果に関するクロスオーバー研究　山口医学，**53**（4・5），221-229

今野義孝　1997　動作法 日本健康心理学会（編）　健康心理学辞典　実務教育出版，p.214.

Landers, D. M. & Petruzzellpo, S. J.　1994　*Physical activity, fitness, and anxiety. Physical activity, fitness, and health: International proceedings and consensus statement.* Champaign, IL: Human Kinetics, pp.878-882.

町田章一　1999　日本におけるダンスセラピーの 30 年　日本芸術療法学会誌，**30**, 24-32.

Morgan, W. P.　1979　Anxiety reduction following acute physicalactivity. *Psychiatric Annals*, **9**, 36-45.

Morgan, W. P.　1981　Psychological benefits of physical activity. In F. J. Nagle & H. J. Montoye（Eds.），*Exercise, health, and disease.* Springfield, IL: Charles C Thomas, Pp.299-314.

Morgan, W. P.　1997　*Physical activity and mental health.* Bristol, PA: Taylor & Francis.

森下寛子・鈴木　平・古川志帆子・春木　豊　1996　手の動作と生理・心理及び呼吸との関連性の実験的検討　日本心理学会第 61 回大会発表論文集，98-99.

成瀬悟策　1973　心理リハビリテイション　誠信書房

成瀬悟策　1988　自己コントロール法　誠信書房

成瀬悟策（編著） 2000 現代のエスプリ別冊 実験動作学 至文堂, pp.24-25.

大島幸子・成瀬九美 2006 歩行速度の違いが反応時間と気分に及ぼす影響 身体的コミュニケーションとしての動作速度調整に関する生理心理的検討 平成16年度－平成17年度科学研究費補助金（基礎研究（C））研究成果報告書, pp.25-34.

Petruzzello, S. J., Landers, D. M., Hatfield, B. D., Kubitz, K. A., & Salazar, W. 1991 A meta-analysis on the anxiety reducing effects of acute and chronic exercise; Outcome and mechanisms. *Sports Medicine*, 11, 142-182.

斉藤篤司・橋本公雄・堀田 昇 1996 歩行による運動直後および回復期の感情の変化 久留米大学保健体育センター研究紀要, 4, 17-22.

斎藤富由起 1999 立位姿勢における身体動揺と情動の関連性 早稲田大学大学院人間科学研究科1998年度修士論文（未公刊）

斎藤富由起・春木 豊 1999 立位姿勢における身体動揺と情動の関連性－1 日本心理学会第63回大会発表論文集, 829.

斎藤富由起・鈴木 平・新原史子・春木 豊 1997 身体動作が気分変容に与える影響 日本心理学会第61回大会発表論文集, 208.

坂口 井 1997 長期における歩法の変容が気分に及ぼす効果 早稲田大学人間科学部1996年度卒業論文（未公刊）

坂野雄二・福井知美・熊野宏昭・堀江はるみ・川原健資・山本晴義・野村 忍・末松弘行 1994 新しい気分調査法の開発とその信頼性・妥当性の検討 心身医学研究, 34, 637-646.

Sallis, J. F. & Owen, N. 1999 *Physical activity and behavioral medicine.* Sage Publications, Inc.

佐々木康成 1997 歩行のテンポが意識性に及ぼす効果 早稲田大学人間科学部1996年度修士論文（未公刊）

佐々木康成 2005 感情に基づく歩行動作の識別について──演技者を用いた研究── 感情心理学研究, 12, 56-61.

相馬一郎・春木 豊・野呂影勇 1990 健康観尺度の作成 早稲田大学人間科学部, 1-14.

Spielberger, C. D., Gorsuch, R. L., & Lushene, R. E. 1970 *Manual for State-Trait Anxiety Inventory (Self-Evaluatin Questionnaire).* Palo Alto, California: Consulting Psychologists Press.

鈴木晶夫・佐々木康成・弓場靖子 1996 歩法が意識性に及ぼす効果について ヒューマンサイエンス, 8, 71-81.

鈴木 平・春木 豊 1995 手の動きと気分・感情および生理反応の関連性の検討──

身体心理学の研究 II──　日本心理学会第 59 回大会発表論文集，926.

鈴木　平・春木　豊　1996　手の動作と気分状態の関連性の検討──身体心理学の研究 XII──　日本心理学会第 60 回大会発表論文集，953.

高橋信二・坂入洋右・吉田雄大・木塚朝博　2012　身体活動のタイプの違いはどのように気分に影響するのか？　体育学研究，**57**, 261-273.

竹中晃二　1998　今求められる健康スポーツの心理学的意義　竹中晃二（編）健康スポーツの心理学　大修館書店，pp.1-7.

竹中晃二・上地広昭・荒井弘和　2002　一過性運動の心理学的反応に及ぼす特性不安及び運動習慣の効果　体育學研究，**47**(6), 579-592.

鶴　光代　1981　動作訓練による精神分裂病者の行動変容　日本心理学会第 45 回大会発表論文集，675.

鶴　光代　1982　精神分裂病者の動作改善と社会的行動変容　成瀬悟作（編）　心理リハビリテイションの展開　心理リハビリテイション研究所

鶴　光代　1986　分裂病者の動作訓練リハビリテイション　心理学研究，**14**, 53-61.

鶴　光代　1988　動作療法における障害への治療的アプローチ　分裂病者の動作療法　リハビリテイション心理学研究，**16**, 75-71.

鶴　光代　2000　ひとタテに生きる意味　実験臨床動作法　成瀬悟策（編）実験臨床動作法，245-255.

Underwood, M., Lamb, S. E., Eldridge, S., Sheehan, B., Slowther, A. M., Spencer, A., Thorogood, M., Atherton, N., Bremner, S. A., Devine, A., Diaz-Ordaz, K., Ellard, D. R., Potter, R., Spanjers, K., & Taylor, S. J. 2013 *Exercise for depression in elderly residents of care homes: a cluster-randomised controlled trial.* The Lancet.

山口　創・鈴木　平・竹内成生・春木　豊　1998　動作と呼吸の関連に関する基礎的研究（I）──手の左右開閉の動作について──　ヒューマンサイエンス，**11**, 1, 21-26.

山口光國　2009　気分・感情と歩行リズムとの関係　桜美林大学国際学研究科 2008 年度修士論文（未公刊）

横山和仁・荒木俊一　1994　日本版 POMS　金子書房

第8章 対人空間と身体接触

山口 創

　本章では，社会的次元における身体を考察する。身体は第1には，呼吸や移動という自己の生命活動の維持のための機能をもつものであろう。そして第2には快－不快といった基本的情動との関連として捉えられ，たとえば「闘争か逃避か」といった判断を瞬時に行ない，そのための活動へ導くため，すなわち生命活動をより機能的にするようになったと考えられる。そしてもう1つの次元として，他個体との関係，つまり社会的次元としての身体がある。第4章で扱われている表情も，基本的には他個体への感情の伝達というように，他個体の存在を前提としたものであるといえる。

　この社会的次元における身体を検討する視座として，視線や被服，化粧といった次元も含まれ，それらは社会心理学の分野で検討されてきたが，本章では特に身体に即した次元である対人空間と身体接触について述べることにする。対人空間は個と個の身体が対峙するその間にある距離のことである。人間以外の動物の場合，個体間の距離は暗黙のルールとして種によって刻み込まれたルールがあり，逃走－攻撃の意味と深く関わっている。人間の場合，文化の影響を大きく受けており，同じ距離でもその意味するものは，文化によって異なる。

　また，この空間が限りなく近づいたときには，特別な意味をもつようになる。これはすなわち身体接触であるが，対人空間が近づいた状態とは質的に異なる現象であるため，対人空間とは別のものとして扱われる。その原因の1つは，対人空間は視覚の問題であるといえるが，身体接触は触覚の問題であるからである。後述するが，視覚による認識と触覚による認識では大きく異なるといわ

れており，対人的な次元についてもその影響は大きく異なる。

　本章ではこの2つのテーマを取り上げることにする。

1．対人空間

　対人行動は大きく言語行動と非言語行動にわけられる。非言語行動には顔の表情や視線，対人空間やしぐさなどが含まれる。また非言語行動へのアプローチとしては，大きく対他的研究と対自的研究にわけることができる［春木，1993］。対他的研究は，非言語行動が他者に及ぼす影響を明らかにする，主にコミュニケーションの手段として人間の行動を捉えるものといえる。一方，対自的研究は，ある行動をした結果として，自分にどのような影響があるかについて明らかにする。対自的研究は他者とのコミュニケーションを目的としたものではなく，感じる主体としての視点から人間の行動を捉えるものであるといえる。市川［1975］の現象学の言葉でいえば，「対他的とは他者によって把握された私の身体（対他身体）であり，対自的とは自分によって把握された私の身体（対自身体）である」ともいえよう。

　本章ではまず，身体心理学の観点（対自的観点）から，2者の対人空間を独立変数として操作することで生じる，感情や気分，行動の変化について測定したさまざまな実験の概要を概観する。そして，これらの実験結果を総括して，実際に対人空間を構成する要素を明らかにするために行なわれた実験を紹介する。

1）対人空間の概念

　人間が経験する空間は，物理的あるいは数学的空間（絶対的空間）とは質的に異なる，非常に主観的要素の強いものである。物理的には同じ距離にいる相手でも，たとえば武道の達人と向かい合った場合，相手から発せられる「気」におされて圧倒され，思わず後ずさりしてしまうようなことがある。この場合，相手のもつ一種のオーラのような力が，身体の境界を超えて何らかの影響力を及ぼしているのである。このように2者のあいだにある物理的空間は同じでも，その空間のもつ影響力はさまざまであり，それ故に心理学の研究対象とされて

きた。市川［1975］は，対他的身体空間（自己と他者とのあいだにある空間）
は，自己の身体が体表を越え出て拡大延長したものであり自己防衛の機能をも
つと考えている。ホロウィッツら［Horowitz et al., 1964］の身体緩衝帯
（body buffer zone）や，ホール［Hall, 1966］やソマー［Sommer, 1959］の
パーソナルスペースの概念も，自己防衛の機能を重視している点で同様の概念
であるといえる。

2）感情的側面に及ぼす影響

　ここでは，対人空間を操作することで生じる，感情的側面への影響を検討し
た実験を紹介する。まず2者の対人空間と親密さの関連を扱った研究では，距
離と身体方向を独立に操作して座っている写真の2者の印象を，第3者によっ
て評定させるという手続きで行なわれてきた。

　それらの実験結果はほぼ一貫しており，2者の親密さは距離が近いほど，身
体方向は，正面＞直角＞横，の順に高く評定されている［Scherer & Schiff,
1973：渋谷，1976］。しかし，ギフォードとオコノー［Gifford & O'Connor,
1986］は，実際にさまざまな配置で相互作用させた被験者の親密さを評定し
た結果，距離は近いほど親密さは高く評定されたが，いずれの身体方向のあい
だにも差は見出せなかった。

　身体方向に関して一貫した結果が得られていない理由として，第1に推察さ
れることは，研究で用いられる方法の違いがあげられる。写真に写った2者の
親密度について第3者に評定させる場合と，実際に座った2者が評定する親密
さとでは，扱っている概念自体が異なるのではないかと思われる。つまり2者
が対面に座れば，第3者からは親密な仲であると評定されたとしても，実際に
対面に座ったときに感じる親密さとは異なる可能性がある。第2にシェレーと
シッフ［Scherer & Schiff, 1973］や渋谷［1976］の研究では，身体方向と視線
とは区別されずに，同一方向である。しかし2者に相互作用させると，身体方
向にかかわらず2者のあいだでアイコンタクトがとられる。これに対して身体
方向を操作しても，視線方向を統制せずに2者を相互作用させたギフォードと
オコノー［Gifford & O'Connor, 1986］の実験では，2者のあいだでアイコンタ
クトがとられていたため，身体方向の影響を相殺してしまった可能性が考えら

れる。

　一方，座席配置と不安の関連について検討したメーラビアン［Mehrabian,
1971］は，距離と身体方向を操作して相互作用させた場合の緊張感を測定した。
その結果，距離は近いほど，身体方向は対面に近づくほど，緊張感が高まるこ
とを明らかにした。一方ロジャースら［Rogers et al., 1981］は，2者の位置を
3段階（2フィートで直角／5フィートで135度／9フィートで150度）に操
作して面接を行なった。その結果，不安は中間の位置（5フィートで135度）
でもっとも低くなった。しかし，彼らの研究では距離と身体方向を同時に操作
したために，どちらの影響で不安が喚起されたかについては明らかではない。

3）行動的側面に及ぼす影響

　ここでは対人空間を操作した場合の，行動的側面に及ぼす影響について検討
した研究を概観する。この分野に関して検討した研究結果を大きく分類すると，
以下のように3つに分けられる。

　第1は不安などの感情的な覚醒を媒介とすることで，行動に影響を与える，
とする研究である。デルプラトとジャクソン［Delprato & Jackson, 1975］は，
他者が正面あるいは直角に座った場合のWAIS-Digit Symbolテストの得点に
与える影響を検討した。その結果，正面より直角で行なうほうが不安の喚起が
低く，テストの成績もよかったことを見出した。不安の喚起と課題の遂行量と
は逆U字型の関係があるということが明らかにされており［Yerkes &
Dodson, 1908］，不安が高すぎても低すぎても最適な効率は得られない。彼ら
の実験結果は，正面は直角よりも不安が喚起された結果，課題の遂行に妨害的
な影響を及ぼしたと考えられる。正面でなぜ不安が高まるかについては，前述
のとおりであり，距離や身体方向の直接性が覚醒水準を高めたためであると考
えられる。

　第2に不安などの感情的覚醒を媒介にする必要はないとした研究である。山
口［1994］は，対人不安傾向と座席配置が課題の遂行に及ぼす影響を検討した。
課題は，鏡映描写を用い試行ごとにエラー数と試行時間を測定した。その結果，
高不安者は実験者に対して正面の配置に座った場合は，斜めに比べて遂行成績
が悪かったが，低不安者ではこれとは逆の傾向が見られた。しかし課題を行な

う際の不安には2つの座席間で差はみられなかった。高不安者は他者からの視線を恐れるという報告があるとおり［Ellsworth et al., 1972］，正面は他者から受ける視線量が多いため，課題の遂行に妨害的な影響を与えたと解釈できる。また渋谷［1976］は，課題の遂行場面に他者が2人存在する場合，その2人の配置にかかわらず，単独で行なうよりも作業の遂行が妨害されることを示した。これらの結果は，座席配置は不安などの感情的覚醒を必要とせず，座席配置がもつ認知的性質，すなわち他者から評価されているといった認知的構え［Argyle & Williams, 1969］に影響を与えるのであり，それが課題の遂行を妨げるといった解釈が考えられる。

4）態度に及ぼす影響

　ここでは対人空間を操作することによる態度の変容について行なわれた研究を概観する。態度とは，心理学では"人や事物・社会問題に対してもつ，一般的で持続的な，肯定的または否定的な感情"をさし［Petty & Cacioppo, 1981］，感情的，認知的，行動的成分から構成されると考えられている。そして説得による態度変容を促す際のさまざまな要因が明らかにされてきたが，特に距離を操作した場合の態度変容を検討した研究結果について述べる。それらの結果を大別すると3つに分けられる。

　第1に，距離が近いほど積極的態度が形成され，説得による影響を受けやすいとした研究である［Dabbs, 1971］。説得による態度変容は，近い距離では被験者の覚醒水準が高まり，肯定的感情が喚起されることによるものであるとされている。

　第2に，距離が近いとパーソナルスペースが侵害されるために困惑や不安が喚起されること［Garfinke, 1964］，あるいは相手からの態度変容への圧力が高まるため，それに抵抗するリアクタンスや警戒心が生じるというものである。これらの研究は，距離の近さが態度変容に妨害的にはたらくことを示すものである。

　第3は，距離と態度変容の受け入れやすさとは逆U字型の関係にあるというものである。つまり，極端に近い距離や遠い距離での相互作用は不自然であるため，メッセージの内容から注意が反れて，説得者の身体的特徴に注意が向い

てしまう。するとディストラクション（攪乱）の程度が大きくなるため，近距離や遠距離では説得性は低く，中間の距離でもっとも説得性が高まるのであると考えられている。

　このように距離と態度変容の関係については，近距離がもっともよい，遠距離がよい，中間の距離がよいというように，諸研究のあいだで結果に相違がみられる。この原因の１つに，実験で用いられる説得者と被説得者のあいだの距離のとり方が研究者によって異なること，つまり「近い」，「遠い」ということばの定義の仕方がまちまちであるためではないかと思われる。もう１つの原因として，被験者の実際の態度を測定せずに，その代わりに積極的態度の形成や，うなずき等の非言語的な指標を態度変容の指標としている研究などさまざまである。このような指標を用いると，変容への圧力によってこれらの指標は高まるとしても，リアクタンスが生じることを考慮すれば，実際の態度は変容していないとも考えられる点で，問題があると思われる。

　一方，身体方向を検討した神山ら［1990］は，テーブルのある配置で，説得的メッセージを送る前後での態度変容を調べた。座席は正面，直角，横に操作し，座席間の距離は一定（１メートル）に保たれた。その結果，態度変容は斜めや正面の座席で大きく，横は最低であった。その理由として彼らは，横の座席は正面を向いたときに相手の姿が視野に入らないため，ディストラクションが高まったからであろうとしている。さらに松本［1978］は，説得者と被説得者が向き合う身体方向，距離，視線量を操作し，態度変容に及ぼす影響を調べた。その結果，視線量と身体方向の交互作用がみられた。つまり視線量が多い場合は正面では態度変容が大きいのに対して，視線量が少ないときは斜め前のほうが態度変容が大きかった。他者と相互作用する際には，正面は斜め前に比べて相手から受ける視線量が多いと思われる。そのため視線量を少なくした正面や，視線量を多くした斜め前は不自然であるため，ディストラクションが高まったのではないかと推測される。

　これらの結果から，もっとも効果的に態度変容を促す座席配置は，いかにディストラクションを低くするかにかかっているだろう。それは相手に近すぎる，あるいは遠すぎるという意識を与えないような適度の距離で，しかも正面のように，相手の姿が自然に視野に入る（斜めや横で視線量を多くするのでは

ない）場合が，もっとも効果的に態度変容を促すと考えられる。

5）対人空間の構成要素

以上紹介した実験をまとめてみると，対人空間が気分や行動に影響を及ぼしているのは，距離以外には，体の向きと視線の影響力が非常に大きいことがわかる。そこでここでは，対人空間の構成要素として，これらの要素の相対的な効果を探ることを試みた実験をいくつか紹介することにする。

まず，田中［1973］は，他者が被験者の身体の前後左右8方向からそれぞれ近づかせることによって，対人空間を測定した。方法は，stop-distance 法（徐々に近づき，それ以上近づけないところで止まる）を用いた。実験の結果，対人空間は，前方に長く横が短い形の楕円形であることがわかった。次に八重澤・吉田［1981］は，同じく stop-distance 法を用いて，被験者と実験者が視線を合わせて近づく場合と，視線を外して近づく場合で，被験者の主観的不安，まばたき，生理反応を測定して比較した。その結果，視線を合わせて近づくと，より不安が高く，まばたきが多く，生理反応が大きいことがわかった。他者と視線を合わせることで，対人距離が大きくなることがわかる。

さらに山口・鈴木［1996］は，2者間の距離，2者のなす身体方向，2者の

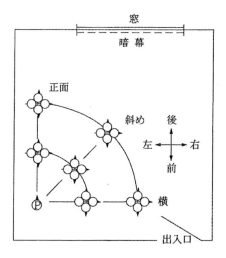

図8-1　座席配置の図［山口・鈴木，1996］

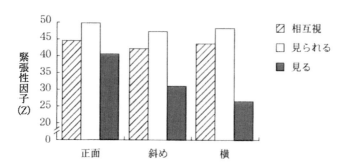

図 8-2 各々の位置における緊張性因子の得点［山口・鈴木, 1996］

視線の3つを独立変数として操作することによって，これらの気分に及ぼす相対的な影響の強さを検討した。実験では，まず図8-1のＰの位置に対象者を座らせた。そして距離を2条件（近距離・遠距離），身体方向を3条件（正面・斜め・横），視線パターンを3条件（アイコンタクトをとる・相手に見られる・相手を見る）設けてそれぞれの位置に被験者を座らせて，各々の条件で被験者の気分を測定した。その結果，視線が情動に及ぼす影響は，きわめて大きいことが明らかにされた。すなわち，「斜め」や「横」に位置する場合でも，相手とアイコンタクトをとったり，相手に一方的に「見られる」場合には，相手の正面に位置するのと同じ緊張感を感じるのである（図8-2参照）。また，距離については，どの条件でも近距離は遠距離よりも緊張感を高めることがわかった。つまり，距離の近さはそれ自体が緊張を高める効果をもつが，身体方向と視線を比較した場合，身体方向よりも視線の影響が大きいことがわかった。以上の結果から，同じ位置にいる2者の対人空間のもつ影響力は，視線と距離が非常に大きいことがわかった。

6）心理臨床での座席配置

　従来，精神分析療法においては，患者は不快な感情や体験を述べる際に，診察台に横たわり，治療者に背中を向けるなどして，意図的に治療者の視線を避ける配置が用いられてきた。治療に適した座席配置について最初に言及したサリヴァン［Sullivan, 1954］は，患者の顔や目が見やすい正面よりも，患者の声や動きが観察しやすい直角で治療を行なうほうが，治療に良い効果をもたら

すと述べている。同様に，治療者と患者にもっとも好まれた座席配置は，机の隅を介しての直角であり，正面は両者にもっとも嫌われることがわかっている［Haase & Dimattia, 1970］。またこのとき治療者は患者の右側に座ると，患者は落ち着いて話すことができるともいわれている［嵯峨山，1990］。それは相手の左側，つまり心臓のある側から接近されたり話しかけられたりすると無意識的に防衛本能が働き警戒心が抱かれるからだと考えられている。カウンセリング場面ではよく直角の間取りが好まれるが，それは相手の視線を直接意識する必要がないからである。必要な場合は視線を合わせ，そうでない場合は正面を向いていても相手の視線を意識する必要はない。したがって直角の間取りでも相手と常に視線を合わせるカウンセラーは，正面に座った場合と同じような緊張を与えてしまうのである。

　一方，対人距離について検討したギルバート［Gilbert, 1993］は，看護師が患者の症状を聞くインテイク面接において，近い距離（1メートル）で行なうと，患者との会話が活発になり，患者とのラポートが形成されやすいことを報告している。これに対して山口・石川［1997］は，対人不安傾向の高い者にとっては，直角でも近い距離で面接を行なうと不安が高まり，認知の変容に妨害的な影響を与えることを見出した。また，統合失調症患者の面接の際に，治療者から距離の遠い座席に座らせると，近い距離に座らせるよりも面接者を魅力的だと評定することもわかっている［Boucher, 1972］。これらのことから，対人不安や統合失調症のように他者に対する不安や苦手意識をもつ患者に対しては，最初から近い距離で面接を行なうと，面接の効果を妨げる可能性がある。近い距離で面接を行なう場合は，身体方向の角度を大きくとる（直角や横に並ぶ角度）などの工夫が必要だろう。

7）対人空間と視線，身体接触

　まず対人空間と視線の関係であるが，視線を確保するためには，相手との距離が必要である。対象となる人やモノに対して距離をおいて客観的に認識する点で，視線は「対象化作用」が強い手段である。一般に相手と距離を広くとればとるほど心の距離，すなわち「心的距離」が開くことになる。しかし，距離が開いても，視線のあり方を変えることで「心的距離」を調節することができ

る。

　まず相手を一方的に「見る」経験は，相手を監視する立場でもあり，それは看守のように心理的に優位に立っている。逆に一方的に「見られる」経験は，囚人のように監視される立場におかれ，劣位の立場であるといえる。このように視覚的様式によって優劣の差が生じる。実際に横山ら［1992］は実験でこのことについて検討した結果，相手から一方的に見られる場合は，相手を見る場合に比べて不安が高まることを見出している。それに対して，アイコンタクトが生じる経験は，相手に見られる点は同様でも，自分も相手を見ているため，それは対等な関係になる。この優劣のない対等な関係ゆえに，そこには特殊な状況が出現する。それは，単に相手の目を物体として見るのではなく，そこには心と心の交流が発生することである。これは心の「触れあい」につながる。

　次に視線と身体接触の関連についてである。赤ん坊は母親とアイコンタクトをとることによって愛着が生まれ，恋人同士のアイコンタクトは愛情を高める。アイコンタクトの経験は，「見る」，「見られる」という視線の経験と，次節で述べる身体接触との中間に位置づけることができるのではないだろうか。アイコンタクトと身体接触の違いについてであるが，前述のようにアイコンタクトをもつためには，相手とのあいだにある程度の距離が必要である。この「心的距離」を保ちながら相手の心を見ている（同時に見られている）ときに，「触れあい」に似た心の交流が生じる。

　それに対して身体接触の場合は，相手との距離は限りなく接近している。肌と肌が直接触れあうことによって，心の交流が生じる。接触によって人や物の特徴を把握する場合，視覚と異なり瞬時に把握することはできない。視覚による把握は“パラレル処理”，触覚によるそれは“シリアル処理”であるとされる。視覚は外界を瞬時に把握するのに対して，触覚は，触面に触れている部位でのみ外界を把握することができるのであり，それは時系列による把握となる。また触覚による把握は「対象化作用」が弱い手段であり，むしろ対象と一体化する「融合化作用」が強い手段である。それゆえ，触れることにより，「そこに相手がいる」，「物がある」，といった根源的な確信を与えてくれる。このように，触覚は他の感覚を支える機能をもつ点でユニークな特徴をもつ。

　また対人的な身体接触についての研究では，実際に人と人とが「視覚だけ」

の出会い，あるいは「触覚だけ」の出会いで出会う際に，受ける印象の違いを実験した松尾［1994］は，「視覚だけ」の出会いよりも，「触覚だけ」の出会いの方が，「温かい」，「信頼できる」といった印象を与えることを明らかにした。

　したがって，身体接触の経験はアイコンタクトの経験よりも，親愛感の次元に関わるチャネルであることがわかる。ただし，松尾の研究では実験4まで行なわれているが，すべての実験で同じ結果が得られたわけではない。身体接触には触れ方や触れる相手との関係といった複雑な要素がからんでいることがわかる。

　次に対人空間と身体接触の関係である。一般に人は不安な場面に臨むとき，他者と一緒にいようとするものである。人と単に共在することと，触れることの違いについて検討したドレッシャーら〔Drescher et al., 1980〕は，以下の3つの条件を比較検討した。第1条件では，実験者は被験者の傍にいるだけであった。第2条件では，被験者は他者から触れられた。第3条件では，皮膚への刺激そのものの効果をみるために，被験者には自分で自分に触れてもらった。実験の結果，第2条件，すなわち他者から触れられる場合にだけ被験者の心拍が低下することがわかった。ただし，友人が側にいるだけでも不安が低下し認知的判断までも変化することがわかっている［山口，2016］。したがって社会的次元で身体を考察する場合，2者の関係性がきわめて大きな影響を及ぼしていることがわかる。

2．身体接触

　身体接触は，他の感覚にない独特の特徴を有する。1つは相互性である。これは相手に「触れる」ことはすなわち，相手に「触れられる」ことになる点である。前述のようにこの点は視線の影響とは異なるものである。身体心理学では，「行動から心へ」のパラダイムを標榜している以上，「触れる」ことの心理的影響を検討するが，相互性に着目すれば，「触れられる」ことも同様に検討されるべきであろう。その影響の違いについては後述する。「触れる」という行動変容を起こすためには，まず前提として認知レベルの変容（たとえば「触れてみよう」など）が必要不可欠となるが，「触れられる」場合には，それは

不要である。第2は同時性であり，それは触れるものと触れられるものとが，同時に同一空間に存在する必要があることを意味する。そして第3は実在性である。これは，実在する対象にしか触れることができないことをさす。これら2つの特徴も，視線によるものとは異なるといえる。

　さて，身体接触の基本となるのは，幼少期の母子の身体接触にあるとされるため，本稿ではまず発達的な視点から述べる。

1）身体接触の発達的研究

　ジュラードとセコード［Jourard & Secord, 1955］は，自分の体の外見に対する好みは親の態度が関係し，親が自分の外見を好んでいると思えば，自分の外見を好む傾向にあり，また自分の外見を魅力的と評定している者は，そうでない者よりも多くの接触を受けていると報告している。

　彼らの研究をもとに鈴木・春木［1989］は日本の学生が過去にどのような身体接触を経験し，現在に至っているのかを，両親，友人という人間関係において調査し，身体接触の現状の把握を行なった。大学生を対象に父親，母親，同性の友人，異性の友人を対象として，幼稚園まで，小学校1～3年，小学校4～6年，中学生，高校生，現在という6段階において，「まったく触れられなかった（1）」から「非常によく触れられた（10）」まで10段階で回答を求めた。

　その結果，図8-3，8-4に示すように，女性は男性よりも，母親や同性の友人から触れられていることがわかった。また男性は同性，異性の友人に比べ，父親，母親に触れられない傾向が見られた。幼稚園までは男性より女性は父親から触れられているが，現在では，男女とも父親には触れられない傾向が顕著になる。全年代を通じて女性のほうが男性よりも触れられている傾向が見られる。

　次に幼児期の両親からの接触とその後の身体接触にどのような関連がみられるかを検討するため，幼稚園までの時期に父親，母親からの接触に関する自己評定がともに8以上（接触上位群）とそうでない者（接触下位群）に分けた。すると思春期から青年期にかけて両親との身体接触は急激に減少しているが，男女とも幼稚園までの上位群のほうが下位群に比べ，すべての時期において両親からの接触を多く受けていると評定していた。

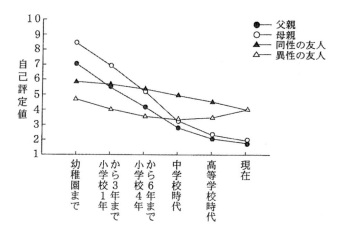

図 8-3　大学生男子が各対象者から身体接触を受けた自己評価の変化
[鈴木・春木，1989]

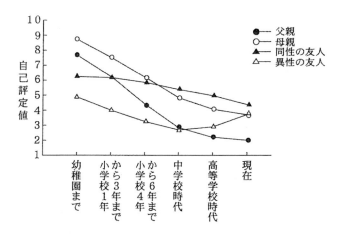

図 8-4　大学生女子が各対象者から身体接触を受けた自己評価の変化
[鈴木・春木，1989]

　ただし，ここで重要な問題について述べておかねばならない。この「身体接触頻度アンケート」[鈴木・春木，1989] は身体接触量の経験について，上述の 6 時期においてそれぞれ 10 段階評価で自己評定するものであるが，大学生を被験者としているため，この結果は身体接触量の客観的な評価ではなく，自

己の過去の想起であるため，主観的な評価であるといった問題点がある。しかし鈴木・春木［1989］の調査と 10 年後に行なわれた後述する一連の調査においても，身体接触量の変化の経過はほぼ一致している。このことから身体接触は時代，環境等の変化を受けにくい行動であり，かなりの部分が生得的な行動であることが示唆される。

2）幼少期の身体接触がその後のパーソナリティに及ぼす影響

樽松［1997］は大学生を対象に身体接触頻度について調査を行なった。その内容は，幼稚園から小学校 6 年生までの期間において，両親との身体接触量の評価の高群と低群を抽出し，実験者は被験者の肩と腕に対して，それぞれ，「なでる」，「軽くたたく」，「触って置く」の触り方で 10 秒間タッチを行ない，そのタッチされたときの気分の評定を行なうというものだった。なお，男性の被験者に対しては男性が触れ，女性の被験者には女性が触れた。このような接触部位と触れ方の違いが相手の気分にどのような変化をもたらすか，また過去に受けた身体接触量が現在の身体接触時の気分にどのような影響力をもたらすかについて検討した。

その結果，肩のタッチが腕に比べて「うれしい」「落ち着いた」などの肯定的な感情をもつこと，触って置くという触れ方に対しては緊張し，軽くたたくという触れ方には励まされた感情をもつことなどの違いが示された。男女における接触部位，触れ方に性差はみられなかった。

また過去に身体接触が多かったと評価している被験者はタッチに「親しみを感じた」「励まされた感じがした」などの肯定的な感情を示したのに対し，過去に身体接触が少なかったと評価している被験者はタッチに「緊張した」など否定的感情をもった。このことから幼少期における両親からの身体接触経験が，現在の身体接触に対する感情に影響を及ぼしていることが示唆された。

次に森浦［1999］は過去における身体接触経験と現在の自己開示との関連性について調査を行なった。自己開示とは十分に自分自身をあらわにする行為であり，自分にとって重要な他者に十分に自己開示できるということは健康なパーソナリティにとって必須の条件であると考えられている。

自己開示については榎本式自己開示質問紙（ESDQ-45）を使用した。自己

開示相手として，父親，母親，もっとも親しい同性の友人，もっとも親しい異性の友人の 4 者に対し，自己開示の下位尺度の 11 側面に趣味，噂話などを加えた 15 側面に対し，「まったく話したことがない (1)」〜「かなり良く話してきた (5)」の 5 段階自己評定で回答を求めた。

　幼少期における両親からの身体接触経験が現在の自己開示行動に対する影響について検討するため，身体接触頻度アンケートで幼稚園から小学校 6 年生までの期間において，男女別に両親との接触評価の高群と低群に分けた。

　その結果，男女ともに幼児期，児童期に両親からの身体接触が多いと評価している者は，少ないと評価している者よりも，精神的自己や社会的自己の側面で自己開示を多く行なっており，とくに女性は 15 側面すべてにおいて自己開示を多く行なっていた。

　自己開示相手として，親しい同性の友人が自己開示得点についてもっとも高く，父親がもっとも低かった。これは現在の身体接触においても同性の友人に対して有意に多く接触を行なっていることと関連しているだろう。そして身体接触が多かったと評価している群は，男性は開示相手として母親，女性は父親と母親において有意に多く行なっていた。また現在の身体接触の頻度においても，男女共に幼少期に身体接触が多かったと評価している群のほうが両親との身体接触が有意に高いことが示された。

　以上の調査では，幼児期から現在（大学生）における両親との身体接触経験について「触れられる」という一方向的な内容であった。しかし前述のように触覚は相互的性格をもつこと，すなわち物理的には同一刺激であっても，自ら刺激する場合と他者から刺激される場合ではまったく違うものになること（たとえば「くすぐり」などのように）を考慮し，「触れられた経験」と「触れる経験」を明らかにするための調査を行った［竹本，2000；秋山，2000］。つまり「触れられた」ことに対する評価に加え，「触れた」経験についても 10 段階評定による回答を求め，さらに身体接触相手は同性の兄弟，異性の兄弟を加えた。

　分析の結果，男女共に「触れる」項目においても「触れられる」項目と同様の結果となったことから，相手に触れられたと感じているのとほぼ同じ量を，同じ相手に触れ返していると評価していることがわかった。ジュラードとルビ

ン［Jourard & Rubinm, 1968］は身体接触の調査において接触，被接触について回答を求めたが，結果は接触，被接触ともにほぼ同一量であった。このようなことから身体接触は一方向のものではなく，相互に同程度なされるものであるということが示唆された。

　同様の方法で，男女ともに，幼稚園，小学校低学年時における母親との身体接触量への評価では，その多い者は少ない者に比べ，依存欲求や依存性が高く［竹本，2000］，またシャイネスは低く［秋山，2000］，攻撃性が低い［山口，2003］との知見が得られている。

　これらの結果から，依存性やシャイネス，攻撃性といった，他者と関わる際の情動に影響を与えるといえそうである。

　さらに山口ら［2000］は健常群（大学生）と心療内科の患者（抑うつや不安の高い患者）について，幼少期において両親からの身体接触がどの程度あったか比較検討した。その結果，とくに女性においては，心療内科の患者は健常者よりも，幼少期における両親からの身体接触量を少なく評価していることがわかった（図8-5）。しかし，男性についてはこのような傾向はみられなかった。

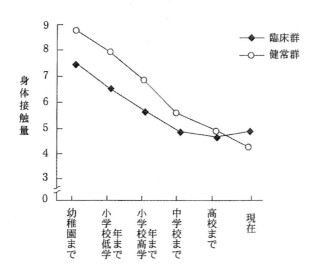

図8-5　健常群と臨床群における，身体接触量の発達的変化（女性）
［山口ら，2000］

以降は，成人期における身体接触について行われた研究について概観する。

3）生理的側面に及ぼす影響

ジェームズ・リンチ［Lynch et al., 1974］は，心臓病（冠動脈疾患）の患者の腕に触れて脈をとると，即座に心拍が下がり，そのリズムも安定することを見出した。この効果は，単に外傷を負った患者の手を看護師が握るときにも表れ，看護師が手を握ることで，1分間に30も心拍が降下したことを見出した。

この効果については，2つの可能性が指摘できる。1つは他者に触れられることの効果であり，もう1つは皮膚への接触刺激の効果である。

山口［2010］は，これらいずれの効果により心拍が低下したのか，について検討するために，以下の実験を行なった。実験では，初対面の2者がペアになり，一方が他方に触れる場合における「触れる」影響と，「触れられる」影響を別個に検討し，さらに皮膚への接触刺激そのものの効果を測るためにセルフタッチをする場合とで，状態不安に及ぼす影響を比較した。その結果，他者に触れてもらう条件でのみ被験者の不安は低減することがわかった。

人に触れられる場合の身体感覚は，自らの身体に触れる場合の身体感覚とは異なることが予想される。たとえば，自分で自分をくすぐる場合，手を動かす指令を発する小脳からは，くすぐったさを感じる大脳の感覚野へと，くすぐったさの刺激を抑制するための指令が発せられる。そのため，自分でくすぐる場合，くすぐる強度や指の動きが予期されるため，くすぐったく感じないのだといわれる［Blakemore et al., 2000］。生理的には同様の刺激が皮膚に与えられたとしても，それが予想できるか否かによって身体感覚は異なり，その結果，生理的効果も異なるのだといえるだろう。このような意味において，身体感覚は，認知的評価や期待，予想といった心理的側面と，生理的側面をつなぐ役割を果たしているといえるかもしれない。

身体接触が心身に影響を与えるメカニズムに関しては，さらに2つの可能性が考えられる。1つは，他者に触れられている，という認知的評価が生理的影響を与えている可能性である。そのことは，たとえば，患者の手に触れるのが，男性看護師か女性看護師で，患者への効果が異なることからもわかる。男性患者の場合，女性看護師に触れられると，不快に感じ，不安が高まった，とされ

る［Whitcher & Fisher, 1979］。つまり，女性に触れられることを意識するからこそ，その抵抗感ゆえに不安が高まったのだろう。

　別の可能性は，認知的評価を経ずに，皮膚への刺激そのものが直接的に生理的影響を及ぼすとも考えられる。たとえば電動マッサージ器の普及に象徴されるように，指圧やマッサージの効果は，それらの機能を有する機器から受ける場合でも，ほぼ同様の効果があることがわかる。また，他者との関係性がその感じ方を大きく左右するといわれる，くすぐったさについても，くすぐり装置によって，いとも簡単にくすぐったく感じられる。さらには，発達障害児の治療のための，触圧刺激を与える Squeeze Machine によって，ADHD 児者の症状は軽減し，自閉症者の発作は軽減されることがわかっている［山口，2006］。これらの事実から，皮膚への刺激そのものも，心身への影響は看過できないものであることがわかる。

4）心理的側面に及ぼす影響

　ヘスリン［Heslin et al., 1983］は，質問紙を用いて，大学生を対象に，触れあって感じる主観的な快 - 不快感について評定させた。その結果，性別と身体領域の交互作用に有意差がみられた。男性は身体接触を性的な意味に拡大解釈する傾向がみられたのに対して，女性は相手の性別よりも，相手との親密さによって快 - 不快感が異なった。

　本邦でも同様に，益谷［1989］は質問紙により，女性大学生を対象に，自分がいろいろな人から触れられたことを想定し，その時の快 - 不快感について1（非常に快い）から7（非常に不快）までの両極尺度で評定させた。その結果，局部を除けば，親しい同性や異性については，多少の差はあってもやや快であると評定されること，初対面の相手であれば同性でも異性でも不快に感じることがわかった。つまり，触れる相手の性別ではなく，その相手との親密さが快 - 不快感に主効果をもっていることがわかった。

　さらに益谷［1991］は，実際に初対面の同性同士を対象に，相手に快い印象を与える触れ方，また不快な印象を与える触れ方を実際に行なわせ，触れられた者が逐一その感じを評定する，という手続きで実験を行なった。その結果，初対面の同性の相手で触れやすいのは，身体の外側，つまり陽の光を浴びる部

位であり，それらの部位には，さわる，握る，押す，擦る，掻く，叩く，と
いった触れ方にもよるが，概して快いと感じ，逆に身体の内側は，不快に感じ
ることがわかった。身体の外側は，普段人に触れられることも多く，抵抗感の
少ない部位であるといえるが，内側は触れられることが少なく，不快であった
のだと考えられる。これについて，脇の下や首，足の裏といった身体の内側は
くすぐったさを感じる，とした研究もある。触れられると不快を感じる部位に，
軽擦の刺激を与えるとくすぐったく感じるが，触れ方によっては単なる不快感
として感じるのであろう。

3．まとめと今後の展望

　身体接触が心身に影響を与えることは，日常経験からも疑問の余地はない。
そしてそのメカニズムは，身体接触の起こる状況，タイミング，触れ方などさ
まざまな要素が認知的に評価された結果，多様な影響を及ぼすのだと考えられ
ている。しかし，前述のように，皮膚接触刺激そのものが，直接的に心身に多
大な影響を及ぼしていることもまた事実である。ラットなどを対象にした動物
実験でも，皮膚接触刺激そのものが行動・情動面に大きな影響を及ぼしている
ことがわかっている。皮膚はすべての臓器のなかで最大の臓器であり，発生的
には脳と同じ外胚葉から成る。そのため「皮膚は露出した脳」，あるいは「第
2の脳」といわれ，皮膚への刺激が脳へ及ぼす影響は非常に大きいことがわ
かってきた。

　さらに，皮膚への機械的な刺激と触覚や痛覚との関連についての研究は，心
理学や生理学，神経科学の分野で進んでいるが，身体接触については，認知的
要因が媒介し複雑になるため，ほとんど進んでいない。しかし，神経科学の分
野でも，人に触れられる場合にのみ反応する神経線維も発見されていることか
らも［Vallbo et al., 1999］，動物としてのヒトにとって，身体接触は非常に重
要な役割を果たしていることは言を待たない。

　身体接触に関する心理学的な研究は，倫理的配慮からも，慎重に行なわれな
ければならない。また，身体接触をする2者の関係性（親密性や印象など）に
よる影響や，再現性の問題（同じ触れ方で触れたとしても，触れる手の平の温

度や湿度，微細な圧力の違い，表情や雰囲気といったその他の非言語行動の違いなどの影響を受ける）もあり，同一の接触刺激を完全に再現することは不可能であろう。そのため，基礎的な実験が圧倒的に不足していることは確かである。質問紙による調査では，認知的評価の影響を大きく受け，皮膚接触の効果を単独で検討することがほとんど不可能である。

　今後これらの問題を考慮した実験が期待される。

〔引用文献〕

秋山淳子　2000　身体接触に関する心理学的研究 2 ──シャイネスについて──　早稲田大学人間科学部人間基礎科学科　平成 13 年度卒業論文

Argyle, M., & Williams, M.　1969　Observer or observed? A reversible perspective in person perception. *Sociometry*, **32**, 396-412.

Blakemore, S. J.　2000　Why can't you tickle yourself? *Neuroreport*, **11**, R11-16.

Boucher, M. L.　1972　Effects of seating distance on interpersonal attraction in an interview situation. *Journal of Consulting and Clinical Psychology*, **38**, 15-19.

Dabbs, J. M Jr.　1971　Physical closeness and negative feelings. *Psychonomic Science*, **23**, 141-143.

Delprato, D. J., & Jackson, D. E.　1975　The effects of seating arrangement upon WAIS Digit Span and Digit Symbol performance. *Journal of Clinical Psychology*, **31**, 88-89.

Drescher, V. M., Gantt, W. H., & Whitehead, W. E.　1980　Heart rate response to touch. *Psychosomatic Medicine*, **42**, 559-565.

Ellsworth, P. C., Carlsmith, J. M., & Henson, A.　1972　The stare as a stimulus to flight in human subjects: A series of field experiments. *Journal of Personality and Social Psychology*, **21**, 302-311.

Garfinke, H.　1964　Studies of the routine grounds of every day activities. *Social Problems*, **11**, 93-97.

Gifford, R., & O'Connor, B.　1986　Nonverbal intimacy: Clarifying the role of seating distance and orientation. *Journal of Nonverbal Behavior*, **10**. 207-214.

Gilbert, D. A.　1993　Reciprocity of involvement activities in clientnurse interactions. *Western Journal of Nursing Research*, **15**, 674-689.

Haase, R. F., & Dimattia, D. J.　1970　Proxemic behavior: counselor, administrator, and client preference for seating arrangement in dyadic interaction. *Journal of*

Counseling Psychology, **17**, 319-325.

Hall, E. T. 1966　*The hidden dimension.* New York: Doubleday & Co.〔日高敏隆・佐藤信之（訳）　1970　かくれた次元　みすず書房〕

春木　豊　1993　社会的行動とノンバーバル行動　異常行動研究会（編）　ノンバーバル行動の実験的研究　川島書店，pp.9-12.

Heslin, R., Ngyuen, T. D., & Ngyuen, M.　1983　Meaning of touch: The case of touch from a stranger or same sex person. *Journal of Nonverbal Behavior*, **7**, 147-157.

Horowitz, M. J., Duff, D. F., & Stratton, C. O.　1964　Body-buffer zone *Archives of General Psychiatry*, **11**, 651-656.

市川　浩　1975　精神としての身体　勁草書房

Jourard, S. M., & Rubin, J.　1968　Self-disclosure and touching: a study or two modes of interpersonal encounter and their interrelation. *Journal Humanist Psychology*, **8**, 39-48.

Jourard, S. M., & Secord, P. F.　1955　Body-cathexis and personarity. *Development of Psychology*, **46**, 130-138.

神山貴弥・藤原武弘・石井眞治　1990　態度変容と印象形成に及ぼす座席配置の効果　社会心理学研究，**5**, 129-136.

樽松大剛　1997　身体接触が気分に及ぼす影響――過去の接触経験との関連――　早稲田大学人間科学部人間基礎科学科　平成 10 年度卒業論文

Lynch, J. J., Thomas, S. A., Mills, M. E., Malinow, K., & Katcher, A. H.　1974　The effects of human contact on cardiac arrhythmia in coronary care patients. *Journal of Nervous and Menatal Disease*, **158**, 88-99.

益谷　真　1989　身体接触のアクセスビリティーと快不快反応　日本社会心理学会第 30 回大会発表論文集

益谷　真　1991　身体接触の実験的検討 - 快不快の身体部位とタッチテスト　日本心理学会第 55 回大会発表論文集

松本卓三　1978　説得行動における非言語コミュニケーションの効果　教育心理学研究，**26**, 247-251.

松尾香弥子　1994　親愛感の知覚における視覚・聴覚・触覚の間の優先関係　社会心理学研究，**10**, 64-74.

Mehrabian, A.　1971　Seating arrangement and conversation. *Sociometry*, **34**, 281-289.

森浦夏恵　1999　過去の身体接触経験と自己開示・自尊感情の関連性について　早稲田大学人間科学部人間基礎科学科　平成 12 年度卒業論文

Petty, R. E., & Cacioppo, J. T.　1981　*Attitude and persuasion: Classic and contemporary approaches.* Dubuque, Ia.:Wm. C. Brown.

Rogers, P., Rearden, J. J., & Hillner, W. 1981 Effects of distance from interviewer and intimacy of topic on verbal productivity and anxiety. *Psychological Reports*, **49**, 303-307.

嵯峨山雄也 1990 ボディコミュニケーション 勁草書房

Scherer, S. E., & Schiff, M. R. 1973 Perceived intimacy, physical distance and eye contact. *Perceptual and Motor Skills*, **36**, 835-841.

渋谷昌三 1976 社会空間の基礎的研究 心理学研究, **47**, 119-128.

Sommer, R. 1959 Studies in personal space. *Sociometry*, **22**, 247-260.

Sullivan, H. S. 1954 *The psychiatric interview.* New York: Norton..

鈴木晶夫・春木 豊 1989 身体接触に関する試験的研究 早稲田心理学年報, **21**, 93-98.

竹本佳世 2000 身体接触に関する心理学的研究 1—— 依存性について—— 早稲田大学人間科学部人間基礎科学科 平成 13 年度卒業論文

田中政子 1973 Personal Space の異方的構造について 教育心理学研究, **21**, 223-222.

Vallbo, A. B., Olausson, H., & Wessberg, J. 1999 Unmyelinatd afferents constitute a second system coding tactile stimuli of the human hairy skin. *Journal of Neurophysiology*, **81**, 2753-2763.

Whitcher, S., & Fiser, J. 1979 Mutidimensional reaction to therapeutic touch in a hospital setting. *Journal of Personality and Social Psychology*, **37**, 87-96.

八重澤敏男・吉田富二男 1981 他者接近に対する生理認知反応 心理学研究, **52**, 166-172.

山口 創 1994 不安と座席配置が課題遂行に及ぼす影響 日本心理学会第 58 回大会発表論文集, 94.

山口 創 2003 乳児期における母子の身体接触が将来の攻撃性に及ぼす影響 健康心理学研究, **16**(2), 60-67.

山口 創 2006 皮膚感覚の不思議 講談社

山口 創 2010 身体接触が不安に及ぼす影響－触覚抵抗との関連－ 心理教育学研究, 桜美林論考, **1**, 123-132.

山口 創 2016 人は皮膚から癒される 草思社

山口 創・鈴木晶夫 1996 座席配置が気分に及ぼす効果に関する実験的研究 実験社会心理学研究, **36**, 219-229.

山口 創・石川利江 1997 対人不安者の着席行動と印象形成―臨床における面接時の座席配置を想定して 性格心理学研究, **5**, 15-26.

山口　創・山本晴義・春木　豊　2000　両親から受けた身体接触と心理的不適応との関連　健康心理学研究，**13**, 2, 19-28.

Yerkes, R. M., & Dodson, J. D.　1908　The relation of strength of stimulus to rapidity of habitformation. *Journal of Comparative Neurology and Psychology*, **18**, 459-482.

横山博司・坂田桐子・黒川正流・生和秀敏　1992　他者供在が不安反応に及ぼす効果 ——SOCIAL ANXIETY についての実験的研究 1—— 実験社会心理学研究，**32**, 34-44.

第9章　ボディワーク
——身体心理学の応用——

河野利香・春木　豊

1．ボディワークの概念

　現代人の健康への関心は，「癒し」という言葉で総称されている。心と体を癒す方法は個人により異なるが，どのような方法であっても，個人の社会生活におけるさまざまなストレスに対処するために不可欠である。身体心理学的観点から考えると，「癒し」への関心は，心身の健康や心身調和への一元論的心身論と密接に関わっている。つまり，それは「スピリチュアリティ」をも含めた「こころ」と「からだ」に対する自己責任と予防医学的関心の現れでもある。東洋思想では，一元論は一なる根本原理からの生成であり，変容であると考え，身体とスピリチュアリティをも含む心とは不即不離と考える。これに対して二元論では，神と世界，精神と物質，本質と現象などの対立を絶対的なものとみなし，デカルト（Descartes, R.）の精神と身体についての哲学では，精神は身体に関係なく知識そのものと考える。身体は単なる物質であり，物質とはもっぱら因果性によって支配される存在である，という思想である［Edwards, 1998；澤瀉, 1957］。さらに，西洋と東洋の心身観についての違いについて，湯浅［1977］は，東洋の哲学的伝統は医学的心理学の領域と関係が深いが，西洋の哲学（少なくとも中世期後半から）は，主として物理的自然の研究と結びついて発展してきたため，生命体を見るに当たってもその物質としての側面から探求するようになり，デカルトが人間の身体は機械の一種であると主張したのはそのためである，と述べている。

　したがって本章では，このような一元論的心身論における実践的技法について述べる。春木［1998］は，身心一如と表現されるように，これからのボディワークは身体を動かすことで一元的に心と体をつなげ，心に影響を与えようとするパラダイムを用いることが重要であると示唆している。したがって身体心理学でのボディワークでは，身体を通して心の問題にせまる技法が重視される。つまり，ここで示すボディワークとは身体を用いて知，情，意を調節，統合し，身体感覚（五感）を向上させることにより，ホリスティック（全体的）に健康や精神衛生を積極的にもたらすことを目的として東洋文化を発祥とした技法を主にとり上げる。なお，心理療法プログラムのなかで用いられるリラクセーションなどもボディワークの一種に含める。

　身体心理学でのボディワークの主たる目標は，身体と精神の調和，さまざまな気づき，自己コントロール感，リラックス感，充実感などを得ることであり，体力や筋力強化を目的とした運動やスポーツとは異なるものとする。そのため，クーパー［Cooper, 1970］が提唱した酸素を摂取しながら行なう有酸素運動，たとえばエアロビクスダンス，ジョギング，ウォーキング，水泳などは，現代病（肥満，動脈硬化，心臓疾患，高血圧，糖尿病などの疾病）やストレスを軽減させる効果があり，また精神衛生的な効果がある［Weinberg & Gould, 1995；Van Raalte & Brewer, 1996］が，身体心理学的観点では，ボディワークには含めない。

　ボディワークの定義は，心身医学的見地と東洋医学的見地に基づき，生体の全体的な反応を観察し，それに基づいて部分の反応をみてゆくというホリスティック（全体的・統合的）なものである［湯浅，1996］とし，このようなボディワークを行なうことにより，個人の知性や感情と身体の相互依存の関係を強化することが可能になり，その結果，心（感情や気分）と身体（生理的指標で測定可能なもの）の関係の気づきとコントロール感の向上など，健康につながるものを目指している技法と考えることにする。このような技法は最近ボディ・サイコセラピー（body psychotherapy）ともいわれている。

　技法にはさまざまな種類のものがある。紀元前3000年からさまざまなボディワークが行なわれており，世界には約200種類以上のボディワークがある［Stillerman, 1996］。最古のボディワークとして中国式指圧（acupres-sure／

表9-1　ボディワークの類型

Ⅰ. 文化的宗教的背景
　アジア文化（東南アジア，西アジア，東アジア）
　西欧文化（ヨーロッパ，北米，オセアニア）

Ⅱ. 手法
　動作（他者介入の有無）

Ⅲ. 影響する要因
　性別／年齢
　身体的特徴／持病（さまざまな精神病状から肉体の病）
　興味，職業
　地域や場所の制限／指導者の有無
　所要時間／治療効果
　地域文化の影響

Ⅳ. 目標とする主な効果
　腰痛や肩こり等の痛みの減少
　不安や怒り，ストレスなどの軽減
　バランス感覚の増加，セルフエフェカシー，自尊心の増加

---

acupuncture）があり，そこから国境を越えて文化に合うような形に改良されたスウェーデン式マッサージ等も存在する。多くのボディワークはアジアの伝統的手法を応用して，新しい技法，療法が開発されている。このように長期にわたり東洋的方法が廃れずに現在まで存在し，西洋社会において注目されて人気がある理由は，何千年もの伝統のなかで証明された身体的および精神的効果と長期的な健康につながるためであろう［Shang, 2001］。

　ボディワークを体系的にみると（表9-1），第1に，起源となる文化により大きく分けて東洋か西洋かという分類がある。ただし，東洋といってもインドと中国を比べた場合，そこにはかなりの違いがある。仏教各派に伝えられている心身訓練の修行法の歴史的源流は，インドのヨーガに遡るもので，その主流は瞑想法，つまりは心理的訓練法である。中国の哲学的伝統と結びついた心身訓練法は，元来医学や武術の分野と深い関係がある［湯浅, 1996］。第2に，手などを用いたすべてのセラピー（手技法）に見られるように，他者が身体に触れて行なう方法と，他者から教示や指導は受けつつも自分で行なう方法があ

る。前者はマッサージ法や指圧などが代表的である。後者は，姿勢を含めた身体運動の再教育システムや，身体を用いた心理療法として，身体，心，スピリチュアリティ，そして情動の統合を目指すアレキサンダー・テクニック，フェルデンクライス・メソッド，ダンス・セラピー，太極拳，ヨーガ，気功などが挙げられる。

　欧米社会では，東洋の一元論的身体運動に関心をもっている人が少なくない。それらの代表的なものは，ヨーガ，太極拳，瞑想，気功である。これらの，技法は有酸素を中心としたエクササイズと異なるもの，あるいはそれに代わるもの，という意味で「代替エクササイズ（alternative exercise）」と称されている。また，医学系の科学論文では身体接触（touch），身体の動き（movement），呼吸が含まれている場合には，ボディ・セラピー（body therapy），ソマティック・テクニック（somatic techniques），あるいはマインド・ボディ・セラピー（mind／body therapy）と称されている場合もある。これらの場合には，西洋的なカテゴリーに分類されるような技法，たとえば，認知行動療法，イメージ療法，催眠療法，音楽療法なども含まれる場合がある［Luskin et al., 2000］。

　さまざまな疾患に対して瞑想や太極拳などのマインド・ボディ・セラピーを行なった場合，生活の質の向上があるとして，これらを予防的にあるいは代替医療として用いることが示唆されている［La Forge, 1997］。さらに，ヨーガ，太極拳，瞑想法の特長を含む新しいエクササイズが創作されたり，北米では大学の体育授業や地域のスポーツクラブで，根強い人気のあるヨーガや太極拳，空手，韓国空手がカリキュラムのなかの選択肢に含まれていることが多い。東洋的なボディワークが好まれる理由は，東洋的な神秘性に興味があり，他の有酸素運動に比べて激しい動きがないこと，またリラックス感や気分の安定が高いためである［Kawano, 1997］。これらの技法の共通する特長は，筋肉への強度が低く，身体部位の動きの速度が比較的遅いことが挙げられる。

　現代社会のなかでわれわれが日常生活で抱えるストレスの大きさを考えるとき，個人の選択するボディワーク，エクササイズ，スポーツは千差万別であるが，科学的な実験や研究により生理的効果や心理的効果，また予防医学的な健康増進をもたらすならば，それぞれのボディワークの存在理由があるといえる

だろう。

　本章では，身心一如と表現されるように，からだを動かすことで一元的に心と体をつなげ，心に影響を与えようとするパラダイムを用いる代表的な技法を取り上げる。このようなボディワークは，個人の知性や感情と身体の相互依存の関係を強化し，その結果，心（感情や気分）と体（生理的反応）の関係の気づきとコントロール感の向上など，心身の健康につながるものを目指していると考える。

2．西洋のボディワーク

　西洋の方法として分類されるボディワークは多数存在するが［久保，2011］，ここでは日本でも知られているものを二,三取り上げることにする。欧米におけるボディワークには，東洋の技法の影響を受けて発展したものと，フロイト（Freud, S.）やライヒ（Reich, W.）の精神分析の影響を受けた技法がある。しかし両者とも，心身一元論的な観点から，セラピーやプライマリーケア（予防医学）としての身体の健康と，精神の癒しを追求する方向性が示唆されている［Taylor, 2000；Shang, 2001；Switankowsky, 2000］。

1）マインドフルネス・ストレス低減法（Mindfulness-Based Stress Reduction：MBSR）

　カバット・ジン（Kabat-Zinn, J.）が禅の影響を強く受け，西欧社会に受け入れられるように開発した瞑想法である。この瞑想を中心としたストレス・リダクション・プログラムは，正式にはマインドフルネス・ストレス・リダクション法（Mindfullness Based Stress Reduction：MBSR）と称されており，1979年にマサチューセッツ大学メディカルセンターに創設されたクリニック（The Center for Mindfulness in Medicine, Health Care, and Society：CFM）において，その訓練が行われ高い評価を得ている。

　カバット・ジンは，曹洞宗の開祖である道元の主著『正法眼蔵』に影響を受けた結果，プログラムの基本は「注意を集中させて，1つの瞬間に意識を向ける（注意集中）」である。この注意集中型瞑想法を「マインドフルネス瞑想法」

と称している。カバット・ジン［Kabat-Zinn, 1990］は，8週間の体系的に組み立てられたプログラムでトレーニングを積むと，人々が日常の事象に注意集中する能力を養い，自己の存在感を感じとり，今までの考え方や見方を変えることができ，それによって，自分の人生を上手に管理する新しい力を開発することができるとした。このプログラムでは，ヨーガや呼吸の訓練により身体への注意集中を高め，日常生活での気づきを高める方法を取り入れているが，東洋思想に見られる神秘感や神秘的イメージに落ち入ることをさけて構成されているのが特徴と思われる。

　クリニックにおいては，8週間（2時間半／1日）のコースが設定され，週末には1日のトレーニングの日が設けられている。過去20年間以上の臨床報告では，8週間 MBSR プログラムにより精神衛生，生活観の向上［Williams et al., 2001］，医学的疾病の慢性的な痛みの軽減［Kabat-Zinn, 1982；Kabat-Zinn et al., 1985；Kabat-Zinn et al., 1986］，不安障害やパニック障害の軽減と4年間追跡調査による持続的な軽減［Kabat-Zinn et al., 1992； Miller et al., 1995；Kabat-Zinn et al., 1997］，不安傾向の減少とうつを含めたストレスの軽減［Shapiro et al., 1998］が報告されている。また，近年では，認知療法との共同研究により，Mindfulness-based cognitive therapy（マインドフルネス認知療法；MBCT）［Segal et al., 2002］として，うつ病の治療法として成果を上げている［Teasdale et al., 1995；Teasdale, 1999；Mason & Hargreaves, 2001］。

　このプログラムについては，全米や海外から毎年3000人以上のヘルスケアの専門家が教育的トレーニングを受け，病院，学校，会社，スポーツ界などのさまざまな分野で活用されている。

2）アレキサンダー・テクニック（Alexander Technique）

　創始者アレキサンダー（Alexander, M.）は，シェイクスピア演劇を中心に活動する役者として，オーストリアを中心に演劇活動をしていたが，長年の俳優生活により医学的な治療法でも完治しないような声の出ない症状に苦しめられた。そのため，三面から身体の動きが観察できる鏡を用いて，話すときの自分の姿や筋肉を観察した。セリフをいうときに頚を固くして頭を後ろに支えるとか，頭を前方に下げたときに胸を固く押しつけるというような傾向があるこ

とに気がついた。その後数ヵ月間，このような動きに注意をして修正するようにした結果声が元に戻ったという。これをきっかけに，1930年代，彼の考案したテクニックを多くの有名な役者に教えたことで有名になった方法である。

　この方法の基本は，クライアントが身体を正しく動かせるように，動きを学ぶ教育的なテクニックである。たとえば人は，緊張場面では普通の状態とは異なる身体の動きをする。緊張すると，脳神経細胞が筋肉に普段とは異なる命令を発するため，靴の紐をしゃがんで結ぶような簡単な動作でさえも困難にさせてしまうことがある。このような場合に，アレキサンダー・テクニックでは，矯正テクニックを修得する課程で，クライアントは動きに対する気づきとコントロール感覚を増大させて，緊張をほぐし身体部位の動きを正常化するのである。アレキサンダー・テクニックの最終的な目標は，頭，首，胴体の位置を矯正することである［Barlow, 1973］。この技法さえ学習すれば，緊張状態は身体全体にわたらないと考えられている。この方法では，日常における動作において正しい身体機能（body mechanics）を身につけることが重要視されている。

3）ダンス・セラピー（Dance／Movement Therapy）

　ダンス・セラピー（あるいはムーブメント・セラピー）は，ダンスによる創造性と芸術性をセラピーに応用した技法である。身体を用いて表現をする芸術，つまりダンスにより，知，情，意を調節，統合し，豊富な表現力を身につけることである。そして総合的に創られる身体の動きは，心のうごきに対してコントロール感を養い，さらに他者との調和や，自然との調和など多くの効果が得られる技法である［Routledge, 1992；Block & Krissell, 2001；Hanna, 1980］。身体部位を動かすプロセスのなかで動きにともなう気分の変化を用いてクライアントの自信や自尊心を向上させるなどのほかに，医学的には，幼児や青年期のガン患者へのセラピー［Susan, 1999］，心臓疾患［Frasure-Smith et al., 1995；Carney et al., 1995］，痛みの軽減［Cohen & Rodrigues, 1995］についての効用が研究されている。また健常者だけでなく身体障害者や身体が不自由な人にもダンス・セラピーはもちいられている。デイケアセンターや地域の精神衛生関連の施設などでは，行動異常や薬物乱用の患者にソーシャル・スキル

を向上させるためにダンス・セラピーが利用されている。ダンスをさまざまな疾病患者にさせることにより，セラピーの効果として，ストレス低減，また入院している子どもにおいては認知，感情，社会的発達への効果が挙げられている [Block & Krissell, 2001]。

　ダンス・セラピーにはさまざまな方法が存在するが最も使用されている方法は，円型フォーム（the circular form）と呼ばれている方法である。それは，音楽が流されて，ボールなどの小道具にあわせてスキップや歩行を行ない，音楽のテンポが変化した場合，それにあわせて動きを変化させるのである。このように，クリエイティブで芸術的なダンス・セラピーは，精神分析など他の治療法との組み合わせで利用されることも多い。アメリカ・ダンス・セラピー協会は，1966年に創設されて指導者の育成と質の向上に努めている。ダンス・セラピストになるためには大学院レベルの資格が必要である。

4）フェルデンクライス・メソッド（Feldenkrais Method）

　創設者のフェルデンクライス（Feldenkrais, M.）はロシア生まれのイスラエル人で，フランスのソルボンヌ大学において物理学博士を修得した。柔道の師範でもあり，サッカーが趣味であった。しかし，1940年代にサッカーで痛めた膝の治療から科学者としての興味が身体と脳へと移行し，脳活動と筋肉運動についての研究を徹底的に行ない，骨格，関節，重力を視野にいれた身体全体の気づきを向上させるための訓練方法を考え出した。新しい感覚的経験と運動学習機能の開発，そして人間生活を活性化するため考案された動きは何千種類もある。この方法は，日常的に慣れてしまっている行動が，慢性的な緊張や痛みの原因になっていることを明確にして，その身体的な修正を行なうのである。フェルデンクライス [Feldenkrais, 1972] の指導法は，まず，クライアントが自分の現在の身体の動きの癖を知ることから始る。そしてその動きから他の動きの可能性を探り，動きのレパートリーを増やし，気づきを向上させる。これには2通りの方法があり，1つは，動きからの気づき（awareness through movement）と呼ばれるグループ練習，もう1つは，機能統合練習（Functional integration）と呼ばれる個人練習である。練習は，通常グループレッスンで行なわれ，ゆっくりとした1つの動きに繊細な注意を向けるよう指

導される。たとえば，床に横臥姿勢になるとき，どのように身体が床に触れているか，どの部分が緊張をしているかなどの気づきや，身体の両側は均等になっているかなどについての比較をする。呼吸はこのような練習と同時に行ない，最初は小さな呼吸を小さな動きに合わせて行なうよう指導される。感覚とイメージを用いながら動きを遂行する。

　怪我をした人，小児まひや脳性まひの人，動脈硬化によって体が不自由になった人からスポーツ選手，音楽家などがこの方法によってさまざまな動きを新しく開発して成功を収めている。また生理的変化にともない，消化器系の機能向上や，睡眠，機敏さの向上，柔軟性の向上，ストレスや高緊張の抑制にも効果がある。気づきの向上により，身体は正しく，自由に，本来の潜在能力に近い機能を発揮できると考えられている。

5）バイオエナジェティックス（Bioenergetics）

　バイオエナジェティックスとは，ローウェン（Lowen, A.）が，身体のエネルギープロセスをもとにしてパーソナリティ研究をするために確立したボディワークである。個人のエネルギーレベルを上げ，自己表現の回路を開き，個人のエネルギーの流れを妨げている内的な力を暴き出し，感情の流れを回復させる方法である［Lowen, 1975］。

　ローウェンは，身体と精神と感情はすべて相互に関係していると提唱したライヒに学び，ライヒ派セラピストとして仕事をしていた。ライヒは，個人の性格と体の姿勢や身構えには相関があり，人間は痛みや感情的な脅威から身も守るために慢性的緊張により筋肉が鎧のようになっており，そのために筋肉が感情を遮断していると考えていた。その後ローウェンは，このライヒの概念を発展させ，自然なエネルギーの流れを助けるためのボディワークを考案し，身体を流れるエネルギーの過程から人間を理解する方法をバイオエナジェティックスとしたのである。この方法は，体と心の働きをうまく調和させて，情緒的問題を解決し，生きることの楽しさと喜びを実感させる身体をつくる技法であるとしている。

　基本概念の1つにグラウンディングと呼ばれるものがあり，つま先立ちや足踏みなどの体操によって，立位姿勢が感情の1つの表現であることを意識させ

る。また，生体とそれを構成する呼吸系や循環系や消化器系などの各器官系を
拡張・収縮させることにより呼吸と動作，感情と表現を実感させて，身体の緊
張を緩和させる練習方法がある［Lowen & Lowen, 1977］。バイオエナジェ
ティックスのセラピストは，クライアントの外見や顔の表情，身体の動きやこ
わばりから，怒りや悲しみの感情，性格のさまざまな側面，人生観やライフス
タイルをその人の生涯に至るまで読みとり，他人が自分のエネルギーに及ぼす
影響についても理解するよう訓練される。

　また，バイオシンセシス（Biosynthesis）とは，ライヒが開発した技法を発
展させたセラピーで，ヨーロッパ・ボディ・サイコセラピー協会（The
European Association of Body-Psychotherapy：EABP）の初代会長であるボ
アデラ（Boadella, D.）が1970年代に開発したボディ・サイコセラピーである。
ボアデラ（Boadella, 1973）のボディワークは，精神医学と心理学のなかに身
体という考えを導入したライヒによるベジェトセラピー（Vegetotherapy：植
物神経療法）と胎生学のアプローチに基づき，呼吸の解放と感情のセンタリン
グ，筋肉の再調整と姿勢のグラウンディング，アイ・コンタクトと声のコミュ
ニケーションによるフェイシング（むきあうこと）によって，心身両面におけ
る治癒的統合を行なう技法である。

3．東洋のボディワーク

　東洋におけるボディワークには，癒しや健康と結びついたヨーガ，坐禅，気
功，太極拳，などのような瞑想系身体技法が存在する。これには多数のものが
あるが，春木は東洋的な観点を基盤とするボディワークの基本には以下のよう
なものがあるとした。すなわち修験道，ハタ・ヨーガ，気功，太極拳，指圧，
呼吸，瞑想である（図9-1）。春木［1998］によるとこれらの技法の特徴は，
全体観から人間をとらえていること，心身の関係を身体から心へというボトム
アップでとらえていること，また単なる体操ではないこと，技法の動きがゆっ
くりしていること，である。全体観から人間をとらえることは，知性や感情と
身体の相互依存のことであり，心身二元論や心身をトップダウンで観る人間観
ではない。さらに湯浅［1996］は，東洋の心身訓練法は歴史的にその起源をさ

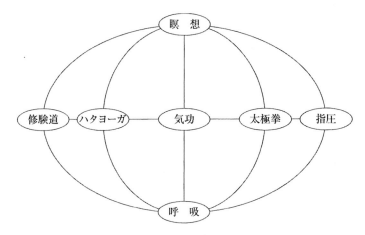

図9-1　東洋的行法の体系

　かのぼると，宗教的修行法に由来するものであって，もともと自己訓練が基本であるとも指摘している。したがって東洋的行法に基づくボディワークの特徴は，ホリスティック（全体的・統合的）であること，身体から心へのパラダイムをとること，ゆっくりとした動きを含む技法であり，主体的・自律的なセルフコントロール法と考えられる。以下に代表的な東洋のボディワークを紹介する。

1）呼吸法（吐納法）

　胎息は道教の修行法の1つで，晋の道士損洪の抱朴子（かっこう）によれば，仙人になるためには呼吸法，房中術，服薬方の3つを心得る必要があるとしている。このうち，呼吸法（行気）には疾病を治癒し，蛇虎を調伏し，飢渇を止め，寿命を延ばすなどの効用があるといわれる。胎息とは，この呼吸法の極致で，鼻や口を使わず，子どもが胎内にいるときと同じように呼吸することであるという。道教の導引吐納法（呼吸法）を取り入れ，速い動きをゆったりとした動きに変え，柔よく剛を制し，後天的に与えられた肉体で，先天的に定まった気を鍛えるとしたのである。

2）導引

　導引は，何世紀にもわたって神道，ヒンズー教，道教，仏教などの東洋思想のなかで発展してきた古代の運動であり，セルフマッサージである。道教の僧が痛みのある場所に手を当てる動きに注目し，そのシステムをタオと呼ぶようになり，やがて健康体操の一種と考えられてきた。古代の神仙家が用いていた不老長生のための養生法の1つで，のちに医家も治療法として按摩とともに採用した。いつ頃から始まったのか，明確ではないが，戦国時代（紀元前5世紀から3世紀）には，すでにかなり広く行なわれていたようである。前漢時代（前206〜紀元後8）初期の著作・『淮南子』には，「呼吸によって古い気を吐き新しい気を入れながら，熊のように歩き，鳥のように体を伸ばし，アヒルのように浴び，サルのように足早に進み，フクロウのように見つめ，トラのように振り向く」と具体的な身体の動かし方が記されている。日本には，平安時代に伝来して貴族のあいだで行なわれてきたが，江戸時代になると民間にも普及したが，明治時代以後は衰えた。この方法は，しばしばヨーガの姿勢（asana）に似ているといわれるが，身体の子午線にはたらきかけ，身体の気エネルギーを練り，充実させるはたらきを求めるものである。

3）気功

　気功は，運動，静止動作，呼吸練習で気（エネルギー）を鍛錬し，究極の健康を向上する技法といわれている。紀元2000年前の周王朝（紀元前1100〜221）時代の古代中医学書に紹介されている。それ以来，インドに興ったヨーガなどに影響を受けた。気功は，中国医学のなかでも重要な位置を占め，多くの病気に対する医学治療法として使用されている。中国医学は，元来「気」に注目し，これを生きるために必要な根源的なエネルギーとして重要視してきた。気功によってこの「気」エネルギーを高め，病気を予防する効果があるといわれる。

　図9-2に示されるように，気功は大きく大別すると硬気功と軟気功がある。硬気功は武術気功といって太極拳や合気道，空手，剣術なども含まれ，軟気功は気功師が行なう気功で医療気功ともいわれる。そして軟気功には外気功と内気功に大別され，外気功は他者が出す気を受けるもの，内気功は自分で気を巡

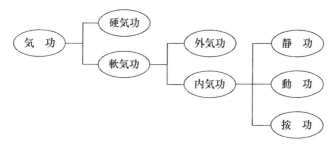

図 9-2　気功の分類

らすものである。そして，内気功には静功，動功，按功があり，静功は体を動かさずに行なう技法，動功は体を動かして行なう技法，按功は整体やマッサージなどを行ないながら気の巡りを良くする技法である。

　気功にはさまざまな型（方法）があり，その数は数千ともいわれているが［王，1994］，石井ら［1996］の研究によると，型には，呼吸の調整方法，意念と呼ばれる心の調整方法，そして姿勢の調整方法が主な型（方法）に含まれているという。動作姿勢では，立位で行なう方法と，坐位（椅子や床などに座る）で行なう方法が主である。「調身」といわれるように，東洋の身体運動や行法では，姿勢が重視され細部に指示がされ，気功では姿勢そのものに一定の作用があるといわれている。たとえば，立位は高血圧症や神経衰弱的な患者に適しているといわれる。

　具体的な呼吸方法はその気功の種類にもよるため，指導者に従うことが指示される。頻度の高い方法は，鼻呼吸法と腹式呼吸で［石井ら，1996］，これは動作中に呼吸を整えやすい方法として用いられる。腹式呼吸法には順式（一般的な腹式呼吸で，吸気時に腹部が盛り上がり，呼気時に腹部が収縮する）と逆式（吸気時に腹筋をしだいに収縮させて腹部を引っ込め，呼気時に腹筋を自然にリラックスさせて腹部を盛り上がらせる）などがある。また，「調心」にあたる意念は動作中の心のもち方である。この意念には，3種類の方法がある［石井ら，1996］。1つは，「対象のイメージ」で動作中に頭のなかで特定のイメージを想起させる方法である。イメージの対象としては動物，自然，物である。2つ目は，「注意を集中する場所」が挙げられる。これは動作中に気が散

らないように意識を身体のある一点に集中させる方法で，意守と呼ばれるものである。3番目は，「体感」で身体を動かしているときに体験する体の微妙な感覚（体感）に注意を集中する方法である。これらの3つの要素が共にはたらいて「気」エネルギーをつくりだすのが気功である。湯浅［1994］の調査によると，中国では気功は体育系の大学でカリキュラムに組み込まれ，また人民解放軍でも気功の訓練を行なっている。さらに大都市の主要な病院や診療所では，内科，外科などの従来の科の他に，中医学部門に気功科が設置されていて，専門の訓練を受けた気功師が治療をしているという。また，中医学の医師は，気功をも一応習得している場合が多い。王［1994］の調査では，中国における気功の研究では，心理的効果，生理的効果，疾病の予防と治癒，健康の増進，長寿，知能の発達などが研究されているという。

4）瞑想

　瞑想とは，一般的に心を静めて神に祈ったり，心を1つに集中することで，東洋では，仏教，ヒンズー教，道教などの修行法として広く用いられている。たとえば，禅宗の修行である坐禅は，インドの宗教者が古来から行なっていた行法で，仏教はそれを採用した。密教（天台・真言）では，観心とか観察と呼び，瞑想訓練によって，神々や仏の世界を見るものと考えている。禅宗では，坐禅によって無念無想，つまり一切の雑念を取り払って空や無心の静状態に入ることを理想とするが，一方で行住坐臥のすべてが禅であると唱えるようになった。道教では，瞑想の努力によって，永遠の世界に通じる真人を受胎し，「道」と一体になることができるという。ヒンズー教の伝統では，ヨーガの修行を重視するが，ヨーガには3つの段階が存在する。①ダーラナー（凝念）：こころを1つのことに集中させて散らさない。②ディヤーナ（静慮）：心のはたらきが静まり，澄み切った状態になる。③サマディ（三昧）：自分の意識が消え，対象だけが光り輝くような状態である。悟りとか，解脱とかいわれる仏教の瞑想は，ヨーガの影響を受けたものであり，宗派によって異なるが，そのエッセンスは，精神を集中し，無念無想の境地に入ることであるといわれる。

　ウエスト［West, 1987］によると瞑想は注意集中型瞑想と解放型瞑想に分類が可能であるという。注意集中型（精神を一点へ集中させる）は，坐禅の数息

観の技法がそれにあたる。解放型瞑想は，日常生活から隔離せず，日常生活の過程のなかで意識の訓練をするのである。瞑想の本質は，評価せずに今ここで起こっていることをただ意識することである。瞑想経験を表す主観的な報告には，静慮，自己フォーカス，自己観察，気づき，注意等といった言葉がよく使われる [West, 1987]。中村 [1989] によると禅僧が行なう瞑想とは，坐禅を含んだ一切の生活が重要で，宗教理念の完成を究極の目標とし，坐禅を綿密に行なうことにより深い腹式呼吸を行なう習慣を養い，注意集中力を高め，受容性を高めるものである。

5）ヨーガ

古代インド哲学にもとづく訓練法で，肉体と精神の成長とバランスを目的とし，この技法により，自己を観察し，人間の真知を探る訓練法である。ヨーガについての説明は「ヨーガスートラ」に書かれており，それを世にあらわしたのが医者でもあったサンスクリット学者のパタジャリ（Patanjali）といわれる。パタジャリが提唱したヨーガには8段階修行法があるが，それをまとめると坐法，調気法，瞑想法の3つに分けられる。1つは，坐法（さまざまな種類の姿勢）で，アーサナ（asanas）と呼ばれる。たとえば，頭立，肩立，弛緩の体位などがある。2つ目が調気法（さまざまな呼吸法）でプラナ・ヤマ（prana-yama）である。3つ目が瞑想法でディヤーナ（dhyana）と呼ばれる。これらは実習する人の流派で意義づけもやり方も異なるので，普遍的な瞑想技術はないといわれる。ヨーガの行法の効果の例として，脈拍数，呼吸数，血圧の低下などがある。生化学的な変化ではアセチルコリン循環値が下がり，カテコラミンとコルチゾールが適量に増加するといわれている [Udupa, 1996]。ヨーガは今日までさまざまな流派が興亡を繰り返してきたのであるが，後世の分類によれば，以下の6種類となる。

(1) ラージャ（王道）・ヨーガ（Raja yoga）：「ヨーガスートラ」に説かれている古典的なヨーガの系統に属するもの。心の作用の止滅を目標とする心理的ヨーガといわれる。

(2) バクティ（信愛）・ヨーガ（Bhakti yoga）：「バガバッドギーター」に起源を発するもので，神への絶対的な信愛，帰依に専念する。

(3)　カルマ（行為）・ヨーガ（Karma yoga）：法典で定められた社会的義務を結果や報酬をまったく考えることなく，ひたすら実践することによって解脱に至るとするもの。

(4)　ジュニャーヤ（知識）・ヨーガ（Jnana yoga）：自己の本質の本態（アートマン）が宇宙の原理（ブラフマン）とまったく同一であることを明らかにすることによって，卓越した高みに達するもの。

(5)　マントラ（真言）・ヨーガ（Mantra yoga）：神秘的な力に満ちた呪文を唱えることにより，究極の真実に参入しようとするもの。

(6)　ハタ（強制）・ヨーガ（Hatha yoga）：体を無理やりねじまげたような姿勢（アーサナ）を数多くとりいれているのでこの名がある。このヨーガは，身体を宇宙の縮図とみなし，身体の操作によって宇宙そのものと合体できるとする。

　今日行なわれているヨーガのほとんどはハタ・ヨーガの系統に属している。このヨーガでは，身体（小宇宙）は，大宇宙と対応するものであるとみなされ，身体を操作するということは，即，宇宙を操作することを意味する。その意味で，操作を容易にするために，さまざまな身体的な姿勢（坐法，アーサナ）が活用される。

　ヨーガの重要な眼目は，呼吸を正しく整え，統制することが挙げられる。また，姿勢を正しくする訓練は身体の各部器官を調和し，正しい呼吸法は身体全体を和らげ緩めることができるので，精神統一が簡単にできるという［沖，1970］。西欧社会でのヨーガへの関心は高く，看護学や医学でもその効用が研究されている［Herrick & Ainsworth, 2000］。

6）太極拳

　中国武術の１つで，医療体操や健身術としても行なわれる。拳は，武器を使用しない格闘技を指す。太極拳には，古典の太極陰陽学説，東洋医学の経絡理論，養生法の導引法・吐納法が取り入れられてでき上がった武術である。1949年新中国成立後，体育活動の奨励政策の一環として，伝統太極拳を収集整理し制定太極拳を編集した。武術としてよりも，健身術としての要素を多くもち，健康や体力作り，治療や予防に貢献している。太極拳の特性は，全身運動であ

り，武術，医療体育，健身法，生涯体育という両面に加えて，演武されることからも分るように芸術という属性を備えている。また虚実・開合・剛柔・快慢等々の矛盾の相互転化，対立と統一のある身体の動きと，動作のまとまりを大切にした円を主体とする動作，そして動作が綿々と続く（綿綿不断）ボディワークである。

　このエクササイズは400年以上も前から，道教と儒教的思想をもとに構造化されたものである。この太極拳では，身体の中心である丹田に精神（心）を集中し，気エネルギーが体と心を巡廻するような一連の姿勢や型で構成されている身体運動である。欧米においては，太極拳を，東洋のムーブメントセラピーと称している場合もある。五禽戯，易筋経，八段錦，十二段錦などは代表的な技法である。

　太極拳への関心は，医学と関連して高まり，その研究結果では効果が指摘されている。たとえば，不安，怒りなどの情動が下がり，リラックス感が増す[Jin, 1992]，関節の柔軟性が向上し[Sun et al., 1997]，血圧が下がる[Sun et al., 1997]という効果が明らかになっている。また，中度の負荷での太極拳の練習は，新陳代謝を高め，心臓や呼吸器官，免疫力を活発化させる効果[Fontana, 2000；Li et al., 2001]，高血圧の減少[Wolf et al., 1996；Young et al., 1999]，さらにはその他の健康状態，精神衛生状態も向上した[Jin, 1992, 1989；Fontana, 2000]。また骨粗鬆症患者，リハビリテーションをしている患者，あるいは一般の高齢者に関しては，バランス感覚が向上し，転倒する回数が減った[Jacobson et al., 1997；Kessenich, 1998；Tse & Bailey, 1992]，精神的な老いが減少した[Taggart, 2001；Chen et al., 2001]。このように，中高齢者のケガ防止のため，看護学や，整形外科の分野では，太極拳が注目されている[Chen & Snyder, 1999；Li et al., 2001；Lane, 1999；Henderson et al., 1998]。

7）マッサージ，指圧

　マッサージは主に，手指や手のひらで皮膚をさする，もむ，たたく，押すなどして行なう療法である。もっとも古くから行なわれてきたといわれ，東洋でも按摩や指圧療法などとして行なわれてきた。西洋医学で行なわれている理学

療法の1つとしてのマッサージは，フランスやドイツなどで発達し，日本へは明治中期に伝えられ，マッサージ・セラピー（massage therapy）として，看護，医療的役割のほかに，美容と結びついた形で発展している［Mackey, 2001］。

指圧は，身体の表面から手指または手のひらで適当な圧力を加えることにより，生体の変調を矯正したり，健康を増進したり，病気を治すことを目的とした療法である。按摩，マッサージとともに，手技三法と言われる。明治以降の西洋医学全面採用の政策により，従来の按摩術が慰安術に変化したため，大正期になって古来の按摩術に導引，柔道活法などを用いた療術師たちが，アメリカのカイロプラクティック（脊髄矯正法）やオステオパシー（整骨療法）など近代的手技療法の理論や技法を取り入れて発展させてきた。構造的な研究が積極的にされていなかったため，西洋科学，医学などではその効用が否定されていたが，近年では，欧米でも指圧が代替医療として採用されている［Andersson & Lundeberg, 1995；Shang, 2001］。

大きく分類すると，以下のような技法がある。

(1)　矯正法：脊柱や骨格の歪みやずれを手指や手のひらにより，正しい状態に戻す方法。

(2)　圧迫法：表面を手指や手のひらによって圧迫し，圧反射による生体反応を利用する方法。圧迫の程度は，患者の体質，年齢，病気の性質などによりきめられる。指圧には，古法按摩，按腹術，鍼灸で使用されるつぼや経絡の理論と方法が取り入れられている。

(3)　運動法：関節や筋肉を他動的に運動させて血液やリンパの運行を良くし，全身のバランスを調整する方法で，導引や調息（呼吸法，静座法，ヨーガ）などを取り入れている。

指圧は，他者介入があるため，身体接触とリラクセーションを通して，他者との関係を知り，単なる慰安的なマッサージとはことなる人間関係を含むボディワークであるといえる。

8）修験道

修験道は，山林に修行の場を求めて，その霊験を証得するものである。その

起源は遠く奈良時代の役小角に求められ，後世に修験道の開祖とされた。こうした山林修行者から密教的な山伏修行者が発生し，この山伏が鎌倉初期に至って密教寺院より独立した集団を構成し，神道思想を包括した修験道を成立させるに至ったものである［中村，1979］。

日本人は，古来より山岳を神の住む霊地として崇拝し，神を祀る神職は山中の洞窟などにこもり修行をしていたといわれる。飛鳥時代には渡来人により道教がもたらされ，山にこもり修行する仙人があらわれた。さらに仏教が伝来すると，雨季期間に山で読経などにいそしんで修行する夏安居の習慣がもたらされた。奈良時代の僧侶たちは，このような山岳修行の影響を受け，その修行方法をも学んだ。これらの僧は山を降りると呪術的な宗教活動を行ない，治病，雨乞などの加持祈祷に効験をあらわした。やがて加持祈祷に秀でた僧が皇族，貴族から崇められた。彼らはやがて修験者と呼ばれ，その方法は密教に限らず，シャーマニズム，道教などの仏教一般の修行法も取り入れられ，平安後期頃に修験道が成立したといわれている。また平安時代には空海は高野山を最澄は比叡山を修行の場として東密（真言宗）と台密（天台宗）を開教した。

宮家［2001］は修験道の修行の種類を以下のように区別している。①悪や穢れをさけ自己を浄化し，自己にある聖なるものを確認する。②心身を鍛え，信念を強化し，自己の力を更新し，聖なるものと同化する。③超自然的な能力の獲得を目指す。④神の恩寵や恩恵をうける。これには犠牲などの感情がともなう。修行方法には，生活上必須事象の禁止（断眠，断食，沈黙など），日常動作に何らかの工夫が加えられたもの（巡礼，坐禅，数息観など），修行のために案出されたもの（身体毀損，水行，写経，祈りなど）がある。また，これらの目的をもった修行者が一定の環境条件のなかで，指導者の導きにより個人あるいは集団で行なわれる。指導者は，すでに神秘体験を得た者で，その経験に基づき指示をする。修行場所は，俗界を離れたところが望まれることから山岳，滝，池，洞穴，墓地などが選ばれる。

鈴木［1952］によると，修行は広義には，行動を通して心を鍛える営みをさし，日常茶飯の行ないも，心をきたえる意図で行なわれるときには修行とされ，禅宗は掃除や生産活動などの作務を修行に位置づけている。また類語として苦行，荒行などという言葉もあり，狭義には心身の修行により雑念が去り，心が

澄みとおり，やがて宗教的，神秘的体験を獲得するために行なう行動体系を示す。柴燈（採燈）護摩や，火渡りなどの荒行は，古くから修験道（山伏）に伝わる秘法である。大自然のなかに身を置き，自然と対峙することで，人間力を鍛えていくという修行は，貴重な示唆を与えるものであろう。

4．日本でのボディワーク

1）動作療法

　動作療法は，脳性まひの子どもの不自由な動作を改善するために開発された「動作訓練」［成瀬，1973］から発展されたもので，臨床家がクライエントに特定の動作ができるように援助する方法で，身体への気づきを促進し，不必要な緊張を処理し，正しい身体の動かし方を学習させるものである。

　成瀬［2000］によると，もともとは脳性まひの治療を目的とした研究から始まった動作法は，現在は自閉症や多動症［今野，1993］，精神病・神経症の治療のほか，医療，教育，スポーツ，芸術の諸分野での心理療法にも効果のあることが報告されている。

　肢体不自由者への動作改善を目的としたものを動作訓練，心理治療目的のものを動作療法と区別していた時期もあったが，適応範囲が拡大されるにともない臨床動作法と総称し，適応の仕方や目的により障害動作法，治療動作法，教育動作法，健康動作法などとしている［成瀬，1992］。

2）野口体操

　野口三千三が東京体育専門学校を経て東京芸術大学で体育学の教授職をしながら考案した体操である。これはイメージによって自分の身体を日常的な枠組みから解放していく方法であるため，西洋的なトレーニング，フィットネス，エクササイズとは異なる。つまり，自分自身のからだの動きの実感を手がかりにして，自分とは何か・人間とは何か・自然とは何かを探検する営みであり，道具としての身体を「使う」とか「鍛える」という概念では理解しない。一般にスポーツの世界では100メートルを何秒で走ったとか，どれだけ難しい動きができたかを評価して競う。このとき身体のサイズや筋肉の質，柔軟性の違い

など無視して，ある特定のワクのなかで記録を競い合うが，野口体操では，その動きが自分にとって気持ちがよいかどうかを，からだに聞きながら行なうという考え方をとる。あくまでもその人の個性，能力，好き嫌い，快・不快を大事にするのである。自分のからだの「まるごと全体」を使い，そこから大自然の原理が全部含まれていることを知るのが野口体操だという。

　野口［1979］のからだ観は「生きた皮袋」であり，かつ「からだの動きにおいて，自分自身のからだの重さと，自分自身の思い（イメージ）とが，主な動力源であるということを，からだの動きの実感として分かることを重んじなければならない」という。筋肉，骨格系を鍛える体育ではなく，「重さと思い〔イメージ〕」を大切にして，ぶら下がり，流れていくような体操法は，俳優訓練，学校教育にも取り入れられている。つまり，野口［1972］によると，人間の動きの基本は，重力に身をまかせることにより，からだのイメージを変えるのである。つまり人間のからだはまず骨格があり，そのまわりに内臓や筋肉があるようなかたいイメージではなく，ほとんどが液体であり，皮膚という1つのズタ袋のなかに骨や内臓が浮いているという感覚をもって人の体の動きを考えている。さらに，野口は［1977］は「頑張ってやるということは，自然の原理のままに従えばできないことを，無理矢理にデッチアゲて，ゴリオシするということ」であり，「生きることの基本的なことについて，それが自然の原理によって行なわれたとき，神はそのことに特有の快感（気持ちよさ）を感ずる能力を与えている」と教えている。

　野口体操には多くの種類の体操があるが系統だったマニュアルがないうえ，初級，上級などといった区別や練習時間などの規定もないのが特長である。

5．ボディワークの特徴

　春木［1998］は東洋的行法の特徴を「全体観から人間をとらえていること，心身の関係を身体から心へというボトムアップでとらえていることで単なる体操ではないこと，技法の動きがゆっくりであること，そして自己コントロール法である」と，前述したように示しているが，ここでは東西のボディワークの共通特徴を考えることにする。

　つまり，東洋の宗教的背景と文化的背景を取り除くと，ボディワークの発祥が東洋であっても西洋であっても基本的な共通特長として挙げられることは，第1に身体の動きや姿勢の調節を重要視していることである。太極拳や気功においては，一連の動作のなかでの姿勢の保持が大切であるとされている。坐禅に代表される瞑想においても，正しい着座姿勢が正しい思惟をもたらすと指導される。また，先に述べたアレキサンダー・テクニックにおける姿勢矯正では，全身を写し出す鏡を用いて自分の首の位置，背骨の曲がり具合，腰の位置などを観察し，さらに指導者の厳しい指摘により，個人の持つ癖を徹底的に調節する。同様な考え方は，日本でも野口晴哉［1971, 1979］が「体癖」と称して，独自の整体法を案出している。このように姿勢は非常に重要とされている要素であり，坐禅では調身といわれている。

　第2の特徴は，息の使い方である。動作中あるいは停止中であっても，その姿勢を保持したり，あるいは異なる動作への移行中の動きであっても，適度な緊張を持続しながらリラックスしたり，また身体全体の動きをコントロールするために呼吸は重要である。日常生活では，ほとんどの人が呼吸の長さ，回数，深さについて意識することはないが，ゆっくりした動作が含まれてくる場合など，あるいは急に動作を止める場合などには，知らず知らずのうちに呼吸を調節していることに気づく。つまり，ボディワークでは，動作や姿勢との関連から呼吸のタイミングや調節を学ぶことができるのが特徴である。マッサージを受ける場合であっても，身体部位に圧をかけられるときに息を吐き出すことにより，筋肉がリラックスしその身体的効果を得る。また気功や太極拳における一連の動きのなかでも，呼気と吸気のタイミングや自然呼吸のあり方が明示されている。坐禅においても呼吸は注意集中のために重視される。これが調息と言われることである。

　第3の特徴は動作速度である。春木［1998］が示すように比較的「ゆっくり」した速度，あるいはゆったりとした「静」的な動きが東洋的行法の特徴である。このような動作を行なうことにより，身体部位（たとえば背骨，腕，足，腰等）の詳細な動きや，部位の位置の確認や動きによる感覚，またそれらの調和的な動きに集中しやすくなる。そして，そこから発生する体感，情動変化を自己観察，自己学習することができるのが特徴である。さらにゆっくりした動

作に，前述した呼吸を含めると，いっそう身体からの体感と情動，そして全体的（総合的）な調和性を高めて，そのボディワークの効果をあげることができる。

　4番目として心の調節がある。これについて春木 [1998] は「心を整えるのは困難なことの1つである……調身も調息も調心のための具体的な方法である」と指摘しているが，たとえ他者から受ける指圧やマッサージであっても，受け手がそこに居ながらにして心在らずのような状態ではそのリラックス効果が異なるであろう。また，気功や太極拳では身体の動きに集中するとか，その動きに応じたイメージを用いることなどが指示されていることは［石井ら，1996］，動きと関係のないことに心を奪われるのではなく，心の注意を動きに集中することが重要なのである。これが調心と言われるものである。以上の4点の特徴は，春木の示すように「全体観から人間をとらえていること，心身の関係を身体から心へ」という要素を含んでいて，心身の健康増進や健康回復をめざすセラピーとなるのである。

　動作や激しい動きによって，心理的効果，筋緊張の増減，心拍数，発汗，血流などの生理的効果を重視する欧米を中心に行なわれている運動やエクササイズを「動」の要素が強いものとすると，「静」の要素を主に含む運動やエクササイズ，すなわち東洋的行法は，一般的にゆっくりとした速度で行なわれることを基本とし，そのなかで動作や姿勢と，それに伴う呼吸に常に注意を払いながら身体部位（たとえば背骨，腕，足，腰等）の詳細な動きや位置の身体感覚を感じ取るのである。さらに動きに伴う調和的な調整機能（感覚のずれを調節するための気づきやコントロール感）と，そこから発生する情動変化を観察するのが特徴である。そのことにより体の機能回復や向上，心身の健康増進や健康回復をめざすようなセラピーとして用いられているのである。ここに挙げたボディワークは代表的なものであっても，まだ実証的研究が少ないので，これからの研究に期待したい。

6．まとめ

　最近の傾向として，アメリカではハーブ等を用いた代替セラピーの医療効果

についてはさまざまな意見があるが，2000年には現代的代替医療政策が成立して，今後はますます健康維持の役割を担う代替医療，代替セラピー，ボディワークが盛んになることだろう［Casseleth, 1999；Kee, 2000］。本章で論じてきたようにボディワークは，春木［1998］が指摘しているように生理的な効果（血流の活性化など），筋弛緩効果（リラックス感），身体部位や関節の柔軟性（バランス感覚や動きのしなやかさ），身体感覚の覚醒，気分への気づき（意識水準を高め，体と心のバランス感覚の向上），イメージの賦活（五感による精神活動の豊かさの向上），行為の調整（生活習慣の変容）などが仮説されるが，今後十分な科学的研究が急務であろう。

　高齢化が進む社会で，精神性の「静」の要素を主に含み，ゆっくりとした身体の動きのなかで詳細な動きや身体感覚を体感することで総合的な心身の調和をめざす方法が，「動」的なエクササイズと同等の効果をもたらすならば，その需要はあがり，国際的にもますます注目されてくるだろう。そして，東洋的方法と西洋的方法との折衷されたボディワークがこれから新たに増え，時代に応じた心身の癒し，健康法，予防法として活用されていく可能性が大いにある。

〔引用文献〕

Andersson, S., & Lundeberg, T. 1995 Acupuncture from empiricism to science. Functional background to acupuncture effects in pain and disease. *Medical Hypotheses.* **45**, 271-281.

Barlow, W. 1973 *The Alexander technique. London.* Health.〔伊藤　博（訳）　1989　アレキサンダー・テクニック　誠信書房〕

Block, B., & Krissel, J.L. 2001 The dance: Essence of embodimen. *Theoretical Medicine*, **22**, 5-15.

Boadella, D. 1973 *Wilhelm Reich: The evolution of his work.* London: Vision Press.

Carney, R. M., Freedland, K. E., & Rich, M. W. 1995 Depression as a risk factor for cardiac events in established coronary heart disease: A review of possible mechanisms. *Annals of behavioral medicine*, **17**, 12-149.

Casseleth, B. R. 1999 Complementary therapies: overview and state of the art. *Cancer Nursing*, **22** (1), 85-90.

Chen, K. M., & Snyder, M. 1999 A research-based use of Tai Chi/movement therapy as a nursing intervention. *Journal of Holistic Nursing*, **17** (3), 267-79.

Chen K. M., Snyder, M., & Krichbaum, K.　2001　Facilitators and barriers to elders' practice of t'ai chi: A mind-body, low-intensity exercise. *Journal of Holistic Nursing*, **19** (3), 238-255.

Cohen, S., & Rodrigues, M.S.　1995　Pathways linking affective disturbances and physical disorders. *Health Psychology*, **14**, 347-380.

Cooper, K. H.　1970　*The new aerobics*. New York, M. Evans; Lippincott, Philadelphia.

Edwars, S. D.　1998　The body as object versus the body as subject: the case of disability. *Medicine. Health Care and Philosophy*, **1** (1), 47-56.

Feldenkrais, M.　1972　*Awareness through movement*. New York: Harper & Row. 〔安井　武（訳）　1982　フェルデンクライス身体訓練法　大和書房〕

Fontana, J. A.　2000　T'ai Chi as an intervention for heart failure. *The Nursing clinics of North America*, **35** (4), 1031-1046.

Fontana, J. A., Colella, C., Wilson, B. R.,& Baas, L.　2000　The energy costs of a modified form of T'ai Chi exercise. *Nursing Research*, **49** (2), 91-96.

Frasure-Smith, N., Lesperance, F., & Talajic, M.　1995　The impact of negative emotions on prognosis following myocardial infarction: Is it more than depression? *Health Psychology*, **14**, 388-398.

Hanna, J. L.　1980　*To dance is human: A theory of nonverbal communication*. Austin: University of Texas Press.

春木　豊　1998　ボディワークからの認識論，体育の科学・175B **48**,（2）・175B 101-104.

Henderson, N. K., White, C. P., & Eisman, J. A.　1998　The roles of exercise and fall risk reduction in the prevention of osteoporosis. *Endocrinology and Metabolism Clinics of North America*, **27** (2), 369-387.

Herrick, C. M., & Ainsworth, A. D.　2000　Invest in yourself. Yoga as a self-care strategy. *Nursing Forum*, **35** (2), 32-36.

石井康智・河野梨香・古川志保子・汪　衛東・春木　豊　1996　気功法の技法分類の試み　ヒューマンサイエンス，**8** (2), 32-46.

Jacobson, B.H., Ho-Chang, C., Cashel, C., & Guerrero, L.　1997　The effect of T'ai Chi Chuan training on balance, kinesthetic sense, and strength. *Perception and Motor Skills*, **84**, 27-33.

Jin, P.　1989　Changes in heart rate, noradrenaline, control and mood during Tai Chi. *Journal of Psychosomatic Research*, **33** (2), 197-206.

Jin, P.　1992　Efficacy of Tai Chi, brisk walking, meditation, and reading in reducing mental and emotional stress. *Journal of Psychosomatic Research*, **36** (4), 361-370.

Kabat-Zinn, J. 1982 An out-patient program in behavioral medicine for chironic pain patients based on the practice of mindfulness medicine: Theoretical considerations and preliminary results. *General Hospital Psychiatry*, 4, 33-47.

Kabat-Zinn, J. 1990 *Full catastrophe living.* New York: Delta Book.〔春木　豊（訳）2007　マインドフルネスストレス低減法　北大路書房〕

Kabat-Zinn, J., Chapman, A., & Salmon, P. 1997 The relationship of cognitive and somatic components of anxiety to patient preference for alternative relaxation techniques. *Mind and Body Medicine*, **2**, 101-109.

Kabat-Zinn, J., Lipiworth, L., & Burney, R. 1985 The clinical use of mindfulness meditation for the self-regulation of chronic pain. *Journal of Behavioral Medicine*, **8**, 163-190.

Kabat-Zinn, J., Lipiworth, L., Burney, R., & Sellers, W. 1986 Four year follow-up of a meditation for the self-regulation of chronic pain, Treatment outcomes and compliance. *Clinical Journal of Pain*, **2**, 159-173.

Kabat-Zinn, J., Massion, A.O., Kristelle, J., Peterson, L.G., Fletcher, K. Pbert, L., Linderking, W., & Santorelli, S. F. 1992 Effectiveness of a meditation-based stress reduction program in the treatment of anxiety disorders. *American Journal of Psychiatry*, **149**, 936-943.

Kawano, R. 1997 Dissertation theses: *The effect of exercise on body awareness and mood.* Michigan State University.

Kee, C. C. 2000 Osteoarthritis: manageable scourge of aging. *Nursing Clinics of North America*, **35** (1), 199-208.

Kessenich, C. R. 1998 Tai chi as a method of fall prevention in the elderly. *Orthopedic Nursing*, **17** (4), 27-29.

今野義孝　1993　慢性緊張への気づきと心身の体験との関連性　行動療法研究, **19**, 1-10.

久保隆司　2011　ソマティック心理学　春秋社

La Forge, R. 1997 Mind-body fitness: Encouraging prospects for primary and secondary prevention. *Journal of Cardiovascular Nurse*, **11** (3), 53-65.

Lane, J. M. 1999 Osteoporosis: current models of prevention and treatment. *Journal of the American Academy of Orthopaedic Surgeons*, **7** (1), 19-31.

Li, J. X., Hong, J., & Chan, Kim. 2001 Tai chi: Physiological characteristics and beneficial effects on health. *British Journal of Sports Medicine*, **35** (3), 148-156.

Lowen, A. 1975 *Bioenergetics.* New York: Penguin.

Lowen, A. & Lowen, L.　1977　*The vibrant way to health: A manual of exercises.* New York: Harper & Row.

Luskin, F. M., Newell, K. A., Griffith, M., Telles, S., DiNucci, E., Marvasti, F. F., Hill, M., Pelletier, K. R., & Haskell, W. L.　2000　A review of mind/body therapies in the treatment of musculoskeletal disorders with implications for the elderly. Alternative *Therapies in Health and Medicine,* **6** (2), 46-56.

Mackey, B.T.　2001　Massage therapy and reflexology awareness. *The Nursing Clinics of North America,* **36** (1), 159-170.

Mason, O. & Hargreaves, I.　2001　A qualitative study of mindfulness-based cognitive therapy for depression. *British Journal of Medical Psychology,* **74** (part 2), 197-212

Miller, J., Fletcher, K., & Kabat-Zinn, J.　1995　Three-year follow-up and clinical implications of a mindfulness-based stress reduction intervention in the treatment of anxiety disorders. *General Hospital Psychiatry,* **17,** 192-200.

宮家　準　2001　修験道――その歴史と修業――　講談社学術文庫

成瀬悟策　1973　心理リハビリテーション　誠信書房

成瀬悟策　1992　臨床動作法の理論と治療　成瀬悟策（編集）現代のエスプリ別冊　至文堂

成瀬悟策　2000　動作療法　誠信書房

中村　元　1979　新佛教辞典　誠信書房

中村昭二　1989　禅の修行法について，禅心理学的研究〔320〕日本心理学会第44回大会，P523.

野口三千三　1972　原初生命体としての人間　三笠書房

野口三千三　1977　野口体操 - からだに貞く　柏樹社

野口三千三　1979　野口体操 - おもさに貞く　柏樹社

野口晴哉　1971　体癖　第一巻　全生社

野口晴哉　1979　体癖　第二巻　全生社

沖　正弘　1970　人間を改造するヨガ―行法と哲学　霞ヶ関書房

Routledge, F. J.　1992　*Dance movement therapy: A healing art.* USA: The American Alliance for Health, Physical Education and Dance.

澤瀉久敬　1957　心と身体に関する考え方の歴史　井村恒郎・懸田克躬・笠松　章・杉　靖三郎・三浦岱榮・山口興市（監修）精神身体医学講座：心と身体（上）日本教文社

Segal, Z.V., Williams, J., Mark, G., & Teasdale, J. D.　2002　*Mindfulness-based cognitive therapy for depression: A new approach to preventing relaps.* New York: Guilford

Press.〔越川房子監訳 2007 マインドフルネス認知療法――うつを予防する新しいアプローチ―― 北大路書房〕

Shang, C. 2001 Emerging paradigms in mind-body medicine. *The Journal of Alternative and Complementary Medicine*, **7**(1), 83-91.

Shapiro, S.L., Schwartz, G.E., & Bonner, G. 1998 Effects of mindfulness-based stress reduction on medical and premedical students. *Journal of Behavioral Medicine*, **21**, (6), 581-599.

Stillerman, E. 1996 *Encyclopedia of bodywork*. Facts on File Inc. New York, NY.

Sun, W. Y., Dosch, M., Gilmore, G. D., & Scarsetch, T. 1997 Effects of a T'ai Chi Chuan program on Hmong American Older Adults. *Educational Gerontoogy*, **22**, 161-167.

Susan, O.C. 1999 Dance/Movement therapy for children and adolescents with cancer. *Cancer Practice*, **7**(1), 34-42.

鈴木大拙 1952 禅堂の修行と生活 春秋社

Switankowsky, I. 2000 Dualism and its importance for medicin. *Theoretical Medicine and Bioethics*, **21**(6), 567-580.

Taggart, H. M. 2001 Self-reported benefits of T'ai Chi practice by older women. *Journal of Holistic Nursing*, **19**(3): 223-232; quiz 233-237.

Taylor, E. 2000 Mind-body medicine and alternative therapies at Harvard: Is this the reintroduction of psycology into general medical practice? *Alternative Therapies in Health and Medicine*, **6**(6), 32-34.

Teasdale, J. D., Segal, Z. V., & Williams, J. M. C. 1995 How does cognitive therapy prevent depressive relapse and why should attentional control (mindfulness) help? *Behavior Research and Therapy*, **33**, 25-29.

Teasdale, J. D. 1999 Metacognition, mindfulness and the modification of mood disorders. *Clinical Psychology & Psychotherapy*, **6**, 146-155.

Tse, S. & Bailey, D. M. 1992 T'ai Chi and postural control in well elderly. *American Journal of Occupational Therapy*, **46**(4), 295-300.

Udupa, K. N. ／ 幡井 勉 (監訳) 1996 ストレスとヨーガセラピー 出帆新社〔*Stress and Its Management by Yoga*〕

Van Raalte, J. L. & Brewer, B. W. 1996 *Exploring sport and exercise psychology*. Washington, DC: American Psychological Association.

王 極盛 1994 中国における東洋医学研究の現状 東洋医学の人間科学的研究プロジェクト，No.4 世界における東洋医学研究の現状 早稲田大学人間総合研究センター，26-40.

West, M.（Ed.）　1987　The psychology of meditation. Oxford: Clarendon Press.〔春木豊・清水義治・水沼寛（監訳）　1991　瞑想の心理学　川島書店〕

Weinberg, R.S. & Gould, D.　1995　*Foundations of sport and exercise psychology.*（2nd ed.,）Human Kinetics, IL.USA

Williams, K. A., Kolar, M. M., Reger, B. E., & Pearson, J. C.　2001　Evaluation of a wellness-based mindfulness stress reduction intervention: A controlled trial. *American Journal of Health Promotion,* **15**（6）, 422-432.

Wolf, S. L., Barnhart, H. X., Kutner, N. G., McNeely, E., Coogler, C., & Xu, T.　1996　Reducing frailty and falls in older persons: An investivation of Tai Chi and computerized balance training, Atlanta FICSIT Group. *Journal of the American Geriatric Society,* **44**, 489-497.

Young, D. R., Appel, L. J., Jee, S., & Mille, E. R., 3rd.　1999　The effects of aerobic exercise and T'ai Chi on blood pressure in older people: Results of a randomized trial. *Journal of the American Geriatrics Society,* **47**（3）, 277-84.

湯浅泰雄　1977　身体—東洋的身心論の試み　創文社

湯浅泰雄　1994　中国における東洋医学研究の現状視察　東洋医学の人間科学的研究プロジェクト，175B No.4　世界における東洋医学研究の現状　早稲田大学人間総合研究センター，110-120.

湯浅泰雄　1996　現代的観点から東洋医学の身体観を考える　ヒューマンサイエンス，**8**（2）, 10-23.

第 **III** 部

身体心理学の展開

第10章　身体心理学の発展

春木　豊

1　身体心理学の概要

　身体心理学についてはすでに論じられてきたことから，理解されたものと思われるが，その後の展開について述べるために，これまでのことを要約しておくことにする。

1）進化論の立場をとる

　身体心理学では人間を考える時，その存在は進化の過程によって生じたものと考える。進化論については現在でも完全に承認されているわけではないようであるが，その詳細はともかくとして，一般に認めてよいものであろう。人間を進化というパースペクティブで見るということは，人間を下等動物とのつながりで見るということである。さらに言うならば，人間も動物の一種であると理解することである。このことは現在では，生物学では当然のこととされている。しかし人間のみを見る立場の人にとっては，人間は特別の存在で，下等動物にない大脳や人間に固有のものとしての精神を強調し，動物と分け隔てる考えが優先している。しかし身体心理学はあくまでも人間を動物とのつながりで見てゆくものであり，人間を動物と見る立場に立つため，大脳のような中枢から現象を見るのではなく，末梢の現象に注目してゆく立場に立つことになる。

2）動きに注目する

　人間を上述のように見ると，次に注目すべきことは，動物の特徴である動き

である。動物という言葉に象徴されているように下等動物から人間まで共通していることは「動く」現象である。動くことの意味や価値についてはあまり話題にされていないが，考えてみると動くということは生きる可能性を拡大するのに役立っているといえる。植物も動物も生きるためには水分が必要であるが，動けない植物は水がなくなれば，枯れるほかない。しかし動物は水を求めて動くことによって，水分を獲得でき，生命を永らえることができる。このように「動く」ことは，人間を含め動物にとっては生命の維持にとって根源的に重要であるといえる。ここで注意しておきたいことは，動くためには高度な中枢は必要条件ではないということである。中枢を持たない下等動物ですら縦横無尽に動いているのである。動きは生活体と環境とのダイナミックな関係の中で生ずるものであって，基本的には中枢を必要としない。末梢の動きが中枢の活動に先行するのである。このことが身体心理学の背景である。

3）動きから心が生まれた

　人間の特徴といわれている精神あるいは心はどのようにして生まれたのであろうか。このことについてはすでに第1章で述べられているように，その発生は自発的な反射という動き（これ自体も長い動きの進化の過程で培われてきたものである）を基礎にして生じてきたものである。心をすでに持っている人間から考えると，高度な大脳の活動が心の源泉であり，心から動きが生ずると考えるのが通常である。しかし高度で複雑な大脳は初めからあったものではない。進化の考えからすれば，大脳は末梢の経験の結果成長してきたものである。したがって末梢の動きがあって心が生じたのである。このことについては回避条件づけをモデルにして，第1章で述べたのであるが，その成立の過程から心の原初形態について言えることは，環境の状況に対して，反射という動きがあり，その反射はランダムな動きであるが，それが環境とのダイナミックな関係の中で，次第に選択的に動くというように変化してくる。これが意志的な動きである。心の原初的な形態の1つは「意志（選択）」である。この選択はあちらかこちらかという空間的な行動である。次にいえることは時間的な行動であり，ある環境状態において次の状態を「予期」するようになる。これこそがもっとも心の原初的現象であるといえる。ある時点で次の時点に起こることを予期す

るという事象こそ現実に縛られない心の始まりであるといえる。そして予期の内容は，情動あるいは気分である。つまり認知的な判断ではなく（これは更に発展した心の状態である），情動的な動機づけであるといえる。情動や気分は心の原初形態であるといえる。そして更に言うならば，これらの事象は記憶することがなければならない。この記憶機能も心にとってはなくてはならないものである。

　心の原初形態を要約するならば，選択行動，予期，情動・気分，記憶である。

4）ジェームズ理論に基づく

　上述のような考え方からすると，第1章で論じた情動と反応（動き）の関係に関するジェームズの考えは理解可能になる。すなわち「悲しいから泣くのではなく，泣くから悲しくなる」というジェームズの発想は，悲しいという心の原初的な感情（情動）は泣くという反射的な反応が先行して生ずるというものである。生理的反応と情動との間の因果関係は瞬間的なことであるので，その時間的因果を特定するのは難しいことである。後に述べるように反応と情動は因果関係で考えるものではないのであるが，それゆえに悲しいから泣くという常識的な因果関係を打破するためには，泣くから悲しいという発想がジェームズによって提案されたことには意味があるといえる。身体心理学は当面ジェームズの理論に基づいて，その事実を明らかにすることが基礎的な作業であり，第Ⅱ部ではそのことの作業であった。

2　身体心理学の発展

　身体心理学は以上のように要約したパラダイムに基づいて進められてきたのであるが，その後思索を進めた結果，そのパラダイムに関して基本的な変容が必要になってきた。そのことに関して，以下に述べてゆきたい。

1）感覚と気分について
A．感覚について
　体といってもそれを理解する仕方で，いろいろな様相があるといえる。体を

物質と見る見方は医学の発展によって，現代においては体に関する最もポピュラーな見方である。また科学である生物学の発展により，遺伝子の操作が可能になった結果，生命も人手で操ることができるようになってきた。また生理学の発達によって，生体の活動のメカニズムが明らかになり，体を機械とみなす見方が容易になってきた。特に大脳の解明が格段に進み，コンピュータとの類比が出来るようになったため，心がコンピュータソフトと類比されるようになってきた。

　以上のように体のさまざまな現象はほとんど科学の対象になるものとなり，体の物質化，機械化が進んでいるが，生体が持つ感覚についてはどうであろうか。大脳や末梢神経に関する生理学の発達によってその生理学的構造は明らかにされており，特に外界を知覚する感覚については，センサーなどと類比されている。更に感覚には内界を知覚するものがある。内臓や筋肉，あるいは動きの感覚である。これらの感覚に関しては，あまり注目されていない。

　ところでここで感覚を問題にしたいのは，感覚は生理現象なのか心理現象なのかということである。40℃の風呂に入って温かいと感ずるのは皮膚の温点が刺激されて感ずる感覚であり，生理現象であるが，温かくて心地よいと感ずるのは心理現象である。心理学の祖であるヴントは感覚は意識の基礎であるとしたため，心理学のテキストでは必ず感覚が取り上げられている。感覚は心理の一部なのである。一方で感覚は生理学，医学でも取り上げられていることを考えると，感覚は身体の問題なのか心の問題なのか区別がつかない対象であるということになる。

B．気分について

　心についてもさまざまな側面があるといえる。古来から意識といわれていたものは最近の心理学では認知と言うようになった。認知はさらにメタ認知と称する側面までいわれている。つまり高度で抽象的な概念を操ることである。これらの認知活動は言語すなわち概念が関わっている。これに対して，言語以前の心の活動として，イメージを抜かすわけにはいかない。ピアジェもその精神活動の発達において，イメージの段階を重視している。さらに精神活動において特異な地位を占めているのは感情と情動である。先にも述べたように情動は心的現象の中で最も原始的なものであるといえる。

　ところで心的現象はこれで尽くされているであろうか。ここでは気分という心的状態を更に上げたい。これは言葉では定義できそうもない心的状態である。天気がよくて気分がよいとか胃腸の具合が悪くて気分が悪いというのが典型的な気分の状態であるが，情動のように志向性がなく漠然とした心的状態というほかない。したがって気分は情動より更に原始的な心的状態であるといえるかもしれない。さらに言うならばたとえば腹が渋るといった体の感覚で気分が悪いという経験は，気分は心的な現象であるばかりでなく，身体感覚と一体であるといえなくもないであろう。気分は心的な現象か身体的な現象か区別がつかないものであるといえる。

2）気感という概念の提唱

　上に述べてきたことから，ここに新しい概念を提唱しなければならないことになった。すなわち感覚は生理現象でありながら，心理的要素を持っている。たとえば痛みというのは基本的には皮膚上にある痛点の刺激によって生ずる生理的な感覚である。そして反射（レスポンデント反応）を起こす。ところが同時に痛みという心的な反応でもある。同じ圧力の痛点の刺激でも，その痛さが異なることがあるのは，その痛みを心的にどのように感ずるかによる。したがって，ある痛さはどこまでが生理的痛みで，どこまでが心理的痛みなのか区別がつかない。両者は入り混じっている。

　気分も同じようなことが言えそうである。先にあげた渋り腹がもたらすものは不快な感覚か不快な気分かどちらともいえる。渋り腹がもたらす感覚は渋り腹がもたらす気分でもある。あるいは肌をなでられると気分がよいものであるが，それは皮膚感覚でもある。どちらとも言えないのが現実である。

　そこで感覚と気分は区別するのではなく，1つの現象としてあると考えるべきではないであろうか。現在では両者は区別されているが，実際には両者は区別できないのが事実である。そこでそのような現象をここでは気分と感覚を結びつけた新しい概念として，「気感」という概念を提唱しておきたい。気分の気と感覚の感を結びつけた造語である。ここで誤解を招くといけないので，注意をしておきたい。気感というと気功に関心のある人にとっては，特別の思いがあると思われる。彼らにとって気感は「気」の感じである。しかしここに提

唱した気感の概念はその出自についてはまったくそれと異なることは上に述べてきたことから明らかである。

3）レスペラント反応と気感との関係構造

上に新しい概念を2つ提唱してきた。これらの概念の関係について，述べておかねばならない。

レスペラント反応とは生理的・身体的反応と意志的・心理的反応の混在した反応系のことであった。つまり身体と精神にまたがる反応である。気感は感覚という生理的・身体的な現象と気分という心理的・精神的な現象にまたがるものであった。このことを思う時，レスペラント反応と気感とは相応させて考えておかねばならないことのように思われる。本来は両者の概念は別のものである。前者は動きのことであり，後者は状態のことである。しかし両者は共に心身にまたがる事象であるとすると，両者を関係づけることによって，何か新しい領域が開けると思われるのである。これについては後に述べることにして，両者の関係は言葉で説明するより，図示したほうが分かりやすいであろう（図10-1参照）。

図については3節4）で，詳しく説明するが，ここでは若干の解説を加えて

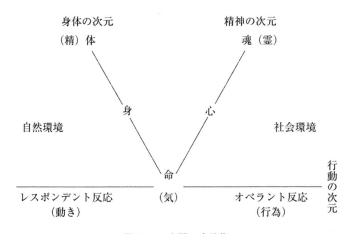

図10-1　人間の全体像

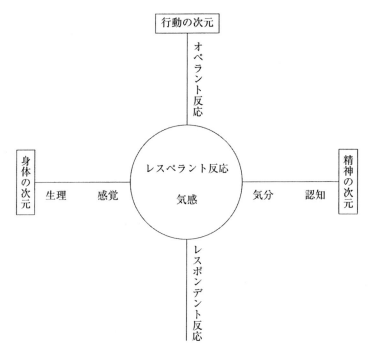

図 10-2　レスペラント反応，感覚，気分の相即［春木，2011］

おくと，第 1 章で図示したように，ホリスティックな人間理解の仕方によると，人間には身体の次元と精神の次元を考えることができる。これに行動の次元を加えると図のようなレスペラント反応と気感の関係構造が出来るのである。この図で注目すべきことは，3 つの次元が交差する中心の部分である。すなわちレスポンデント反応とオペラント反応が合一している「レスペラント反応」と身体の次元における高度なレベルの感覚と精神の次元における底辺である気分とが合一した「気感」とが，出会う場所である。レスペラント反応と気感は密接な関係にあるという仮説の提唱である（図 10-2 参照）。これについては，さらに 3 節 4）で詳しく述べられる。

4）レスペラント反応と気感との関係

　レスペラント反応は無意志的動きと意志的動きが合一したもの，気感は生理

現象と心理現象が合一したものといずれも心身が混ざり合い重なりあった現象
である。先に述べたように身体から動きが生じ，動きから心が生じたとすると，
これらの間には関係があると見てよいであろう（図10-2参照）。

　ここで感覚について若干の考察をしておきたい。感覚は大きく分けて，外か
らの刺激を感ずる，視覚，聴覚，嗅覚，味覚，触覚という五感がある。それに
対して体の内部の感覚を感ずる内臓感覚があり，さらに体の動きを感ずる運動
感覚がある。これらの感覚はいずれも重要であるが，多分五感よりも内臓感覚
や運動感覚のほうがより原始的な感覚と思われる。この内臓感覚や運動感覚は
レポンデント反応やオペラント反応によっても触発されるが，両者が混ざり
あったレスペラント反応が最もこれらの感覚に密着したものであると考えられ
る。ただしこれに関する理論的な根拠はまだ明らかではない。

　このような前提に立ってレスペラント反応と気感（気分／感覚）の関係を表
10-1のように仮定してみたい。当然それぞれのレスペラント反応はさまざま
な気感と関係していると思われるが，主として表10-1に示されたような対応
関係が考えられる。

　呼吸反応は呼気によって沈静感が誘発され，吸気によって興奮の気感が誘発
されると思われる。このことは呼気では副交感神経が優位になり，吸気では交
感神経が優位になるといわれていることと対応するといえる。呼吸反応はその
他の気感にも影響を与えていると思われる。

　筋反応は緊張と弛緩に最も関係していると思われる。緊張という言葉は筋反

表10-1　レスペラント反応と気感の関係

レスペラント反応	気感（気分／感覚）
呼吸	興奮－沈黙
筋反応	緊張－弛緩
表情	快－不快
発声	開放－閉鎖
姿勢	覚醒－まどろみ
歩行	活発－不活発
対人空間	親密性－疎遠
対人接触	安心－不安

応の緊張感覚でもあり，緊張した気分でもある。弛緩も同じである。この例に
見られるように，筋反応は気感と一体であるといえる。筋反応の緊張のない心
の緊張はないといえる。

　表情反応は複雑で混ざり合った顔面の筋反応である。表情反応は感情と直結
していることは多くの表情研究で示されている。その中でも気感のうちの快・
不快と最も関係が深いと思われる。

　発声は呼気と関係があるため，興奮・沈静と関係あると思われるが，音声を
伴うことで，異なった性質を備えている。気感としては開放感・閉鎖感と関係
が深いように思われる。五十音の最初と最後の「あ〜〜」と「うん〜〜」だけ
を取り上げてみても，前者は開放感であり，後者は閉鎖感であることを感ずる
ことができる。ちなみに阿吽（あ〜，うん〜）の呼吸というが，元は梵語で，
密教では万物の始まりと終わりを象徴した字音としている。

　姿勢では脊椎の曲がり具合が気感と密接に関係していることは，たとえばう
つむく姿勢がうつの気分を醸成することからも分かる。姿勢を真っ直ぐに伸ば
すことは覚醒感を生む。反対はまどろみ感である。

　歩行反応については歩き方によって気感が異なることは日常感じていること
である。ぶらぶらと散歩する時はいわばだらしない感じになるが，軍隊の行進
の歩調は活発な感じになる。見ているだけでもその差は歴然である。歩行は活
発・不活発の気感と特に関係があるように思われる。

　対人空間と対人接触に関しては反応そのものはレスペラントであるが，上述
の諸反応とは異なるところがある。すなわち上述のものは主として自己の筋反
応が底辺にあり，それが気感を生んでいるといえるが，対人空間と対人接触は
筋反応はあまり関係ない。むしろそこで経験する感覚は触覚や視覚である。そ
のため対人接触が関係する気感は上述のものとは異なるかもしれない。「温か
い・気持ちがよい」対「冷たい・気持ちが悪い」といった気感である。総じて
「安心」対「不安」といえるかもしれない。

　対人空間は距離が近いと親密の感覚・気分が生ずるが，遠いと疎遠な感じに
なることは日常経験していることであろう。

　以上述べてきたことには，体験的な記述に過ぎず，仮説として提案したもの
である。理論的な根拠については今後の研究に期待したい。

3　身体心理学が目指すこと

1）心身の因果関係

A．心から体への因果関係

　われわれの体の動きは日常的な考えに従えば，心で思って，あるいは考えて動くということであろう。これは間違いではない。事実そのように行動している。この心が原因で体の動きが結果であるとする因果関係には疑問の余地がない。しかし体と心の関係はこのことに尽きるわけではない。

B．体（反応）から心への因果関係

　上記とは反対に，体が原因で心が影響を受けるという事実も多数存在する。たとえばアルコールを飲んで，心が変化するのは日常的な経験である。向精神薬物も同じことである。このような体と心の因果関係は体が物質であるという前提でなされ，実現していることである。あるいは神経心理学が明らかにしているように脳損傷が心の異常を起こすことや最近話題になっている認知症も脳における神経の障害が起こしていることも分かってきている。このように体の物質的，生理的レベルにおける原因によって心が影響を受けるという事実はもはや議論の余地がない。

　しかし体の動きのレベルにおける体と心の因果関係になると，体から心へという因果関係が考えにくくなってくる。これはある意味において不思議なことである。これは体を物質や生理とする考え方に比べて，動きが心に近い現象であるからであろうか。この事に関する議論はここではひとまずおいて，体の動きと心の因果関係を体から心へというパラダイムでとらえる身体心理学にもどろう。

　身体心理学では，繰り返し述べたように，その特徴は体の動きが心の状態に影響するということであった。要するに体が原因で，心が結果であるというパラダイムである。本書の第Ⅱ部は全てこのパラダイムに従ってなされてきた研究（必ずしも身体心理学と名乗ったものとは限らないが）をまとめたものであった。その事実の信憑性については，常に疑惑が持たれ続けてきているが，その事実の存在はもはや疑いの余地はないと思われる。

　これを少し研究以外の例を取り上げて，傍証としたい。たとえば第Ⅱ部で取り上げた姿勢を問題にしてみよう。今ではあまり使われなくなったが「姿勢を正しなさい」という言葉がある。これは言葉通りでは，曲がった姿勢を真っ直ぐしなさいということである。しかしこの言葉は同時に曲がった考え方，だらしのない生活の仕方，怠けた態度などに対する警告の意味を持っている。真面目に正しく生きる態度を持ちなさいということである。この意味を表すのになぜこのような言葉が使われるようになったのであろうか。それは第Ⅱ部で示されているように，背骨を曲げた姿勢（うつむき姿勢）は消極的なだらしのない気感を生み，背骨を真っ直ぐにした姿勢は覚醒的・積極的できちんとした気感を生むからである。姿勢が生み出す気感が言葉の意味を生んだのであると考えることができる。「姿勢の構え」は「心構え」に通ずると言えそうである。たとえば物事に対処する時の構えの典型的な例は，剣道の構えである。この構えなしには心身ともに相手に対処する態度は作れない。背筋を真っ直ぐに伸ばして相手に直面する構えの姿勢は，相手に対する心構えでもある。このように体のありようは心のありようを生んでいるといえる。

　体と心の関係を最も深く示しているのは，長い伝統を持つ坐禅である。坐禅はいうまでもなく，禅宗では人間を育成する方法として，あるいは心を鍛えあげる方法として，長いあいだ用いられてきた。その坐禅の要諦（キーワード）は，調身，調息，調心である。調身とは姿勢のことである。伝統的には結跏趺坐という座法をとって，背筋を伸ばして座ることである。結跏趺坐は体を安定させるためには優れた方法といえるが，むしろ大切なのは背筋を伸ばす姿勢である。この意味はすでに述べた。調息は呼吸の仕方のことである。これについても第Ⅱ部で触れているが，呼吸のキーワードは呼息，長息，腹息，である。特に呼息は先に述べたように沈静感という気感を生む。長息と腹息を加えるならば，呼吸によって自己の存在感や充実感を感ずることができる。調心は上記の事項ができたところで，おのずからできることであると言えなくもない。付け加えることがあるとするならば，それは心の集中である。姿勢と呼吸に意識を向け続けることとされている。心は浮動するのが常であり，さまざまな意識が現れては消えて行くことの繰り返しであるが，それらにとらわれることなく，たいへん困難な作業ではあるが，呼吸と姿勢の気感に淡々と注意を向け続ける

ことが，調心の基本的な要領である。ここで強調したいことは心の育成を目指
している坐禅においては，姿勢と呼吸を基本としていることである。これは体
から心に向かうというパラダイムをテーマにしている身体心理学が目指してい
ることでもある。

2）心身の相即

A．西田哲学における即の論理

　西田哲学において知られている概念の1つに純粋経験というのがある。これ
は哲学上において問題とされてきた，客観と主観とのいずれが優先するかとい
う認識論に対して一石を投じたとされている概念である。相容れない主観性と
客観性を統一的に理解するために，純粋経験とは経験が主観と客観に別れる以
前の経験として提唱されたものである。西田哲学が主張しようとしていること
は，認識において認識するものとされるもの二分法から脱却することにあった。
論理的な認識はどうしても二分法になる。白と黒に分けることで，白と黒の理
解が成り立つ。あるいは行為という実践と直感という認識とは異なるものであ
るが，西田は行為的直観という概念を提唱することで，認識と行為を1つのも
のとして，認識における行為・実践の意味を強調した。あるいは絶対矛盾的自
己同一という西田の概念は，論理的には矛盾したものも裏を返せば同じである
ということである。多即一，一即多といった言葉について各所で述べているが，
同じような論法である。西田が言っていることは哲学的な論議であるが，西田
の論法を相容れない2つのものがどちらにもなる，あるいはどちらでもあると
いったこととしてとらえてみると，この考え方は他の問題にも当てはめること
が出来るのではないであろうか。

B．身心一如

　西田の考え方を心身問題に当てはめてみると，理解がしやくなる。たとえば
身心一如という言葉があるが，心と体という2つの異なる対象が1つであると
いうことは，西田の論法からは理解できることである。同じように上に述べて
きた，気感についても言えることである。気感とは気分と感覚は同じことであ
るという発想から提唱した概念であるが，通常の概念では分けられているこれ
らの事象が，同一であるということで，「気分即感覚」であるということを意

味している。気分は心のことで，感覚は体のことであるとすると，気感においては身心一如であるということになる。身心一如は具体的には気感において成り立つといえる。

C．心身の関係から心身の相即へ

基本的にはジェームズの理論に基づいて展開されてきた身体心理学では心身の因果関係を，心から体へではなく，体から心へという因果関係でその特徴を主張してきたが，実は上に述べてきたように，身体心理学においては，体と心は因果の関係ではなく，相即の関係にあると考えるべきである。

3）気感の体験とレスペラント反応

先に問題として残しておいた気感という心身一如の経験は，論理的なことではなく，それは無意志的（反射的）と意志的（心的）反応が共存しているレスペラント反応の実践によってなされるものである。すなわちレスペラント反応の実行によって生ずる感覚の経験が即気分の経験（気感）でもあるということである。たとえば呼吸というレスペラント反応を実行することによって，そこで体験されるものが気感（感覚／気分）である。その他のレスペラント反応についても同じである。さまざまな反応においても気感を感ずることができるが，レスペラント反応において経験される気感こそ心身の根底の経験であると考える。気感を充分に経験するためには，レスペラント反応の修練が必要である。古来から禅においては，坐禅の体験なしには禅について語れないとされてきた。坐禅というレスペラント行動の体験なしには，心の問題は語れないと考えていたといえる。

4）体と心と動きの全体構造

人間の全体的な構造については，第1章で図示（図1-15）したが，ここではそれとはやや異なる観点からあらためて考えてみたい。そのことにより，上に述べてきた論説を統一してみたい。その構造は上述したように図10-1のようになる。第1章で示したように人間は身体と精神と自然環境と社会環境と行動という次元に分けて考えることには変わりはない。自然と社会に関する詳細はおくとして，身体と精神と行動に関してはもう少し説明を加えておきたい。

　身体の次元について，体（精）とあるのは，ここでは物質，生理，あるいは機械としての体である。中医学では，精気のもとである。次に身とあるのは，上述の体と違い，精神を含んだ概念である。たとえば「わが身」といった言葉があるが，これは自己の意味を含んだ体である。「肩身が狭い」というのはちぢこまった体であるが，社会的に困ったことがあったときの心の状態を表している。また「身分」というと社会性を含んだ体になっている。このように身は心を含んだ体である。

　精神の次元いついてみると，心は普通精神のことと理解されているが，もともと心は心臓のことであることが忘れられている。したがって心は単に精神のことではなく，体を含んだ言葉であると理解しなければならない。これに対して魂（霊）は心を超えた精神のことであると理解したい。体を含まない精神である。この概念を立ててみると精神の本質は心ではなく，霊魂にあると考えることもできる。

　これらのことを踏まえて心身関係を考えてみると，心と身は共にそれ自体ですでに体と心を含んだ概念であるため，心身医学のように心身相関を考えることが出来る。しかし体と魂は関係し得ない概念であるといえる。

　行動の次元については，これには第1章で分類したように，いくつかの概念を考えることができるが，とりあえず行と動に分けて考えておく。行は行為であり，動はまさにさまざまな動きを表す。

　さて最後に残った言葉が命（気）である。心と体そして動きの根元は命といえる。命というと生命という言葉あるので，体を表す言葉と理解されやすいが，ここでは人間存在そのものを表すものと理解する。例えば2歳や3歳の幼児が嬉々として躍動する姿は心身一如の命の姿そのままである。成人においてもその存在の根底において常に命のエネルギー（気）が燃え盛っているといえる。

　また命の活性（ダイナミズム）を表す気という言葉は空気，天気，電気といったように，自然や物質を表す言葉に使われることがあり，脚気，気道，気絶，活気，気色，など身体の状態を表わしたり，気分，気持ち，気質といったように，精神的なことに関しても用いられている。また雰囲気，人気，あるいは景気といった社会的なことにも使われている。更にやる気，気がはやる，気がはずむ，といったように動きあるいは動機づけのように行動に関わる言葉も

ある。このように気は人間の根底にあって全ての次元に関与している概念である。全てが一如になった状態を表す言葉であるとも言える。

　更に「天（空）」の言葉を付け加えてある。今まで人間の諸相について述べてきたのであるが，このような人間存在はそれのみでは，実存的不安を抱えざるをえない。人間存在を支える何かがないと安定しないといえる。このような議論は宗教論になってくる。通常はこの何かを神といい，仏という。宗教的色彩を持たない概念として，東洋哲学でいわれてきている天がここでは適切であろう。このような概念に共通していることは，人間存在を包み込む大いなるものということである。天と人間は天・命によってつながっているといえるであろう。人間存在のありようは天命によるとも考えられる。

5）心身のウエルビーイング

　上述のような人間観に基づくならば，気感は人間の根底に関わることであり，気感を賦活し，命を活性化することは，心身の健康のために基本的なことである。これは心身に関わる動きであるレスペラント反応の修練によってなされることである。このレスペラント反応は気感，更にいうならば気を練ることでもあるので，このような修練を「元気功」と称することにする。功は技法ということであり，人間の心身の元である気（気感），すなわち元気を賦活する技法なので，元気功と称するのである。命の元気を賦活する技法であると考えてよい。

　第Ⅱ部では，ボディワークについて述べてあるが，そこでの技法は主としてオペラント反応のものであったが，呼吸法などのようにレスペラント反応も含まれていた。元気功の技法はすべてレスペラント反応に限ることとする。呼吸法は腹式呼吸と長呼気の訓練である。筋反応は筋弛緩をするための体のゆすり（詳細はここでは省略するが，高岡のゆる体操，野口体操におけるぶら下がり動作など），あるいはイメージによる弛緩気功などである。表情については表情筋の体操，発声は「あ〜」「お〜」「うん〜」を行う。姿勢はそれを意識しながら，太極拳の起勢の動作，歩行はやはり太極拳の歩法などを行う。ここで取り上げたものは確定したものではなく，レスペラント反応であることを留意しつつ，思い付き的なものであるので，各人工夫してほしいのであるが，ただ誰

でも，何時でも，何処でも，簡単に，自分でやる，ものであることを心がけなければならない。何故ならば，難しかったり，時間が長すぎたりすると続かないものだからである。したがって，基本的には直立姿勢で，30分以内で出来ることが望ましい。筆者のプログラムは別の著書（『動きが心をつくる—身体心理学への招待—』）［春木，2011］で述べられている。

4　エンボディード・マインド（Embodied Mind）

　哲学者の市川浩は『精神としての身体』［1975］という著書を書いた。この著書は哲学において身体を論じた嚆矢の著書であった。身体は医学や生理学の対象であって，哲学的に論ずるものではないという日常的な考えを打破し，身体の哲学を試みたものであった。これは論ずる対象が身体であって，言葉（精神）によって身体を理解することである。

　身体心理学はすでに述べてきたように，精神を身体から理解することであった。したがって上記の書名にしたがって言うならば，逆になって「身体としての精神」となる。この言葉はヴァレラらの著書である *"The Embodied Mind"* （田中靖夫訳　『身体化された心』工作舎，2001）とはやや異なるけれども言葉としては相当するものと思われる。「身体としての精神」とは身体に根づいた精神ということを意味するであろう。精神を精神として理解することも当然できるわけであるが，身体心理学は精神を身体から発生したものとし，身体から精神を理解しようとしている。もちろん精神にはさまざまな側面があるので，全てを身体に帰着させねばならないということではない。しかし上に述べてきたように，身体心理学は精神の基底の部分に関わる心理学である。メタ認知的な精神活動が対象ではなく，気感，すなわち感覚や気分・情動・感情に関わる精神活動である。このレベルの精神活動は，時として価値的には低く見られる傾向がある。しかし身体心理学はこのレベルの精神活動こそ，根底において精神を支えているものであるが故に，価値的には高いものと考えるのである。そして重要なことは「精神としての身体」は言葉によっていくらでも論ずることが出来るが，「身体としての精神」は言葉によっては理解できず，身体を通じてのみ理解できるということである。精神は概念や言葉によってのみ理解されるの

ではなく，身体を通じてこそ理解できるということである［春木，1998］。

　第1章で述べたように，現代における精神状況に思いをいたす時，「生命感に満ちた心」「リアリティのある心」「感動あふれる心」を取り戻すために，「身体としての精神」「身体に根づいた精神」の追究を目指す身体心理学こそ心理学の底辺の学として，発展させたいものである。筆者がいう「身体心理学」は "Embodied Psychology" と英訳する。

〔引用文献〕

春木　豊　1998　ボディーワークからの認識論　体育の科学　**48**　101－104
春木　豊　2011　動きが心をつくる―身体心理学への招待―　講談社現代新書
市川　浩　1975　精神としての身体　勁草書房

第11章　精神に潜む身体

春木　豊

1．はじめに

　精神と身体はどのように係わっているのかについては，医学あるいは哲学において，すでに取り上げられて論じられてきている。哲学的な議論としては，身心二元論が取り上げられ，それにまつわる賛否両論である。一元論としては身心は二分できないとする一元論であったり，すべてを身体（脳）に還元する一元論であったりする。

　医学では身体から精神を省き，物質や物体としての身体のみを扱うのが，その伝統であるが，現代になり，それに反逆する考え方として，たとえば心身医学（心療内科）が現れた。これは疾病の中に原因が身体にはなく，心理にあるとする考え方である。疾病の原因をすべて身体にありとする身体一元論に対する批判であるといえる。

　心身の関係について，整理してみると，心身一元論は上に述べたように二分できないとするいわゆる心身一如論と身体一元論であったり，今ははやらないが精神一元論であったりする。心身一如論はそのような人間の姿は具体的にどのようなものであるのか，明確にされていないといえる。今もっとも注目を集めているのは脳還元の一元論である。脳の詳細なメカニズムが明らかになるにつれて，精神活動は脳の神経細胞の活動で説明されるとされている。有機物の脳はさらに人工知能のような無機物に還元されようとしている。

　二元論では心身は関連しないで，平行であるとする考えと心身は相互に関係しているとする考えがある。現代医学は総じて前者であるといえるが，一方で

相互に関連しあうという考え方も一般であるといえる。その関連の仕方であるが，身体が精神に影響するとする考え方と精神が身体に影響すると考える考え方がある。前者の典型例は精神薬物である。身体の物質的な状況を変質させることによって，精神状態に影響を与えるのである。後者は上にも述べたように心身医学が主張するように心理状態が疾病を生むといった例がある。以下の論説では，心身の因果関係については主として身体が精神に与える影響に絞り，身体の条件によって精神がどのように変化するかを問題にすることにする。

　また心身の関係を考える上でも，ここに1つの提案を示しておきたい。それは身体の概念についてである。身体の概念の基本は物質としての身体であろう。医学は主としてこの概念に基づいてなされている。あまり注目されていないが，身体にはもう1つの側面がある。それは身体の動きである。これを身体に含めるか問題があるが，ここの論説で主として取り上げるのは，物質としての身体ではなく，動きである。動く身体を原因として精神にどのような結果が生ずるかが興味の中心である。

　このように精神に対する身体の係わりを論ずることには，どのような意味があるのであろうか。精神は精神として論ずればよいのであって，それに身体を介入させることにどのような意義があるのか。この問題こそが身体を扱おうとしている心理学者の存在意義を問うことになる。本論ではこのことに何らかの回答を与えることを試みることにする。

2．身体が精神に影響する諸事実

　身体が精神に影響を与えるという事実には，いくつかの種類がある。たとえば精神薬物という物質が精神状態に影響するという事実がある。ある種の物質が脳という物質の状態に影響し，その結果心に変化が起こるという関係である。

　しかしここでは物質としての身体ではなく，動く身体あるいは感覚する身体が主題であるので，それらが精神に与える影響の研究に焦点を絞ることにする。

1）心理学的事実
A. 気分への効果

　春木 ［2002，2011］は身体心理学と称して，体の微細な動き，たとえば呼吸，筋緊張，表情，姿勢などによって，気分が微妙に変わることを示した。

　呼吸は腹式呼吸にすると胸式呼吸より安定した気分になり，吸気は興奮，呼気は沈静の気分をもたらす。さらに呼気後の吸気までの間をあけたゆっくりとした呼吸のリズムがリラックスした気分を生ずることを明らかにしている。

　筋反応の緊張・弛緩も精神に直結している。筋弛緩訓練をした後には，恐怖を引き起こす対象（蛇）に近づける距離が短くなる（リラックスしていられる）という実験結果があるが，精神的な緊張と生理的な緊張には，同じ緊張という言葉が使われるということ自体に筋緊張と精神的な緊張との同一性が暗示されている。精神的な緊張からそのときの生理的な筋緊張を抜き去ったら精神的な緊張は実体を失うであろう。このことの意味については後にさらに論ずることにする。

　身体の微細な動きと精神の関係を容易に意識できるのは姿勢である。頭をたれ背中を丸めたうつむきの姿勢をとれば，誰でも暗くて，鬱の気分になる。うつむく姿勢と鬱は切っても切れない関係にあるといえる。

　春木が身体心理学と称して取り上げている反応はレスポンデント反応とオペラント反応の両方またがる反応群（レスペラント反応と呼称）である。これらの反応こそ精神と身体を結ぶ基本的なものであると考えるが，これに関しては後にも取り上げる。

B.　認知への効果

　菅村ら ［未発表］や本元ら ［2014］は身体化認知（embodied cognition）の研究に関して，展望をしている。この種の研究には研究上にまだいろいろな問題点があるとしながらも主として感覚と認知の関係について興味深い研究を紹介している。

　触覚に関する実験として，柔らかいものに触れた者と硬いものに触れた者について，人物の社会性の評価をしたり，対立する意見に対する態度を評定した結果，柔らかいものに触れた者のほうが，人物の社会性を高く評価し，対立した意見を受容する傾向が高くなることが示されている。また硬いボールを握った経験者は柔らかいボールを握った者よりも中性的な顔を男性と判断する傾向が高かった。男性は固いというというイメージが持たれる原因かもしれない。

　温度感覚に関する実験では，ホットコーヒーを持ってもらう被験者とアイスコーヒーを持ってもらう被験者にわけ，その後にある人物の性格を評価してもらったところ，ホットコーヒーを持った被験者のほうが，その人物を温かいと評定する傾向が高かった。また被験者に冷たい氷嚢を持ってもらった場合と温かい湯たんぽを持ってもらった場合，火災と水難事故での救助を行う意欲を調べたところ，氷嚢を持った被験者は火災よりも水難の被害者への救助の傾向が高かった。身体感覚の類似性が影響していると考察された。

　味覚も認知判断に影響を及ぼすようである。甘い飲み物を飲まされた被験者と苦い飲み物を飲まされた被験者で非道徳行為に対する嫌悪感の程度を比較したところ，後者の方が嫌悪が高かった。苦々しい状況に適応してきた体験は，苦味が生存に関する判断に影響するかもしれないとの仮説を検証するために，苦い液体を被験者に飲んでもらいサバイバルに関連する語彙へ反応時間を調べたところ，苦い液体を飲んだ被験者は早くなった。また苦いものを噛むとサバイバル関連語の再生率が高くなった。

　重量感は責任の重さやものごとの重要性の認知と関係があるのではないかという仮説から，質問紙をはさんだクリップボードの重さが重い被験者と軽い被験者で質問紙に回答してもらったところ，見知らぬ外貨の価値や学生に発言権を与える重要性に関して，重さが影響することが見られた。また対人認知に関して，架空の履歴書を見て，人物の有能性や求職態度の評価をしてもらったところ，重いクリップボードを持った被験者は，人物をより有能と判断し，求職態度も真剣であると判断した。

　清潔さが道徳判断に影響するということを示した実験もある。手を洗って実験に参加した被験者は，そうでない被験者より，道徳判断に厳しくなったり，また清潔な状態が書かれた文章を読んだ被験者は不潔な状態が書かれた文章を読んだ被験者より道徳的な判断に対して，より厳しくなった。道徳感が清潔感と関係するということを示したものといえる。

　以上述べてきたことは，主として感覚に関するものであったが，そのほかに認知に影響する身体として，身体の動きがあることを示した研究もある。佐々木［1987］の著書はこのことを示した貴重な文献である。彼らが行なった空書動作の研究を取り上げてみよう。空書動作とは，漢字の要素であるたとえば口，

共，十などの文字を組み合わせて，1つの漢字（異）を想起してもらうという課題が与えられたとき，多くの被験者は指を動かして思い出そうとするというのである。そこでこのような問題を解決するとき，空書をしてもよい被験者と空所を禁止される被験者とに分け，想起の程度を比較したところ，禁止されると想起の程度が悪くなることが実験的に示された。つまり認識活動に身体活動が関与しているということである。しかもその活動は他者によって動かされるのではなく，自分で主体的に動かすのでなければならないという。また興味深い事例として，純粋失読症といって，書くことはできるが，読むことができないという疾病において，このような患者でも，その文字を自分の指でたどることをやると読むことができるのである。文字に動きの成分を加えると可能になるということは，認知に身体の動きが関与していることを示すものであろう。これらはこの著書の論ずる身体と認識の議論のほんの一部の引用であるが，これだけをもってしても，精神の中に潜む身体の役割を認めることができるのではなかろうか。

2）脳科学的事実

最近の脳研究の進歩は著しいものがある。したがって脳科学全体にわたる展望は不可能なので，ここではダマシオ［Damasio, 1994］が論じているソマティック・マーカー仮説について考察することにする。

彼は事故で前頭葉が損傷した患者について，脳神経心理学的な研究をしたことで知られている。この患者は脳活動の理性的な側面，すなわち論理的な働きに関しては，欠損はなかったが，感情的な反応が欠落し，社会生活に適応できないという状態であった。この感情の欠落に関しては，さまざまなスライドを見たとき，皮膚伝導反応（感情が誘発された時の掌の汗腺の活動）が健常者では刺激的なスライドに対して反応が顕著に見られたが，前頭葉の損傷者は反応が見られなかった。このことは損傷者は感情が欠落していることを示している。そして，このような患者は理解はしているが，分かった感じがしないと報告している。

このような患者の研究からダマシオは，理性的な精神活動の根底において働く身体感覚あるいは気分（感情）の重要性を提案しているのである。何かの問

題解決に向けて推論を始めて，ある解法に関してなんとなく，悪い感じがして（彼は gut feeling といっている），それを選択しないということが起る。この感情は身体的なので，彼はその現象にソマティックな状態と名付けた。あるいはソマティック・マーカーと称した。この場合のソマティックは，内臓感覚と非内臓感覚（たとえば筋骨格感覚）であるという。そしてこれは背景的感情（気分）あるいはそれは身体的状態と対応しているので背景的身体感覚であるとし，生そのもの感覚，存在の感覚であるといっている。これは意識的，あるいは無意識的に推論や意思決定の前提となって，精神活動を支えているというのである。

　心と身体というと脳が念頭に浮かぶが，ダマシオは心と脳と身体を分けている。

　脳だけ分離してみた状況を想像してみると分かるようにこのような状態では脳は機能しない。心も働かない。このことからも身体の必要性が分かる。

　「人間の心を包括的に理解するためには，統合的な身体と脳を有する有機体全体と関連づけられ，さらに物質的，社会的環境と完全に双方向的に作用しあわねばならない」とダマシオは結論している。

3）ボディワークの効果

　いわゆるボディワーク（ソマティックス）はそれの概念の広さによって，さまざまな見解があると思われるが，ここではボディを操作することによって，心の変容を試みるものを取り上げることにする。

　ボディワークには実にさまざまな技法が存在するが，ボディワークの何たるかをよく示している著書の1つにヘラーとヘンキン［Heller & Henkin, 1986］がある。著者らはヘラーワークと称する技法を行なっているが，この著書で述べていることはボディワークの狙いに関して適切な考え方を述べているといえる。

　まず心と体の関係について，英語では頭痛がするをI have a headache というとのことであるが，頭痛がどこかにあって，それを持つようになったと理解される。つまり頭痛という自分の身体と自分とが別物になっていることになる。事実はI ache in my head なのだが，これでは変な英語に聞こえるそうである。

つまり西洋では私と身体が分離しているということである。そこでボディワークを受けた人が、「身体を持つという考え方をやめて、私は初めて自分が身体であり、身体が自分であるということがはっきり分かった」とか「自分が身体の中にいるのではなく、自分は身体であると実感した」といった報告がされるという。ボディワークは心身二元の考え方を打破する効果があるということであろう。このことは心身は一元的であり、心は身体に影響し、身体は心に影響するということの自然のあり方を理解でき、体を扱うことの意味を示しているといえる。「硬くなった筋肉から緊張を取り除き、調整してあるべき姿に戻すと身体の硬さに伴う心の硬直したパターンも緩んでリラックスするということが起こる」と述べている。身体を調整することは、心を調整することでもある。

　著者は人間の何でもない体の動きと心の問題を取り上げている。胸腔、足、腕、骨盤底、内臓、背中、頭などの体の部分の状態と心の関係を述べている。

　たとえば胸腔であるが、これは呼吸に関するテーマである。呼吸は原則は生命の維持にとって欠くことのできないものであるが同時に精神とも深い関係がある。

　inspiration は呼気のことではあるが、同時に spirit（霊、精気、精神）を取り入れる（in）ということでもある。大切なことはこれは論理的な理由からいわれていることではなく、充分に緩んだ胸腔の動きの結果、吸気によって沢山の空気が流入した時の身体感覚や気分（精気、生気）が根底にあって言えることだといえる。

　遠藤［2014］は大学教育の中に、ボディワーク（主として気功、呼吸法など東洋的身体技法）を導入し、学生の心身に対する効果を試みた。学生からのレーポートを収集し、報告しているが、大変興味深いものがある。それらを次のようにまとめている。

　(1)　生の技法として：からだの「よみかきそろばん」

　不眠症の学生の約 80% が改善したと報告したとのことである。健康保持増進に効果が期待できるとしている。体の弛緩法を習得しておくことは、肩こりや腰痛の予防、対処のために九九を覚えることと同じように生活にとって有益だと述べている。また日常の行住坐臥の基本的振る舞いは人生にとって有益ではないかと述べている。

（2）　体の教養：体を知る

　学生は自分の体に関して知っていると思っている。しかしその知識は体重とか身長，あるいは他者と比べての身体能力などについてことである。いわば自分の体を外から見た知識である。これに対して自分の体を内側から見るという意識はほとんどない。内側とは体の内部感覚とそれに基づく身体像である。そのように意識される体は自分そのものであり，自分の命の自覚である。このような知が欠落していてよいという理由は全くないと著者は断言している。外側と内側との知が合わさって，体の教養になるという。なおこの際重要なことはこれらについて学生自身が考えることであるといっている。

（3）　「知」と「生」の統合契機として：体で知る，体から知る

　現代の学生はいわゆる情報の世界にうずもれていて，それを追いかけるのに暇がない。そして「それらの知識は知の発生現場からは，現場のリアリティからはどんどん遠のいてしまいつつある。彼らはそうしたリアリティの感じられない知識と情報の洪水の中に生きている」。このような状況の中で身体技法を学ぶことによって学生は次のような報告をすることになる。「改めて自分を見つめ直せたように思えた。しかも気功とは何かという定義から考えるのではなく，その行為から自分とは何かというものを見直す良い機会だった」。

　この発言に対して著者は次のようにコメントしている。定義などの理論や知識にもとづいて自分を見直したのではなく気功を実践したこと，自らの行為からであるということで，既存の知識や理論からではなく，体から（体の行為から）自己を見つめ直すことができたということが重要である。換言すれば「体験した」ということで，自分の体で直接感じたことであり，直接的な知であり，リアリティに溢れた知であるということである。

　ながながと引用してきたが，この報告にはボディワークの本質が語られていると感ずるからである。自己を知るという重要な課題を取り上げて，そのためには理性や論理による理解にとどまるのではなく，体による認識の必要性を考えさせられる論説であるといえる。また換言するならば，ここでの報告を含めてボディワークの報告は体の内側の報告であるということで，一人称的観察であって，三人称的観察と異なるところが，説得力があると感じさせられるのであろう。

　身体はわが国の心理臨床の世界では，さほど関心をもたれていないが，例外的に成瀬［1995, 2000］が永年にわたって開発してきた「動作法」はよく知られている。詳細は省略するとして，彼が初期のころ肢体不自由児を対象にしていたときに「直立姿勢ができるようになると人格が変わる」と述べているが，これは身体のありようが，精神に深く関わっていることを洞察したものであるといえる。

4）非言語的コミュニケーション

　コミュニケーションには2種類あるということは心理学ではよく知られている。1つは言語的コミュニケーション，他は非言語的コミュニケーションである。前者はもっとも多く使われている方法であることはいうまでもない。とくに現代においては，コンピュータを通じての情報の交換は欠かせないものとなり，すべて言語が用いられる。しかし注意してみると文字を通じての交信において，盛んに絵文字が用いられていることである。文章の終わりにかつては（笑）などと表示されていたが，今では絵文字や絵が用いられている。この現象は何を意味するのであろうか。多分文字だけでは伝え切れない感情を表したいためであろう。人間の間のコミュニケーションでは，情報（知識）の交換のみでなく，感情の共有を求める側面があるといえる。そのためには言語のみでは伝え切れないものがあるということである。

　人間は文字を発明したことによって，手紙などにより遠隔地とのコミュニケーションを可能にしたが，元来コミュニケーションとは対面して行なわれるものである。対面する場面では，言葉以外に表情や身振りなどいろいろなコミュニケーションのチャンネルがある。それによって伝わるものが沢山あるといえる。「有難う」という言葉でも，それをいうときの表情や振る舞いによって，その意味が異なってくる。笑顔でお辞儀すれば，感謝の意味になるが，お辞儀もなく，冷たい表情ならば，感謝の気持ちがないことが伝わる。「元気です」といっても，はつらつとした表情と姿勢でいうならば元気であることが伝わるが，うつむいた姿勢で生気のない声でいえば，言葉とはうらはらに本当は元気ではないことが伝わることになる。

　このような簡単な例でも理解できるように，コミュニケーションにおける身

体の役割は大きいものがあるといえる。とくに感情の伝達には欠かせないものであろう。文字でも感情は伝わるが，そのリアリティの程度には格段の差があるといえる。ここでは非言語的コミュニケーションの諸研究に関して紹介することはしないが，それには表情，姿勢，動作，発声，歩行など多くのチャネルがあり，いずれも身体のことである。リアリティのあるコミュニケーションには，身体は欠かすことができないといえる。

3．からだ言葉

　からだ言葉とは，体の部分の言葉を使って，あることを表現する言葉である（p.48 参照）。たとえば，怒りを表現すのに，「腹がたった」という。威張って堂々と歩くことを「大手を振って歩く」といったり，重責を果たしたとき「肩の荷を降ろす」とか，悪いことをして世間に「顔向けができないとか」「肩身が狭い」といったりする。このような言葉は体の各部分について枚挙に暇がないほどあり，日本語で 6000 語ぐらいあるといわれている［秦，1984；東郷（編），2003］。

　このような言葉があることは，精神と身体の関係を考える上で意義がある。「足を地に着ける」は「浮き足立つ」と反対で，落ち着くとか，現実にしっかりと向きあうといった意味を表す言葉として使われている。増田・菅村［2014］は椅子に座って足が床に着く被験者（着群）と宙ぶらりんになる被験者（不着群）について，身体感覚や気分の違いについて調べた。その結果，着群は快，リラックス，安定，実感の感覚があり，気分は落ち着き，自信が不着群より高かった。さらにそれぞれの群に関して，足の裏への意識の高低で群わけし，分析したところ，意識が高い者ほど落ち着きや自信について，着群と不着群の差が大きくなり，集中や実感に関しても同様な結果になった。意識して足が地に着いていると，落ち着き感があり，実感が増すということである。日常使っているこのからだ言葉の意味が間違っていないことが確かめられたといえる。

　バイオエナジェティックスと名づけた精神分析に基づくボディワークを開発したローエン［Lowen, 1972］は鬱の患者に現実と向きあうことを教えるため

に，グランディングといって，足を踏みしめる訓練を施している。これは上述の実験結果からも理にかなった方法であるといえるであろう。

　身体に関しては「身」というからだ言葉がある。この言葉を調べると身体も実にいろいろな側面を持っていること分かる。市川 [1993] は身の概念について整理している。簡略に紹介すると，①実の意味：中身の詰まった状態，②肉の意味：魚の切り身，③生命のある肉体：お尻の肉，④生きている体全体：生き身，⑤体のあり方：半身に構える，⑥体につけている着物など：身ぐるみ置いてゆけ，⑦生命を意味する：身代金，⑧社会的存在の意味：身すぎ世すぎ，⑨自分：身のため，人のため，⑩私を表す人称：身ども，⑪社会化した自己：身内，⑫社会的地位：身を立てる，⑬心：身にしみる，身を焦がす，⑭全身全霊：身をもって示す。

　われわれも [春木ら，2014] 身の言葉を収集し（131 語）分類を試みた。その結果は完全なものではないが，以下のようなカテゴリー化が考えられた。①献身：一身を捧げるなど，②社会的対処：身を退く，身の振り方など，③失敗：身を誤るなど，④社会的つながり：身寄りなどであって，これらは「身の社会的側面」と考えられる。

　次に，①感情：身を切られる思いなど，②情動：身の毛がよだつなど，③実感：身につまされるなど，④恋愛感情：身を焦がすなど，⑤悲嘆：憂き身など，であって，これらは明らかに「身の心理的側面」であるといえる。

　次に，①つつしみ：身を慎む，身の丈にあうなど，②自己中心：身勝手など，③品行：身を滅ぼすなどであって，「身が自己を表す側面」とした。以上は大きなカテゴリーにくくることができたものであったが，その他，有限の命：神ならぬ身。精励：身を粉にする，捨て身。学習：身につけるなど。しぐさ：平身低頭など。

　われわれの作業は辞書より身の言葉を取り出し，身にはどのような種類の意味が付与されているのかを探索するものであったが，概ね市川の身に関する意味を裏付けるものであった。

　以上述べてきたように，からだ言葉は身体を通じて，人間のありようを明らかにするものであり，からだ言葉を用いることによって，単に言語による場合よりも心の風景をありありと表現できるといえる。精神に身体を加えることに

よって，精神のリアリティに迫ることができることをからだ言葉は示してくれているといえる。

4．身体の哲学

　哲学の領域で身体を論ずることを身体論というが，哲学の歴史において，身体論はほとんどなされてきていないように思われる。とくに西洋の哲学の歴史においていえることであるが，身体論というと西洋哲学では，ようやく現代になってからのメルロ＝ポンティが上げられる。しかし身体に関して精神と共に古くから関心を寄せてきているのは，東洋とくに日本であるといえそうである。そこでここでは日本人の身体論を取り上げることにする。

　市川［1975, 1993］は身体論の代表的な哲学者であり，身体に関するユニークな論を展開しているが，その中で興味深いテーマとして身体と空間に関する考えを取り上げてみる。一般に空間は時間と共に物理学的な概念が一般的である。つまりニュートンが考えた絶対空間は四方に等質な均質空間の概念である。しかしその空間に身体を置くと空間はその等質性を失う。すなわち身体の向きを考えたとき，まず「前・後」の空間に異質性が生ずる。前は意識的で明るく開かれた空間で，安心していられる空間である。これに反して後の空間は無意識的で，暗く閉ざされた空間を感ずる。後ろめたいとか後ろ暗いといわれるように何かネガティブな雰囲気が漂っている空間である。前は前進する方向なので，時間的には未来である。希望が広がる自由な空間という性質を持っている。後は過去で，すでに起こってしまっていて，宿命論的なものである。

　「右・左」の空間は身体を抜きにしたら定義できないものである。身体の両側面はシンメトリーであることがこの概念の難しさの原因である。身体の方向を変えると左右が逆転してしまうということが起こる。利き手がないと区別できないものだという。左右には価値観の違いがある。右は英語でも right というように正しいという意味を持っている。左は左遷とか左前になるという言葉があるようにネガティブな価値が付与されている。ただしこれは絶対的でもなく，日本では左大臣のほうが右大臣より上位になっている。また対面する人物の左右の理解にも困難さがある。この理解が可能になるためには，自己中心

（自分の身体を中心）に考えることから，脱自己中心（他者の立場に立つ）にならないと不可能であるという。このことは身体的認識から抽象的認識への転換，あるいは一人称的認識から三人称的認識への転換というように認識論にまで関係してくる。

　前後，左右に関しては，対人距離（人と人とのあいだに取られる距離）に関しても，異質性が指摘されている。前の方向では45センチ以内には通常他者を近づけさせない。後はそれよりも短い。左右に関しては0センチまで近づくことができるという性質がある。

　「上・下」の空間の違いは非常に特権性があるという。前後も左右も身体の向きを変えるとすべて逆転されてしまい，絶対性がない。ところが上下は地球上では通常は逆転できない（最近では宇宙空間では可能になった）。そして上は価値あるものとされる。上は神，天国というイメージで下は地獄，黄泉の国とされる。あるいは主人を上様，お上といい，使用人は下僕，下男といわれていた時代もあった。

　このように身体を持つ人間にとって，空間は均質ではなく，現実の空間には異方性があり，異質性がある。このような空間の性質を抜きにしては社会生活はできないとさえいえるであろう。

　野村［1989, 2014］は認知心理学の研究から出発した心理学者であるが，認知のありようを長年にわたって追究して来た途上で身体を論じ，直接経験（体験知）の重要性を強調してきたきわめてユニークな哲学的心理学者である。自身の研究内容を自身で確証する為に何回にもわたってインドに滞在し，また自ら仏師の道を歩んでいる。

　そのテーマは多岐に渡っているが，最初の著書『知の体得』が，その後の研究にわたって貫かれている追究の根幹であろう。伝統的な認知心理学では認知とは対象を知覚し，その表象を知識として保持し，その知識が次の認知を支えるという過程の連続と考えるが，野村が求めるのは，「分かるとは対象の全体像を自らの身体で体得する」という分かり方である。そのような知は暗黙知とか身体知，あるいは臨床の知といった言葉でいわれている知の体系であるという。このような知は理論を事象に適用することではなく，理論に構築される以前の「体験過程」そのものに学ぶことであるという。そして「適切に反応して

ゆく身体そのものが同時に心であり，精神である。心が身体を持つのではなく，身体そのものが即心として生きている。この身体はもはや単なる身体ではなく，身体化された心（embodied mind）である」と述べている。

このような思索は心身の関係に関する議論であるといえるが，哲学では心身二元論か一元論かといった認識論として，議論されているわけであるが，野村［2009］はこれを自ら仏師としての修練において，その技の「熟達過程」を詳細に内部観察することで，心身一如を体験し体得しようとしている。

湯浅［1990］の『身体論』は，市川の著書と並んで優れた身体論の著書である。どちらかというと市川は自分の固有の論を展開した著書であるが，湯浅の著書は哲学者や宗教家や芸術家の論説を解説し解釈する手法をとっている。したがって身体論に関する優れたテキストにもなっている。

湯浅が取り上げた人物は和辻哲郎，西田幾太郎，ベルグソン，メルロ＝ポンティの哲学者たち，道元，空海の宗教家，藤原父子の歌論，世阿弥の花伝書などである。また脳科学や生理学からの解説もなされている。これらのすべてを取り上げることはできないので，ここではこれらからいくつかを取り上げることにする。

宗教でも哲学でも身体に関する議論はなんといっても西洋よりは東洋において盛んであることは論を待たない。簡単にいって西洋は心身二元論の考え方が優勢であり，且つ精神を優位に考えて，身体に関する関心が低いのに対して，東洋では身心一如という言葉がある通り，身体を重視する傾向が高いといえる。

まず興味深い指摘は西洋の哲学者は時間論が主流であるのに対して，日本では空間論の立場が取られるということである。その理由の１つは身体は空間に場所を占める存在であるということがあるかもしれない。確かに精神は過去や未来に飛翔できるが，身体は現在にしかありえないので，時間との関係が薄くなるといえるかもしれない。和辻はハイデッガーの『時間と存在』の著書を読んだときに，むしろ空間を論じなければならないと意識したという。それと関係があるといえるが，彼は『風土』という著書を書いている。彼にはとくに身体を論じたものはないが，このような発想に西洋とは異なる思想が日本に芽生えるもとがあるといえるかもしれない。

次に西田の哲学が取り上げられている。とくに西田の「行為的直観」という

概念について論じている。これは身体的な行為と認識としての直観は不可分で，人間は行為的直観によって，世界と係わっているという。ちょうど岩壁を這い登ることに没入している登山家の心境みたなものである。つまり行為的直観とは「身体において見出される世界空間への関係である」という。また湯浅は西田の思想を次のように解説している。すなわち西田は人間の存在様式は本来行為的な性格を持つものとし，世界における人間の生にとって本質的な重要性は世界に対して行為することであって，世界を認識することではない。人間は思考と認識の主体であるよりも先にまず行為の主体である。前者は後者の中におのずと含まれているというのである。これらの言説から伺えることは，西田には身体あるいは行為を重視し，認識（精神）はそれにしたがうものであるという考え方であったといえる。

　湯浅は次に修行を取り上げている。日本においては，芸道や武道や仏道において，つとに知られ，重視されていることである。湯浅は世阿弥の『花伝書』を取り上げている。稽古の心構えを著したものといわれているが，同時に人間のあり方，教育の在り方を示しているといわれている。ここで注目するのは，芸の習得についてである。その本質は稽古によって，形を習得することだという。身体で覚えることである。稽古は心の動きと身体の動きを一致させてゆくことであるという。最初は心と体は二分していて，体が心のままにならないのを実践的に克服し，身体を主体化してゆくことである。そして深く主体化された身体にこそ心の真実の姿を見ることができるというのである。日常では心が先行し，身体が後からついてくるという発想が常識であるが，その見方を逆転させて｜まず身体の形を先立ててから心というものの本質的なあるいは本来的なあり方を探求してゆかねばならない。真の心，すなわち花の心は，身体の正しい形としてのわざを稽古によって会得することを通じて新しく獲得されるものだからである」と湯浅は世阿弥の精神を述べている。

　修行といえば，仏教とくに禅に触れなければならない。湯浅は身体論に係わる人物として空海と道元を取り上げているが，ここでは道元を選ぶことにする。

　道元は他の仏教者と比較してもぬきんでて身体や行為を重視しているといえる。

　実は仏教自体も戒，定，慧の三学といわれているように，戒律，坐禅，智慧

の順序で修行がなされてゆくと考えられている。戒律を守るという行為，坐禅という身体的修行，そして学問の勉学ということである。

仏教というとさまざまな経典を思い，その理解こそ仏教の本道と考えがちであるが，道元は中国から帰国して，最初に書いた著書は『典坐教訓』だという。これは台所での振舞い方を記したものである。つまり行為に関心を向けているといえる。「只管打坐」といい，仏教が分かるためにはひたすら坐れということである。また仏教が分かるということは「修証一等」といい，修行＝悟りであるという。心を重視する西洋の考え方に対して，徹底的に行為と身体を優先して考える道元の思想はきわめてユニークであるといえる。

日常的には意識が先導して，身体や行為が従属すると考えるのが普通であるが，坐禅瞑想はそのような日常の考え方を一旦中止し（判断停止，エポケー），判断しない自己に変貌してゆく実践的な操作なのであると湯浅は言っている。日常性を打破し，真の自己を発見するということは，単なる観念の操作ではなく，身体の操作を含んだものであるはずだというのが道元が言わんとしていることではなかろうか。磨かれた身体の中にこそ真の心が存在するということともいえるかもしれない。

5．中医学の思想

現代の日本においては，中医学（東洋医学）は西洋医学の陰に隠れて，正統派とはみなされていないが，江戸時代までは医療の中心であった。西洋医学は身体は物質的なものとみなされ，基本的には精神とは切り離されている。それに対して，中医学は古代から現代まで身体と精神は分離せずに考えてきた。したがって，西洋医学は死体解剖から始まるが，中医学では生体から始まる。

身体と精神とのかかわりに関する発想は両者でかなり異なる。西洋医学では精神に関しては精神病はほぼ大脳の異変と考えられ，神経症はストレスによる自律神経や内分泌の失調と考える。心身医学が発達してきて，心身の考え方が変わってきているが，そこにおいても大脳のコントロールが想定されている。

これに比して，中医学はかなり考え方が異なる。「形神合一」といって，体と心は分離できずに一如であると考えている。体の変調においても，心の状態

の関与を必ず考える。また「心主神明」といって、心臓が精神を司るといっている。心という字は心臓の象形文字といわれているが、中医学ではもともと心臓の意味である。末梢の心臓が精神を司るというのは、現代のわれわれには理解しがたいことであるが、心臓は精神状態と密接な関係があることを考えると何らかの智慧を含んでいるかもしれない。

　現代の西洋医学は大脳を重視し、そこから末梢へ指令がいくと考えるトップダウンの思想が定着しているが、中医学では末梢中心の考え方がとられているといえる。いわゆる経絡（肝経や腎経のように臓器の名称がつけられている）では、脳系というのはない。またさまざまな情動は臓器に関係づけて考えられている。このように精神は身体に付属するものなのである［王ら，1986］。

6．精神における身体のかかわりの本質

　からだ言葉に「身」があることは、前節で触れたが、市川［1993］の身の内容の分類とも合わせて、実に多様な側面を持っていることが分かる。身は単に物体としての存在にととまらず、人間としての意味も含んでいることということである。身体は医学において麻酔をかけられたときの身体ではなく、精神的、社会的、場合によるとスピリチュアルな存在として考えなければならないということである。

　このような身体の多面性は、身体というよりは身体感覚や身体の動き、行動が精神の原因になりうるということで、身体感覚や動きを独立変数として、感情や認知が結果（従属変数）となるという実験的な分析が前節で示された。身体が精神を形成する、あるいは因子でありうるということである。

　ここでは改めて精神に対する身体の意味を考察することで、本題の結論としたい。

1) 身体の本質
　身体とは一体どのような存在なのか、以下にいくつかあげてみる。
　①　身体は時間をまたぐことができない。現在にしかありえない。
　精神は過去や未来に飛翔することができる。過去の身体、未来の身体はすで

に精神的に描かれたものであって，身体そのものではない。医者から過去の病歴を問われることがあるが，そのときの身体の状況は記憶の話である。あるいは将来オリンピックで演技したいという身体は空想のものである。身体は「今」にしか存在しえない。

② 身体は空間をまたぐことができない。「ここ」にしか存在しえない。

精神では，瞬間に軽々と千里を走り，その先の場所に立つことが簡単にできる。しかし身体はそのためには，汗水たらして，ようやく移動するしかない。また身体は1つしかない。1つの道を選んだならば，他方の道は歩むことはできない。身を裂かれる思いで，愛する人と分かれなければならないのは，身は1つしかないからである。たとえ離れても，心はいつもそばにいるからというのは，身体をいくつでも分けることができる精神のせりふである。身体は「ここ」にしか存在しえない。

③ ここでいう身体とは，物体としてのものではなく，すでに述べてきているように，身体感覚や動きや行為である。

身体は物体としての側面があることには異論はない。それが基礎である。しかし身のからだ言葉で見たような多彩な身の在り方は，物体としての身のみではありえない。とくに精神とのかかわりを考えたとき，身体感覚や動きの重要性は言を待たない。すでにヴントによって洞察されているように，感覚は生理的な現象であると同時に意識の基礎でもある。

④ 身体がもたらす意識は，現実（感），存在（感），実在（感），充実（感），実感である。

上に述べてきたように，精神に比べて身体は飛躍ができない。一般性，抽象性ではなく，具体性が特徴である。今・ここという身体の特性を考えるならば，現実感，実在感を生み出すもとは身体にあるといえる。精神は概念という枠組みを作り出すが，その内容のリアリティは身体が加わってこそ可能なのではないかと思われる。

以下にこのような身体の特性に基づくいくつかの問題に関して取り上げてみる。

2) 具体性について

　空間に関するわれわれの一般的な理解は，すべて等質な場である。ニュートン力学の世界はそのような空間によって成り立っているといえる。

　しかしその空間に身体を置いてみるとその等質性が崩れる。すでに述べたように市川［1993］は身体を中心にして，前後左右上下の空間に異質性が生ずる。前後左右上下の等質性は精神が生み出した抽象的な空間の意識であるが，具体的にはたとえば対人距離の現象に見られるように，前面は 45 センチ以内は人を寄せ付けない空間になるが，左右では 0 センチまで可能な空間となる。身体によって空間は異方性を帯びるのであり，それが具体的な空間なのであるといえる。高い理想を掲げるのは精神の役割であるが，その理想の高さは，"手の届く"範囲のものであるかどうかで，あきらめるか具体的な手順を調えて挑戦するかがきまる。背伸びして手が届くかどうかの身体感覚が理想の高さの評価につながっているといえる。

3）現実性，実感について

　「足を地に着ける」というからだ言葉に関してすでに述べたが，この言葉の意味するところは実験的にも，ボディワークでも実証されたといえる。この言葉の意味は現実的になれということであるが，この意味の理解は確かに足を踏みしめてみることによって実感できることである。階段を下りときには事故が起こりやすいが，その防止のために，降りる時に足の感覚に注意を向けて降りてみると，何かを考えながら足元に注意を向けないで降りる時と比べて，降りる実感が増し，現実感，安定感が得られる。身体感覚が実感を生むことを体験できる簡単な例である。

4）体験について

　遠藤［2014］はボディワークの結果，学生の自己に対する意識の変化を報告していることはすでに述べた。そこでみられることは日常において知識や情報に追われている自己に対して，身体経験によって自己を見つめることを体験したことである。知的理解ではなく自分の体で直接感じるという方法を知ったことであるといえる。認識のあり方は論理を操る知的な方法だけが唯一のものではなく，体験，身体知，体認という方法があるということの発見である。この

ことは野村［1989］が古くから指摘していたことである。

5）認識（認知）の深さ

　日本語には，「分かる」という言葉と「身にしみて分かる」という言葉がある。いずれもわかるという意味であるが，日本人は両者には違いがあることを感じているであろう。後者は「本当に分かった」ということであるが，この差異はどこから来ていて，その分かり方の内容はどうなっているのか，認識論や認知心理学で議論されていると思われるが，あまり伝わっていない。後者には身という言葉があるので，何らかの形で身体あるいは情動が関与していると思われる。心理臨床におけるクライエントの真の認知変容は，「身にしみて分かる」という認知が成立したときであると思われるので，このメカニズムの解明が期待される。

6）生きている精神

　湯浅［1990］は世阿弥，道元，西田を取り上げ，身体に関して論じていることはすでに述べた。いずれも動きや行為の修練の中に精神が育まれるというのが主旨であるといえる。修練によって磨かれた身体はそのまま生きている精神なのである。両者の間に一寸の隙間もない。道元の言葉に「修証一等」というのがあるが，修練の果てに証明があるのではなく，修練の中に証明があるという言明も同じことをいっていると思われる。ここに取り上げられたような修行といわれる経験と精神との関係は，特殊なことではなく，日常の行為や動作の中にも当てはまることである。挨拶をする行為，靴を脱いだらそろえる行為，ドアを静かに閉める行為などはそのまま生きている精神を表しているといえるだろう。

7）心身二元論の克服

　上に述べて来た精神に潜む身体の議論は，言葉を代えると心身二元論の克服のことでもある。このことはすでに述べたヘラーとヘンキン［Heller & Henkin, 1986］の言葉にも見える。ボディーワークを受けた人が「自分が身体であり，身体が自分であることが分かった」と述べたということである。ここ

で注意しなければならないのは，この言明が頭で考えた結果ではなく，体を使った結果であるということである。心身一如とか心身一元論という言葉で表される内容の実感は，身体の実践によって体認することである。哲学的議論によって分かることではない。このことはすでにのべたように，野村［2009］が自らの体験から技の熟達を通じて心身一如を分かるとしていることでもある。

　二元論の克服については，春木［2011］の人間のモデルによっても示されている。人間の身体と精神と行動の３つの側面は人間の根底において，融合しているという発想である。身体の感覚と精神の気分は区別することのできない経験であり，レスポンデント反応（身体的反射）とオペラント反応（意志的，意識的反応）が融合しているレスペラント反応，すなわち呼吸反応，筋反応，姿勢，歩行などによって生み出される感覚／気分こそは，心身一如の経験で，これはそれらの反応を行っている中で経験することである。知識ではなく，体認である。

　たとえば，ヘラーとヘンキン［1986］は「硬くなった筋肉から緊張を取り除くと身体の硬さに伴う心の硬直したパターンも緩んでリラックスする」とのべているが，確かに筋緊張と心の緊張は同期しているといえる。共に緊張という言葉を使うことにも現れている。筋緊張のない心の緊張はないだろうし，その逆も真である。ジェームズは情動（精神）から生理的反応（身体）を取り除いたら何が残るか，ただ悲しいという言葉が残るだけで，情動は失せてしまう，といっているのはこのことをいったのであろう。筋弛緩すると心が軽くなり，自由になるという経験は誰でも体験していることなのである。硬直した思想は硬直した筋肉と関係がある。自由な発想は弛緩した筋肉から生まれる。

7．身体心理学から心理臨床への提言

　上述してきたことから，精神と身体は切っても切れない関係にあることが，示されたといる。そうだとするならば，心理臨床においても身体の関与があってしかるべきではないかと思われる。

　現在の心理臨床では，セラピストとクライエントのあいだでは，言葉だけのやり取りが行なわれ，身体的な接触は禁止事項となっている。これにはしかる

べき理由があることは理解できる。しかしセラピストとクライエントの真の関係の構築は言葉のみではなく，非言語的コミュニケーションによったり，対人接触のチャネルを通じて深くなるということもあるだろう。

　心理臨床の経験のない筆者にとって勝手な発言は慎むべきであるが，大胆なことを言わせてもらうならば，心理臨床家はマッサージ師から出発したらどうか。マッサージ師は対人接触を職業としているので，自由に触れることができる。心理臨床家はこの対人接触によって，深い人間関係を構築することができるであろう。その上にマッサージによって，筋弛緩をもたらすことができれば，心は緩み，心を開くことができるに違いない。認知の変容はそこから出発するのである。成瀬の「動作法」，あるいは今野［2005］がいう「とけあい動作法」はこのようなことが深く関与しているはずである。

〔引用文献〕

Damasio, A. R. 1994 *Descartes' error: Emotion, reason and the human brain.* New York: Avon Books.〔田中三彦（訳） 2000 生存する脳 講談社〕

遠藤卓郎 2014 身体技法と大学体育：内側からの体育に向けて 清水 諭・吉田美和子・遠藤卓郎（編） 2014 ボディーワークと身心統合 創文企画

春木 豊（編） 2002 身体心理学 川島書店

春木 豊 2011 動きが心をつくる―身体心理学への招待― 講談社現代新書

春木 豊・鈴木 平・佐々木康成・東 陽子 2014 （未発表）

秦 恒平 1984 からだ言葉の本 筑摩書房

Heller, J., & Henkin, W. A. 1986 *Bodywise.* Berkeley, CA: North Atlantic Books.〔古池良太郎・杉 秀美（訳） 1996 ボディワイズ 春秋社〕

市川 浩 1975 精神としての身体 勁草書房

市川 浩 1993 〈身〉の構造：身体論を超えて 講談社学術文庫

今野義孝 2005 とけあい動作法：心と身体のつながりを求めて 学苑社

Lowen, A. 1972 *Depression and the body: The biological basis of faith and reality.* Penguin Books.〔中川吉晴・国永史子（訳） 1995 甦る生命エネルギー：抑うつとからだ 春秋社〕

本元小百合・山本佑実・菅村玄二 2014 皮膚感覚の身体化認知の展望とその課題 関西大学心理学研究, 5, 29-38.

成瀬悟策 1995 臨床動作学基礎 学苑社

成瀬悟策　2000　動作療法　誠信書房

野村幸正　1989　知の体得：認知科学への提言　福村出版

野村幸正　2009　熟達心理学の構想：生の体験過程から行為の理論へ　関西大学出版部

野村幸正　2014　個人科学としての心理学：分析から自証へ　関西大学出版部

王　米渠ほか（編）　1986　中医心理学　湖北科学技術出版社〔小野正弘・松永　樹
　　（訳）　1995　中医心理学—中国漢方心身医学—　たにぐち書店〕

佐々木正人　1987　からだ：認識の原点　東京大学出版会

菅村玄二・本元小百合・山本佑実　身体化認知の研究動向（未発表）

東郷吉男（編）　2003　からだことば辞典　東京堂出版

湯浅泰雄　1990　身体論　講談社学術文庫

人　名　索　引

事　項　索　引

執筆者紹介

(執筆順／*は編者)

*春木　豊（はるき・ゆたか）――第1章・第9章・第10章・第11章
1961年　早稲田大学大学院文学研究科博士課程満期退学
現　在　早稲田大学名誉教授　文学博士（早稲田大学）

高瀬弘樹（たかせ・ひろき）――第2章
2002年　早稲田大学大学院人間科学研究科博士課程満期退学
現　在　信州大学人文学部准教授　博士（人間科学）（早稲田大学）

鈴木　平（すずき・たいら）――第3章
1999年　早稲田大学大学院人間科学研究科博士課程満期退学
現　在　桜美林大学リベラルアーツ学群教授　博士（人間科学）（早稲田大学）

岸　太一（きし・たいち）――第4章
2000年　早稲田大学大学院人間科学研究科博士課程満期退学
現　在　東邦大学医学部教育開発室専任講師　博士（人間科学）（早稲田大学）

*山口　創（やまぐち・はじめ）――第4章・第8章
1996年　早稲田大学大学院人間科学研究科博士課程満期退学
現　在　桜美林大学リベラルアーツ学群教授　博士（人間科学）（早稲田大学）

菅村玄二（すがむら・げんじ）――第5章・第6章
2008年　早稲田大学大学院文学研究科博士課程修了
現　在　関西大学文学部准教授　博士（文学）（早稲田大学）

佐々木康成（ささき・やすなり）――第7章
2003年　早稲田大学大学院人間科学研究科博士課程満期退学
現　在　桜美林大学非常勤講師

河野梨香（かわの・りか）――第9章
1998年　ミシガン州立大学教育学部大学院博士課程卒業
2012年　早稲田大学大学院文学研究科（心理学）博士課程満期退学
現　在　桜美林大学健康福祉群非常勤講師　博士（kinesiology）（ミシガン州立大学）

新版　身体心理学
Embodied Psychology

2002年12月20日　第1版第1刷発行
2016年11月20日　第1刷発行
2023年 9月10日　第2刷発行（新装版）

| 編　者 | 春　木　　　豊 |
| | 山　口　　　創 |

発行者　　中　村　裕　二

発行所　　（有）川 島 書 店

〒165-0026
東京都中野区新井2-16-7
電話 03-3388-5065
（営業）電話 & FAX 03-5965-2770

印刷・製本 松澤印刷株式会社

落丁・乱丁本はお取替いたします　　　　振替・00170-5-34102
＊定価はカバーに表示してあります
ISBN978-4-7610-0912-0　C3011

よくわかる臨床心理学・第二版

山口 創 著

「幼児虐待」「いじめ」「ＤＶ」「ストーカー」「アダルトチルドレン」など今日話題なっている心の問題に起因する多くの事例・トピックスをとりあげ，その研究成果を提供する。科学的な臨床心理学の必要性を提起する新しい臨床心理学のテキスト・入門書。

ISBN978-4-7610-0914-4 A5判 216頁 定価2,420円(本体2,200円＋税)

心地よさを求めて

ポール・ラスムッセン 著／今井康博 訳

感情とは，私たちにとってどんな存在なのだろうか？アドラー心理学の基本理念とＴ・ミロンの進化論的行動原理を軸に展開する本書によれば，ひとは「心地よくあるため」に日々様々な感情を駆使しているのだという。私たちの常識を問い直す新しい感情論。

ISBN978-4-7610-0945-8 A5判 420頁 定価4,950円(本体4,500円＋税)

神経質を伸ばす森田療法

豊泉清浩 著

本書は、前著「森田療法に学ぶ─神経質を伸ばす生き方」の内容を新たに書き改め、選書の形式にしたものである。現在、生きづらさをかかえ、不安とどのようにつき合い、どのように生活すればよいのかに悩まれている人々にとって有効な指針となるであろう。

ISBN978-4-7610-0948-9 四六判 164頁 定価1,980円(本体1,800円＋税)

さらに／思いやりを科学する

菊池章夫 著

『また／思いやりを科学する』（１９９８）の改訂版。思いやり行動と共感などとの関係を多面的に検討。「ＫiＳＳ−１８研究の現状」では，社会的スキル尺度についての２５０編以上の研究をまとめた。多年にわたる思いやり行動と社会的スキルの研究のほぼ最終的な集成。

ISBN978-4-7610-0899-4 四六判 318頁 定価3,190円(本体2,900円＋税)

もっと／思いやりを科学する

菊池章夫 著

『思いやりを科学する』の４冊目。前３冊ではもれていた初期のものや今世紀になってからのものを中心にまとめた。本研究領域の拡大，研究動向に変化が生じてもいる事情を，著者の行ってきたことと関連づけて理解してもらうために，「作った本たち」を加えた。

ISBN978-4-7610-0931-1 四六判 216頁 定価2,860円(本体2,600円＋税)

川 島 書 店

https://kawashima-pb.kazekusa.jp/

定価は2023年8月現在